本书为国家自然科学基金项目（41161023）成果

Chahuadi Yanjiu

Yimingqing Yilai
Guizhou Yu
Sichuan Chongqing
Jiaojiediqu Weili

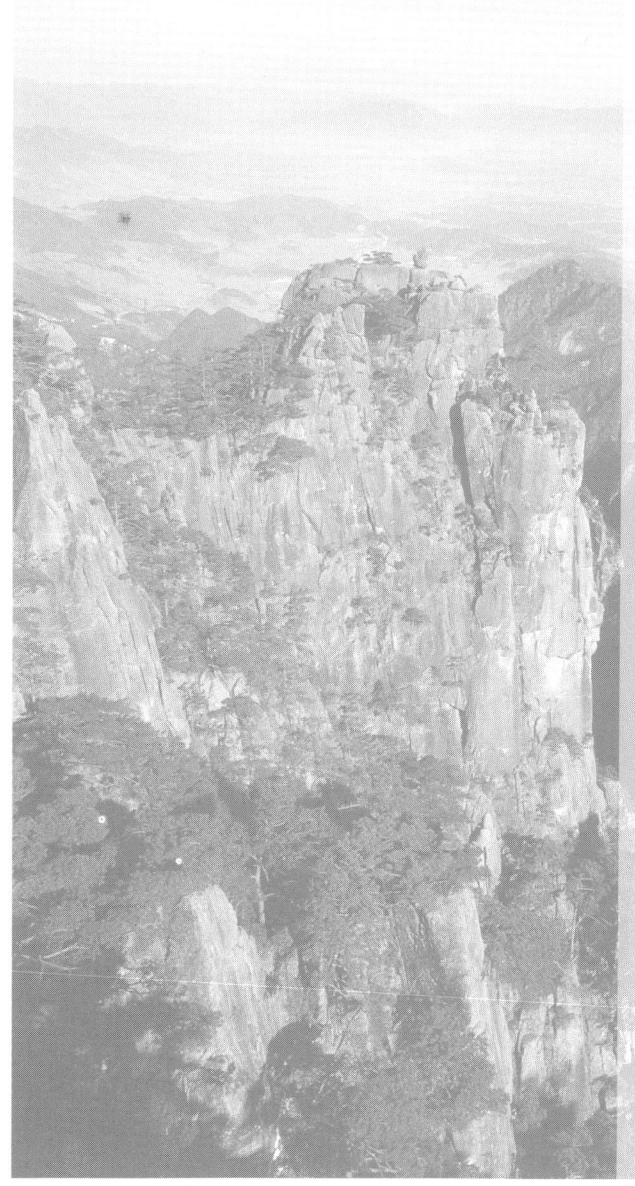

插花地研究

以明清以来贵州与四川、重庆交界地区为例

杨斌 著

中国社会科学出版社

图书在版编目(CIP)数据

插花地研究：以明清以来贵州与四川、重庆交界地区为例/杨斌著.—北京：中国社会科学出版社，2015.8

ISBN 978-7-5161-6698-7

Ⅰ.①插… Ⅱ.①杨… Ⅲ.①历史地理—研究—中国—明清时代
Ⅳ.①K928.64

中国版本图书馆CIP数据核字(2015)第170516号

出 版 人 赵剑英
责任编辑 周晓慧
责任校对 无 介
责任印制 戴 宽

出 版 中国社会科学出版社
社 址 北京鼓楼西大街甲158号
邮 编 100720
网 址 http://www.csspw.cn
发 行 部 010-84083685
门 市 部 010-84029450
经 销 新华书店及其他书店

印刷装订 三河市君旺印务有限公司
版 次 2015年8月第1版
印 次 2015年8月第1次印刷

开 本 710×1000 1/16
印 张 20
插 页 2
字 数 339千字
定 价 76.00元

凡购买中国社会科学出版社图书，如有质量问题请与本社营销中心联系调换
电话：010-84083683
版权所有 侵权必究

目　录

图目录

表目录

绪　论

无论历史上还是当前，插花地在世界各地都普遍存在着，可插花地这一术语并不为人们所熟知，在英文词典里我们甚至查不到能准确表达其语义的单词或词组。20 世纪 90 年代以来，插花地问题虽然进入了学界的研究视野，可关于插花地的科学内涵，至今也没有一个统一的认识，不少学者将其等同于飞地（enclave 或 exclave），这是极为偏颇的。因此，在研究插花地问题以前，将插花地和飞地解释清楚是十分必要的。插花地是行政区域划分的结果，因此解释一下行政区划问题也是极为必要的。

一　概念内涵

（一）插花地

迄今为止，关于插花地的基本内涵大致有两种不同的观点：一种观点认为，插花地实际上就是飞地；而另一种观点认为，插花地是各种穿插交错或各种经界不正之地的总称。①

认为插花地实际上就是飞地的学者主要有史念海、傅辉、吴滔、马琦、韩昭庆、孙涛等。在《战国时期的“插花地”》一文中，史念海先生对插花地的基本内涵做了这样的解释：“战国时各国的疆域并不是各据一方整整齐齐的，而是相互的错乱。这种相互错乱的情形也不是通常所说的犬牙相错。因为犬牙相错只是形容接界的地方不大整齐，而那时候说不定这一国的土地会孤零零地伸入到另一个国的腹地，有时候竟离开本国有千百里远的路程。”显然，史念海先生所指的插花地实际上就是飞地。当然，史念海先生

① 参见杨斌《历史时期插花地的基本概念讨论》，《西南大学学报》（社会科学版）2013 年第 5 期。

还不敢充分肯定插花地这一提法，在《战国时期的“插花地”》一文中，他还写有这样一段文字：“插花地这个名子虽不是我杜撰的，不过用来说明战国时期的疆界情况，终嫌有点生疏，在没有更恰当的名词以前，只好冒昧地采用了。”[①] 马琦、韩昭庆、孙涛也明确地将插花地等同于飞地。在《明清贵州插花地研究》一文中，他们是这样定义插花地的：“插花地某种程度上可以被称为飞地，指某些行政隶属关系属于一地，但实际位置却处于另一地的包围圈中，犹如孤岛一般的聚落或政区。”[②] 吴滔虽然注意到了插花地与飞地的不同，“传统社会中的插花地与从西方语境衍化来的‘飞地’相比，情况更为复杂，外延亦更加广阔”，但他还是将插花地定性为飞地。在《“插花地”的命运：以章练塘镇为中心的考察》一文中，他是这样定义插花地的：“插花地又称‘扣地’、‘嵌地’等，从性质上说，类似于现代社会中的‘飞地’。所谓‘飞地’，主要是针对国与国之间领土结构而言的，特指一国位于其他国家境内或被其他国家领土所隔开而不与本国主体相毗邻的一部分领土。”[③] 傅辉虽然没有给插花地下一个明确的定义，但从其有关论述里可以看出，他的插花地内涵实际上指的也是飞地。在《插花地对土地数据的影响及处理方法》一文中，他是这样解释插花地的：“插花地亦称飞地、嵌地、寄庄地等，此外，在不同地域尚有其它称谓，如河南民国《林县志》写道‘疆界毗连大率犬牙此出彼入不足为奇，乃竟有甲县之地插入乙县境内，四面皆系邻疆，中间若干村户遥寄孤悬，与本管县不相连属，则所谓插花地也，俗称为扣地也’。”[④]

认为插花地是各种穿插交错或各种经界不正之地的总称的学者主要有杨斌、郭舟飞等。在《历史时期西南“插花”初探》一文中，杨斌将插花地定义为“是特定时期、特定历史条件下、特定区域内的各个政区（或行政区划）在形成、发展和变迁过程中形成的各种穿插交错或各种经界不正之地的总称”[⑤]。郭舟飞虽然没有提到“总称”二字，但他的插花

---

① 史念海：《战国时期的“插花地”》，《河山集》第7集，陕西师范大学出版社1999年版，第504—519页。

② 马琦、韩昭庆、孙涛：《明清贵州插花地研究》，《复旦学报》（社会科学版）2010年第6期。

③ 吴滔：《“插花地”的命运：以章练塘镇为中心的考察》，《史林》2010年第3期。

④ 傅辉：《插花地对土地数据的影响及处理方法》，《中国社会经济史研究》2004年第2期。

⑤ 杨斌：《历史时期西南“插花”初探》，《西南师范大学学报》（哲学社会科学版）1999年第1期。

地内涵实际上指的也是各种穿插交错或各种经界不正之地。在《由武汉“插花地”看地方政府公共管理》一文中，他将插花地定义为：“是指两个区域间要么没有明确的归属，要么就是两个单位地界相互穿插或分隔而导致零星分布的土地。如两个单位的土地互相楔入对方，形成犬牙交错的地界；或一个单位的土地落在另一单位占地范围内。”① 需要指出的是，郭舟飞的插花地概念虽然也是一个“总称”，但其插花地定义仍有欠妥之处，主要表现在以下两个方面：其一，“没有明确归属”的土地不能列入插花地范畴。因为插花地是行政区划区域划分的结果，连区域界线都未划清的土地自然不能列入插花地范畴。其二，“单位”一说不够妥当。虽然各具体单位之间的地域划分也会产生插花地，但将一个行政区统称为一个“单位”的话，就显得有些不够妥当。

上述两种观点到底哪一种更为准确呢？要回答这个问题，就要讨论一下插花地的基本类型。

插花地是中国本土术语，国际术语中没有插花地这一称谓。在中国，插花地虽然早在战国时期就已出现，著名历史地理学家史念海先生就研究过战国时期的插花地，并发表了《战国时期的“插花地”》一文②，可插花地这一称谓，直至清道光年间才出现于历史文献中。道光二十八年(1848)，贵州安顺府知府胡林翼在奏请拨正境内插花地时即言：“查贵州所谓插花地者，其情形约略有三种。”③ 这是笔者查到的关于插花地称谓的最早文献记录。光绪十一年（1885），贵州巡抚李用清在奏《酌拟清理插花章程》时亦言：“插花之名，为经传载籍所未见，惟前湖北抚臣胡林翼守安顺时论之最详。”④

胡林翼将插花地归纳为“华离之地”、“犬牙之地”和“瓯脱之地”三种类型。⑤

---

① 郭舟飞：《由武汉“插花地”看地方政府公共管理》，《科技创业月刊》2009年第9期。

② 史念海：《战国时期的“插花地”》，《河山集》第7集，陕西师范大学出版社1999年版，第504—519页。

③ 贵州省文史研究馆校勘：（民国）《贵州通志·前事志》（三），贵州人民出版社1988年版，第489页。

④ 贵州省文史研究馆校勘：（民国）《贵州通志·前事志》（四），贵州人民出版社1991年版，第778—779页。

⑤ 贵州省文史研究馆校勘：（民国）《贵州通志·前事志》（三），贵州人民出版社1988年版，第489—493页。

“华离之地”者，“如府厅州县治所在此，而所辖壤土乃隔越他界，或百里而遥，或数百里之外”。

“犬牙之地”者，“如二壤本属一邑，中间为他境参错，仅有一线相连”。

“瓯脱之地”者，“如一线之地插入他境，既断而复续，已续而又绝，绵绵延延至百十里之遥”。

根据胡林翼的论述，我们可以将插花地的三种类型图示如下（见图1、图2、图3）。

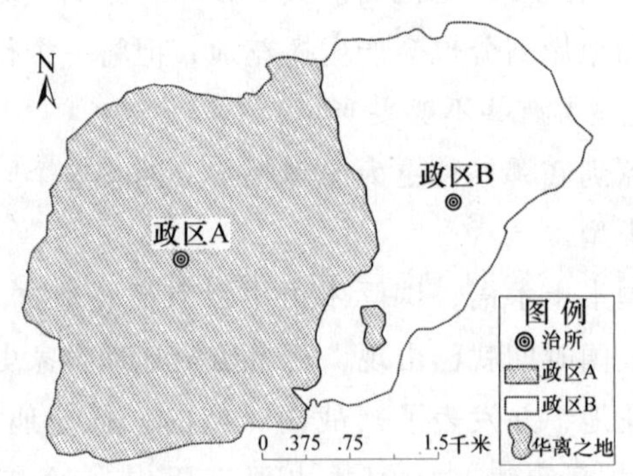

图1 “华离之地”示意图

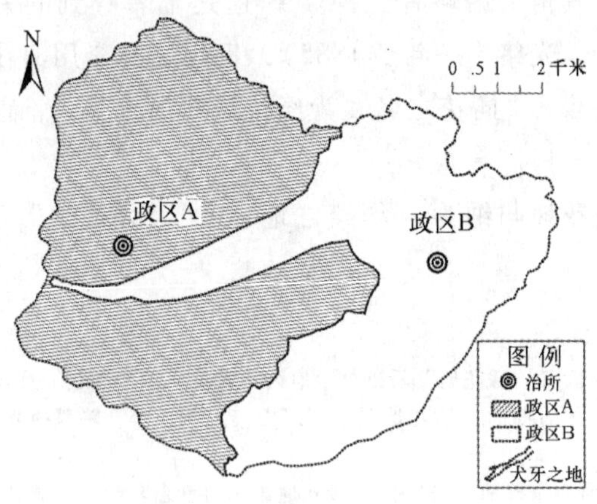

图2 “犬牙之地”示意图

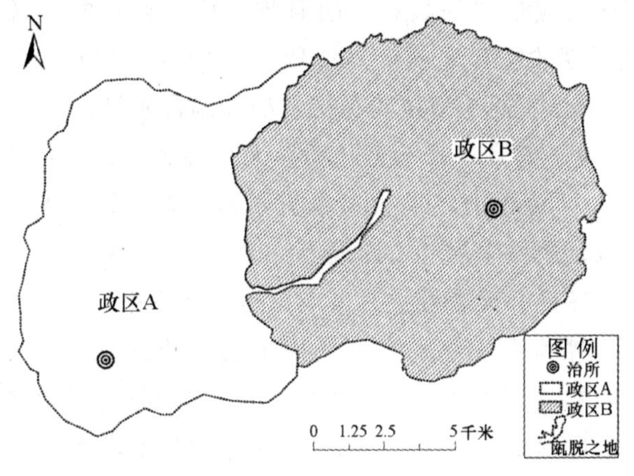

图 3 “瓯脱之地”示意图

“瓯脱”一词为匈奴语，最早出现于司马迁《史记·匈奴列传》中，具体如下①：

> 东胡王愈益骄，西侵。与匈奴间，中有弃地，莫居，千余里，各居其边为瓯脱。东胡使使谓冒顿曰：“匈奴所与我界瓯脱外弃地，匈奴非能至也，吾欲有之”。冒顿问群臣，群臣或曰：“此弃地，予之亦可，勿予亦可。”于是冒顿大怒曰：“地者，国之本也，奈何予之！”诸言予之者，皆斩之。冒顿上马，令国中有后者斩，遂东袭击东胡。

关于“瓯脱”的具体内涵，历来争论颇大，主要有以下四种不同的解释：一为“边界上的防卫设施”或“界上屯守处”；二为“双方之间的交接地带”或“弃地”；三为“官号”；四为“地名”。20 世纪八九十年代，中国学者又对“瓯脱”的内涵进行了广泛而深入的讨论。经过讨论，学者们虽然否定了“官号”和“地名”之说，但在另外两说上，仍然存在很大的分歧，有的学者肯定前者而否定后者（如何星亮、张云、陈宗振等），有的学者否定前者而肯定后者（如刘文性等），还有的学者提出

① （汉）司马迁：《史记》卷 110《匈奴列传》，转引自许嘉璐主编《二十四史全译》（珍藏版），《史记》第 6 册，世纪出版集团、汉语大词典出版社 2004 年版，第 1322—1323 页。

了新的看法，认为应是“匈奴和东胡游牧民族所创建的社区的组织和机构”或“游牧时期的宿营地或者是游牧生活中临时居住处”或“领地”(如杨茂盛、郭卫红、胡·阿拉腾乌拉、胡和温都尔等)。[①]

可见，“瓯脱”之意本来与插花地并无直接关系，就是认定其中一种观点为“弃地”、“无人地”之说，也与归属明确只是疆界不正的插花地概念相左。所以，严格来讲，“瓯脱”一说也就是认同其为“无人地”，与我们所谈的插花地并无直接关系，应是历史地理中另外一个需要讨论的问题。况且在胡林翼将“瓯脱”一词用来描述插花地后，其表述的意义已经完全与原来的“无人地”意义不同了，更与其他三种解释无关。

胡林翼将“瓯脱之地”作为插花地的一种基本类型，虽然得到了后人的广泛认可，但具体内涵却演变成了“飞地”，即胡林翼的“华离之地。”[②] 光绪十一年（1885），贵州巡抚李用清在奏《酌拟清理插花章程》时，即将“瓯脱”定义为：“治所在此而所辖地土隔越他界，或百里，或数百里，并无一线相通者。”[③] 光绪三十二年（1906），贵州巡抚岑春蓂在《奏陈接办黔省插花业经画分改隶各地面》时，也认为“瓯脱之地”是“孤悬别属，与本境隔绝”[④]。可以看出，无论李用清的“瓯脱”还是岑春蓂的“瓯脱”，其内涵指的都是“飞地”。(民国)《桐梓县志》有如此之记载：“惟即全县计之，县城地势偏南，未能宅中，以故六、七两区地段，有与綦、南插花者，有欧脱于綦、南界内者，如陈家坝、二磴岩、上

---

① 参见何星亮《匈奴语试释》，《中央民族学院学报》（哲学社会科学版）1982年第1期；刘文性《“瓯脱”释》，《民族研究》1985年第2期；张云《“瓯脱”考述》，《民族研究》1987年第3期；何星亮《匈奴语“瓯脱”再释》，《民族研究》1988年第1期；刘文性《“瓯脱”再认识——与张云、何星亮同志商榷》，《西北民族研究》1988年第2期；陈宗振《古突厥语的otar与“瓯脱”》，《民族研究》1989年第2期；胡·阿拉腾乌拉《简论“瓯脱”的起源与发展》，高玉虎译《内蒙古民族师院学报》（哲学社会科学·汉文版）1990年第3期；胡和温都尔《瓯脱义辨》，《内蒙古社会科学》1991年第6期；杨茂盛、郭卫红《中国近年“瓯脱”研究综述》，《社会科学辑刊》1995年第2期。

② 胡林翼的“华离之地”后来演变成了凸型犬牙之地。光绪三十二年（1906），贵州巡抚岑春蓂在《奏陈接办黔省插花业经画分改隶各地面》时即言：“若地属华离，尚系连接，不过相距稍远。”参见贵州省文史研究馆校勘（民国）《贵州通志·前事志》（四），贵州人民出版社1991年版，第919页。

③ 贵州省文史研究馆校勘：(民国)《贵州通志·前事志》(四)，贵州人民出版社1991年版，第778—779页。

④ 参见贵州省文史研究馆校勘（民国）《贵州通志·前事志》(四)，贵州人民出版社1991年版，第918—919页。

青山、下青山、柏枝坝等处，比比皆然。”[1] 显然，（民国）《桐梓县志》的“瓯脱”实际上也相当于胡林翼的“华离之地”，即“飞地”。民国二十九年至三十五（1940—1946），国民政府对以贵州为中心的西南诸省交界地区的插花地作了一次较大规模的清理拨正，从这次清理拨正的档案材料中可以看出，“瓯脱”也是出现频率较高的一个词，其基本内涵与胡林翼的“华离之地”完全相同。如松桃县政府在给贵州省第六行政督察区行政会议的提案书中，就提到了如下典型个案：“湖南永绥县螺丝壔瓯脱于本县盘石乡境内，四面皆属本县管辖，且该地业已超过两省交界处，在本县管辖地区内四五华里之遥，确系飞地。”[2] 贵州省政府在回复内政部“准咨以四川省政府咨拟将秀山县麻阳街划隶本省松桃县一案咨复查照由”的公函中也提到：“尚有四川省酉阳县之黑獭堡、綦江县之青羊市、旱渡河、官田市、扶欢坝，本省沿河县之六道界、务川县之苏家坝、桐梓县之陈家坝、刘罗坪、九龙沟、九条龙、青山等地带，或为瓯脱，或为插花，其阻碍施政情形，与麻阳街正复相同。”[3]

可以看出，作为插花地的一种基本类型，“瓯脱”的内涵无论作何理解，均与北方民族的“瓯脱”有本质的不同。

胡林翼所述的三种插花地类型，其内涵虽然十分清楚，但其所做的类型划分与所给的类型称谓不尽科学合理。这主要有以下两点依据：

其一，“华离之地”实际上就是我们通常所说的飞地，而飞地不仅是国际通用名词，也为国内学界广为接受。民国时期，飞地已较多地出现于中国的官方文件中。因此，笔者主张用“飞地”这一通用称谓更好。

其二，“犬牙之地”与“瓯脱之地”密不可分，有犬牙之地必有瓯脱之地，有瓯脱之地则必有犬牙之地。二者实际上为一个问题的两个方面，可以统一为一种类型。根据中国历史上划分行政区划的两大基本原则：“山川形便”与“犬牙交错”原则（所谓“山川形便”，就是以天然山川作为行政区划的边界，使行政区划与自然地理区域相一致；而所谓“犬

---

① 犹海龙、侯树涛、赵元隽纂辑，张瑞琪、龙砺孚、李明方、夏永忠校点：（民国）《桐梓县志》1987 年（内部发行），第 38 页。

② 《黔川两省关于省界问题的调整等报告》（1942—1949 年），贵州省档案馆，档案全宗：M8—1—3032。

③ 《内政部四川贵州省府关于黔川两省瓯脱插花报告和批复》，贵州省档案馆，档案全宗：M8—1—3030。

牙交错”则是基于统治者的需要，人为地打破自然地理区域，使行政区的界线如同犬牙一般相互交错[①])，笔者认为，将其统一命名为“犬牙之地”较为妥当，不仅形象生动，而且有历史依据。

基于以上两点依据，笔者认为，飞地和犬牙之地是插花地的两种基本类型。尽管从不同的角度还可以将插花地划分为不同的类型，如根据政区层级的不同，可以将插花地划分为国家之间的插花地、一级政区之间的插花地、二级政区之间的插花地、三级政区之间的插花地等；根据插花地成因的不同，可以将插花地划分为历史插花地、经济插花地、政治插花地、民族插花地等。但就插花地的基本形状看，无论哪一种类型的插花地，都无外乎飞地和犬牙之地两种。正因为如此，明、清至民国时期的贵州官方文献，都没有将飞地排除于插花地之外；中国20世纪90年代中后期的勘界工作，也没有将飞地排除于插花地之外；从插花地穿插交错的字面意义上理解，飞地亦应包含于插花地中。但在实际工作中，由于飞地更便于鉴别，故常被单独使用。

将插花地分为飞地和犬牙之地两种基本类型，实际上已是清末以来的通行做法。光绪三十一年（1905），贵州巡抚林绍年在拟办插花时即言：“黔省郡县，悉因元、明卫、所、土司及剿抚蛮苗开辟，地土华离瓯脱，犬牙相错，俗名‘插花’。”[②] 在这里，林绍年已明确地将插花地区分为“华离瓯脱”和“犬牙相错”两种。民国十九年（1930），国民政府颁布的《省市县勘界条例》第七条规定：“固有区域太不整齐，如插花地、飞地、嵌地及其他犬牙交错之地，实于行政管理上甚不便利时”，应“变更编制，重行勘议界线”[③]。这里的插花地实际上是一个总称，包括“飞地、嵌地及其他犬牙交错之地”。中国20世纪90年代中后期的勘界工作，实际上也是将插花地区分为飞地和犬牙之地两种基本类型的。如1996年签订的《四川省人民政府与贵州省人民政府联合勘定的行政区域界线协议书》第七条就如此规定：“两省行政区域界线勘定以后，双方在边界线两侧的‘飞地’，相互插花的耕地、林地、水面、荒山、生产生活设施等自

---

① 李晓杰：《体国经野——历代行政区划》，长春出版社2004年版，第126页；周振鹤、李晓杰：《中国行政区划通史》（总论、先秦卷），复旦大学出版社2009年版，第87页。

② 贵州省文史研究馆校勘：（民国）《贵州通志·前事志》（四），贵州人民出版社1991年版，第778—779页。

③ 《省市县勘界条例》，贵州省档案馆，档案全宗：M8—1—2875。

然资源和人工设施，以及交通航运、工商、税务经营管理的权属、隶属关系不变，仍维持勘界前的现状，已经达成协议、协定的仍按有关协议协定执行。任何一方不得扩大插花地的范围，也不得往插花土地上移民及新设立基层政权组织。在自己的插花地上兴建或扩建永久性生产经营或生活设施，需征得所在界线一侧县以上人民政府的许可。”①

基于以上认识，我们可以做出如下几点结论：

第一，将插花地定义为是“特定时期、特定历史条件下、特定区域内的各个政区（或行政区划）在形成、发展和变迁过程中形成的各种穿插交错或各种经界不正之地的总称”是比较恰当的，包括飞地和犬牙之地两种基本类型，犬牙之地又包括凸型和凹形两种。

第二，将插花地等同于飞地的做法是极为不妥的，因为插花地包括飞地和犬牙之地两种基本类型。

第三，不能将北方民族的瓯脱（otar）与插花地中的“瓯脱”相混同，因为二者的基本内涵有着本质的不同。

第四，没有明确归属的土地不能列入插花地范畴，因为插花地是行政区划区域划分的结果，没有行政区域划分就没有插花地，连区域界线都未划清的土地自然不能列入插花地范畴。

第五，将插花地翻译为 enclave 或 exclave 也是不妥的，因为 enclave 或 exclave 的内涵均为飞地，而飞地只是插花地的一种基本类型。

（二）飞地

飞地是国际通用名词。民国时期，飞地已较多地出现于中国的官方文件中。相对于插花地来说，学术界对飞地的关注程度要高得多，《地图》杂志 2009 年第 4 期专题讨论了“飞地是什么”，推出了一组“飞地”普及论文和报道。② 但究竟何为飞地？学术界对此至今也未有一个统一的认识。

《地理学词典》将飞地归纳为以下几种类型：第一，属于某一行政区管辖，但不与本区毗连的土地；第二，属于某人所有，但与其成片的土地

---

① 赤水市民政局：《一九九九年市勘界办川黔行政区域边界卷》。

② 包括鲁西奇、林昌丈《飞地：孤悬在外的领土》；蔡博峰《“飞地”图谱》《天子村居民的非一般生活》；沙中土《上海农场“飞地”的华丽转身》；陈西御《北京人在燕郊》；田吉舨《香河家具城，典型飞地的模范崛起》等。

相分离而坐落于他人土地界线以内的零星土地；第三，某国的一块土地，在另一国国土之中者；第四，土地的实际坐落，同土地证书上所载坐落不一致的土地。地理学上的飞地，常指因历史原因、资源分布与开发、城市经济发展与人口疏散等的需要，在行政区以外，但属行政区管辖并与之有经济等方面密切联系的土地，如属于上海市的，在江苏、安徽等地的农场、工厂、矿山等。[①]《牛津地理学词典》将飞地分为内飞地（enclave）与外飞地（exclave）两种类型，并分别作了如下解释[②]：

> Enclave：（1）A small area within one country administered by another country. West Berlin was an enclave within Eastern Germany between 1945 and 1990.（2）A part of a less developed economy which is regulated by foreign capital and has few linkages with the national economy. Free trade zones may be considered as economic enclaves.
>
> Exclave：A portion of a nation which lies beyond national boundaries, as with West Berlin between 1945 and 1990. This type of territory is also an enclave in terms of the host country.

在《飞地行政区的历史回顾与现实实践的探讨》一文中，郭声波指出了飞地领土与飞地行政区的区别："飞地（exclave 或 enclave），一般解释为属于某一国家管辖但不与本土毗连的土地，换言之，就是飞地领土。有人又解释为属于某一行政区管辖但不与本区毗连的土地，换言之，就是飞地行政区。虽然飞地领土往往同时也是飞地行政区，但二者是不同的概念，前者指疆域，后者指行政区。既然有区别，笼统称为飞地就不太合适。"[③] 郭声波虽然指出了飞地领土与飞地行政区的区别，但并没有对飞地做出一个明确的定义。在《我国行政区划中的"飞地"》一文中，牛世居对飞地作了界定，认为飞地是"属于某一国或某一行政地区管辖，但不与该国或该地区相连的土地"[④]。鲁西奇、林昌丈在《飞地：孤悬在外的领土》一文中，将飞地区分为狭义和广义两种：狭义的飞地是特指一

---

① 《地理学词典》，上海辞书出版社 1983 年版，第 75 页。

② 《牛津地理学词典》，上海外语教育出版社 2001 年版，第 151、163 页。

③ 郭声波：《飞地行政区的历史回顾与现实实践的探讨》，《江汉论坛》2006 年第 1 期。

④ 牛世居：《我国行政区划中的"飞地"》，《中学地理教学参考》1995 年第 9 期。

国位于其他国家境内，或被其他国家领土所隔开而不与本国主体相毗邻的一部分领土；广义的飞地除了国与国间的飞地外，还包括国内飞地，如省际飞地、市际飞地、县域间飞地，以民族、文化等要素划分而出现的飞地，因经济资源分布和分配等因素造成的矿区、农场、林区等飞地。并按飞地的成因、结构将飞地划分为历史飞地、民族飞地和经济飞地三种类型。[①] 鲁西奇、林昌丈对飞地类型虽然做了更为科学的划分，但也没有对飞地做出一个明确的定义，而且将飞地与插花地完全剥离开来是欠妥当的。因为无论从历史还是现实的角度来看，飞地都应该是插花地的一种特殊类型。

综上所述，笔者认为，飞地是插花地的一种基本类型，是属于某一国或某一政区管辖，但不与该国或该政区相连的土地。

（三）行政区划

行政区划又称行政区域，常被简称为政区。相对插花地而言，行政区划是一个较为成熟的概念，关于行政区划的基本内涵问题，学者们在文字表述上虽然有些差异，但已基本达成共识。

刘君德、靳润成、周克瑜认为，行政区划是个综合概念，可以分为狭义和广义两种。狭义的行政区划是指为实行国家的行政管理、治理与建设，对一国领土进行合理的分级（层次）划分而形成的区域和地方，是行政建制的空间投影；广义的行政区划是国家根据政权建设、经济建设和行政管理的需要，遵循有关法律规定，充分考虑政治、经济、历史、地理、人口、民族、文化、风俗等客观因素，按照一定的原则，将一个国家（小国除外）的领土划分成若干层次、大小不同的行政区域，并在各级行政区域设置对应的国家机关，实施行政管理。[②] 王恩涌认为，行政区划（administrative divisions）是国家对行政区域的划分。具体地说，是国家根据政治统治和行政管理的需要，遵循一定的法律规定，综合考虑经济联系、历史传统、地理条件、民族情况、风俗习惯、区域差异和人口密度等各种要素，实施行政区域的划分。也就是国家根据一定的原则，将国土划分为若干不同层次、范围大小不一的行政区域系统，并在各个不同层次的

---

① 鲁西奇、林昌丈：《飞地：孤悬在外的领土》，《地图》2009 年第 4 期。

② 刘君德、靳润成、周克瑜编著：《中国政区地理》，科学出版社 1999 年版，第 3—4 页。

区域设置相应的各级地方国家政权机关和行政机关，行使国家权力，实施公众管理，为社会生活、公众交往确立地域空间。行政区划是国家权力再分配的一种重要形式，是国家统治集团意志和国家政治、经济、军事、民族等各种要素在地域空间的客观反映。[①] 侯景新、蒲善新、肖金成认为，行政区划（administrative division or administrative regionalization）就是国家对行政区域的划分。具体地说，就是根据国家行政管理和政治统治的需要，遵循有关的法律规定，充分考虑经济联系、地理条件、民族分布、历史传统、风俗习惯、地区差异和人口密度等客观因素，实行行政区域的分级划分，将国家的国土划分为若干层次、大小不同的行政区域系统，并在各个区域设置相应的地方国家权力机关和行政机关，建立政府公共管理网络，为社会生活和社会交往明确空间定位。[②] 周振鹤认为，行政区划可以简称为行政区或政区，就是国家对于行政区域的分划。行政区域的分划过程是在既定的政治目的与行政管理需要的指导下，遵循相关的法律法规，建立在一定的自然与人文地理基础之上，并充分考虑历史渊源、人口密度、经济条件、民族分布、文化背景等各种因素的情况下进行的，其结果是在国土上建立起一个由若干层级、不等幅员的行政区域所组成的体系。[③]

关于行政区划的构成要素问题，学者们虽有细微分歧，但已渐趋一致。刘君德、靳润成、周克瑜认为，行政区划可以分解为以下几个相互联系的成分：其一，一定规模人口和面积的地域空间；其二，一个设有相应行政机构的行政中心；其三，一个具有明确的上下级隶属关系的行政等级；其四，一个与行政建制相对应的行政区名称。任何一级、任何性质（类型）的行政区都必须同时具备上述四大要素。[④] 浦善新、王恩涌等认为，行政区划至少应具备以下八个必备要素：其一，有一定数量的人口；其二，有一定范围的地域空间，包括有明确的边界线，同级行政区既不重

① 王恩涌主编：《中国政治地理》，科学出版社 2004 年版，第 37 页。

② 侯景新、蒲善新、肖金成：《行政区划与区域管理》，中国人民大学出版社 2006 年版，第 13 页。

③ 周振鹤、李晓杰：《中国行政区划通史》（总论、先秦卷），复旦大学出版社 2009 年版，第 7—8 页；周振鹤：《行政区划史研究的基本概念与学术用语刍议》，《复旦学报》（社会科学版）2001 年第 3 期。

④ 刘君德、靳润成、周克瑜编著：《中国政区地理》，科学出版社 1999 年版，第 31—46 页。

叠，也无空白；其三，有相应的机构；其四，有行政中心；其五，有上下隶属关系；其六，有行政建制；其七，有行政等级；其八，有行政区专名。① 周振鹤认为，行政区划的构成要素须满足如下充分必要条件。必要条件包括有一定的地域范围，有一定数量的人口，存在一个行政机构；充分条件包括处于一定的层级之中，有相对明确的边界，有一个行政中心，有时有等第之别，有立法机构。正式的行政区划一般应该符合上述的充分必要条件。但在特殊情况下，只符合必要条件者也是行政区划。②

二 选题背景与时空说明

（一）选题背景

1997—1998 年，为完成《贵州清水江干流沿岸人口经济环境协调发展研究》（国家自然科学基金项目、参与）、《贵州人口史》（贵州省哲学社会科学“九五”规划中长期项目、独立承担）等课题的研究工作，笔者在查阅（民国）《贵州通志》等贵州地方文献时，发现“插花地”是出现频率较高的一个词。在好奇心的驱使下，笔者开始了插花地的资料收集与整理工作。在对插花地的基本内涵有了较为深入的认识后，笔者便意识到深入研究这一课题的价值与意义。因为在笔者家乡——贵州省思南县鹦鹉溪镇大溪口村，各自然村寨耕地、林地的犬牙交错现象极为普遍，个别村寨的耕地、林地甚至飞到了别的乡镇境内，远达 10 公里以上。如此之插花格局，给家乡父老的生产、生活都带来了极大的不便。1998 年，笔者便撰写了《历史时期西南“插花”初探》一文，在得到恩师（西南大学蓝勇教授）的首肯后，发表于《西南师范大学学报》（哲学社会科学版）1999 年第 1 期。此后因忙于其他课题的研究任务及繁重的行政事务与教学工作，而将该选题研究暂时中断了，没想到这一“暂时”中断就是 10 年！

---

① 浦善新等：《中国行政区划概论》，知识出版社 1995 年版，第 12—13 页；王恩涌主编：《中国政治地理》，科学出版社 2004 年版，第 38 页；侯景新、蒲善新、肖金成：《行政区划与区域管理》，中国人民大学出版社 2006 年版，第 8—11 页。

② 周振鹤、李晓杰：《中国行政区划通史》（总论、先秦卷），复旦大学出版社 2009 年版，第 9—11 页；周振鹤：《行政区划史研究的基本概念与学术用语刍议》，《复旦学报》（社会科学版）2001 年第 3 期。

2008 年，承蒙恩师不弃，将笔者以同等学力身份破格招收为博士研究生。在讨论研究方向时，恩师便指定笔者做插花地研究。于是，搁置了 10 之久的研究工作才得以继续。

在研究方向确定之时，笔者尚承担着一项国家社会科学基金项目——《农村男性弱势群体的婚姻边缘化问题研究》，因受结题时间的限制，笔者不得不将大量的时间投入该项目的研究工作中，插花地研究只能时断时续，直到 2009 年 12 月底，完成该项目的所有研究任务后（成果为 20 余万字的一部专著，2010 年已由中国社会科学出版社出版），才得以将主要精力投入插花地研究中。2011 年 3 月，笔者以“贵州与云南、四川、重庆交界处插花地问题研究”为题申报国家自然科学基金项目，在有幸获批立项后，笔者更坚定了将插花地问题深入研究下去的信念。

需要说明的是，此项目立项名称为“贵州与云南、四川、重庆交界处插花地问题研究”，而本书取名为《插花地研究：以明清以来贵州与四川、重庆交界地区为例》。从表面看来，研究的地域空间似有缩小，其实不然。因为在申报项目时，虽然将研究的地域空间命名为“贵州与云南、四川、重庆交界处”，但实际上研究地域是指向赤水河流域的，即本书中的“贵州与四川、重庆交界地区西段”。而本书名称中虽然去掉了“云南”，但并不等于缩小了研究的地域空间，因为“贵州与四川、重庆交界地区”不仅包括“交界地区西段”（即赤水河流域），而且包括“交界地区东段”。因此，本项目实际研究的地域空间不仅没有缩小，反而有所扩大。做这样的调整，是为了使研究的内容更为充实、连贯，便于读者对插花地问题有更深入的认识和了解。

为叙述方便，本书不少地方都用“川（含渝）黔交界地区”加以表述，这与“贵州与四川、重庆交界地区”这一表述方式没有本质的不同，因为在 1997 年以前，重庆一直是四川的一个组成部分。

笔者之所以首选贵州与四川、重庆交界地区作为插花地研究的突破口，主要是因为以下两个方面的考虑：

第一，贵州与四川、重庆交界地区插花地类型多、代表性强。贵州与四川、重庆交界地区插花地有以下四个显著特点：一是种类齐全；二是数量多；三是产生的原因复杂；四是影响深远。就种类来看，贵州与四川、重庆交界地区插花地不仅有犬牙之地、飞地两种基本类型，而且包括除了国家之间插花地以外的所有政区层级插花地，如省（市、区）际插花地、市（州、地）际插花地、县（市、区）际插花地、乡（镇）际插花地、村际插花地、村民组际插花地，历史插花地、经济插花地、政治插花地、民族插花地等也都广泛存在。就数量来看，在明清以来的任何一个历史阶段，插花地都广泛存在于贵州与四川、重庆交界地区。就产生的原因来看，犬牙交错的政区划分原则、“山川形便”的政区划分原则、明代的卫所、元明之土司、土地私有制下“地随人走”的土地管理政策及特殊的自然地理环境等，都是贵州与四川、重庆交界地区插花地产生的根源。就所产生的影响来看，插花地的广泛存在，对贵州与四川、重庆交界地区的行政管理、社会稳定、经济发展、人民群众的生活等都产生了极为严重的影响，对以“美酒河、英雄河、生态河、美景河”著称的赤水河流域的影响则更为突出。这些特征决定了贵州与四川、重庆交界地区插花地有着很强的典型性与代表性。在这样的情况下，笔者便选择贵州与四川、重庆交界地区插花地作为插花地研究的突破口。

第二，对贵州与四川、重庆交界地区的情况较为熟悉。笔者土生土长于湘、鄂、渝、黔四省（市）交界的武陵山区，1993 年考入西南师范大学历史系后，在重庆读书生活了 4 年，工作以后，又长期致力于贵州人口问题及地方史研究，曾多次深入有关地区做过田野调查，对贵州与四川、重庆交界地区的情况较为熟悉，将研究的地域范围确定在贵州与四川、重庆交界地区，有利于将感性认识与理性认识较好地统一起来。

（二）时空说明

插花地是伴随着行政区划的产生而产生的。虽然早在明代以前，今贵州与四川、重庆交界地区就已有行政区划存在，可在明永乐十一年（1413）以前，贵州还不是一个独立的省级行政区划，自然不存在贵州与四川、重庆交界问题。明永乐十一年（1413）贵州建省以后，贵州与四川、重庆的交界线才初步形成。由于种种因素的影响，贵州与四川、重庆交界线一经形成，就产生了不少插花地。随着交界线的不断变化，原有的一些插花地虽然得到了清理拨正，但一些新的插花地又因此产生。清雍正六年（1728）以后，贵州与四川、重庆交界线虽然再无大的变化，中央政府对交界地区插花地也进行过多次清理拨正，但由于种种因素的制约，清理拨正工作进行得很不彻底。故时至今日，插花地在贵州与四川、重庆交界地区仍然普遍存在着，对当地的经济社会发展产生了极为严重的影响。因此，笔者将研究的时间范围界定在明、清以来，不仅有利于研究插花地的形成演变情况，而且有利于研究插花地遗留问题，把历史与现实问题较好地结合起来。

永乐十一年（1413）贵州建省，标志着川（含渝）黔交界线初步形成。但当时的川（含渝）黔交界线并非当前的川（含渝）黔交界线。在当前的川（含渝）黔交界线正式形成以前，曾有几次大幅度调整：第一次是在明万历二十九年（1601）；第二次是在康熙五年（1666）；第三次是在雍正五至六年（1727—1728）。为与历史保持一致，本书尽可能按这几个时点划分历史阶段，但在讨论具体问题时，为叙述方便或因资料之不足，又不一定完全一致。

需要说明的是，本书虽然将研究的地域范围限定在川（含渝）黔交界地区，但又不是固定不变的，因为在历史上川（含渝）黔交界线有过多次大幅度调整，川（含渝）黔交界地区自然不会保持固定不变。为与历史保持一致，在长时段内，本书的研究地域是“动态”的；在短时段内，本书的研究地域又是“静态”的。为使研究内容更为丰富，说服力更强，有时又不仅限于川（含渝）黔交界地区，但始终都没有把川（含渝）黔交界地区排除在外。

三 价值意义

深入研究川（含渝）黔交界地区插花地，具有极为重要的价值意义，这可从理论意义与现实意义两个方面概述如下。

（一）理论意义

深入研究川（含渝）黔交界地区插花地的理论意义主要表现在以下几个方面：第一，有利于推动插花地研究的深入发展；第二，有利于编绘更精确可靠的历史地图；第三，可为其他地区的插花地研究提供参考借鉴。

1. 有利于推动插花地研究的深入发展

插花地研究可上溯至沿革地理学，因为在历代正史地理志、全国地理总志及浩如烟海的地方志中，一般都有各有关政区沿革及“四至八到”记载。

插花地的研究历史虽然十分悠久，可至今仍然是一个极为薄弱的环节，不仅没有一本专著问世，专题研究论文也屈指可数，并存在着不少缺陷与不足（详见本书第一章）。因此，深入研究川（含渝）黔交界地区插花地问题，有利于推动插花地研究的深入发展。

2. 有利于编绘更精确可靠的历史地图

中国历史地图的编绘历史十分悠久。西晋时期，裴秀不仅主持、绘制了中国最早的一套历史地图集——《禹贡地域图》18 篇，而且在总结前人制图经验的基础上，提出了绘制地图必须遵循的六项原则——制图六体：分率（比例尺）；准望（方格定位）；道里（测算两地间的距离）；高下（高低）；方邪（测量直角和锐角）；迂直（测量曲线和直线）[①]。唐代贾耽不仅撰有《关中陇右及山南九州等图》《海内华夷图》《贞元十道录》等图，而且采用朱墨两种颜色来区分历史地名和当代地名。[②] 南宋税安礼编绘的《历代地理指掌图》，是中国现存最早的表现历代行政区划变迁大势的历史地图集。清末杨守敬的《历代舆地图》既是传统历史地图的集大成者，也标志着传统历史地图的终结。著名历史地理学家谭其骧先生主编的 8 卷本《中国历史地图集》，是新中国成立以来历史地图编绘的最杰出成果。[③]

影响历史地图编绘精确度的因素固然很多，但不能忽视插花地的重要影响。因为对某一行政区域内的插花地如果没有深入的了解，就不可能编绘出更精确、可靠的历史地图。如谭其骧先生主编的《中国历史地图集》第 7 册所编绘的明代贵州地图就明显有误，因为万历二十九年（1601）以前的贵州实际上是由三大块插花地构成的（详见本书第三章），而该图并没有将这一情况反映出来。因此，深入研究插花地有利于编绘更精确、可靠的历史地图。

3. 可为其他地区的插花地研究提供参考借鉴

插花地不唯川（含渝）黔交界地区所独有，在西南乃至全国其他不少地区，插花地现象都十分普遍地存在着，可由于对其的研究极其薄弱，绝大部分地区的插花地研究都是空白（详见本书第一章）。因此，深入研究川（含渝）黔交界地区的插花地问题，可为其他地区的插花地研究提供参考和借鉴。

---

① 杨光华主编：《中国历史地理文献导读》，西南师范大学出版社 2006 年版，第 48 页。

② 蓝勇编著：《中国历史地理学》，高等教育出版社 2002 年版，第 340 页。

③ 周振鹤、李晓杰：《中国行政区划通史》（总论、先秦卷），复旦大学出版社 2009 年版，第 40 页。

（二）现实意义

深入研究川（含渝）黔交界地区插花地的现实意义主要表现在两个方面：第一，可以为未来的行政区划调整提供决策参考依据；第二，有利于川（含渝）黔交界地区经济社会的深入发展。

1. 可以为未来的行政区划调整提供决策参考依据

正经界对一个国家的长治久安与经济社会发展都有着十分重要的作用，因为“行政区划工作是国家行政管理的基本手段；是政权建设的基础和重要组成部分。其设置是否科学合理，对国家的政治、经济、文化、民族团结等各个方面都有重大影响”①。故《周礼》曰：“惟王建国，辨方正位，体国经野，设官分职，以为民极。”② 孟子亦言：“夫仁政，必自经界始。经界不正，并地不钧，谷禄不平。是故暴君污吏必慢其经界。经界既正，分田制禄可坐而定也。”③

中国省制改革之呼声由来已久。早在清朝末年，面对积弱积贫的客观形势，著名“维新”运动改革家康有为便对中国的省制提出了质疑并力主废省。民国时期，中国省制问题之讨论规模更大，但逐步从“废省论”转向“缩省论”，主张缩小中国省区。新中国成立后至改革开放前，由于省制问题研究被列入“禁区”，省制改革之呼声暂时沉寂了下来。改革开放后，省制问题研究又引起了专家学者及政府有关部门的高度重视，在“缩小省区”这一问题上已基本达成共识。④

纵观中国历史上的行政区划调整，往往都极不重视行政区域划拨的合理性，“举其所有而归之”的现象十分普遍，即将某一行政区域划隶另一行政区域时，通常的做法是将该行政区域所辖之领地通通划入。如此做法的局限性十分明显，不仅无法确保政区形态的优化，相当一部分插花地也因此产生。如 1997 年重庆成为直辖市时，便将原四川省所属的重庆市、万县市、涪陵市、黔江地区整体划入，使新的重庆市呈现出一个巨大的“人”字形，政区形态优化程度极低。据侯景新、蒲善新、肖金成的研

---

① 李宝田：《中国行政区划研究会成立》，《地理研究》1990 年第 1 期。

② （汉）郑玄注：《周礼·天官》，四部丛刊明翻宋岳氏本。

③ 《孟子》卷 5，四部丛刊景宋大字本。

④ 参见刘君德、靳润成、周克瑜编著《中国政区地理》，科学出版社 1999 年版，第 162—167 页。

究，其政区形态优化系数仅为0.41（基本内涵与计算公式详见后文），在29个省级行政区划中列第18位（见表1）。如此之政区形态对行政管理、经济社会发展及人民群众的生活等都会带来极为严重的影响。

表1　**中国部分省级行政区的政区形态优化系数**

省级行政区	面积（万平方公里）	最大内径（公里）	圆面积（万平方公里）	优化系数
湖南	21.00	628.78	31.04	0.677
浙江	10.18	449.62	15.87	0.641
青海	72.00	1196.34	112.35	0.614
河南	16.70	589.13	27.25	0.613
辽宁	14.57	555.18	24.20	0.602
云南	39.40	932.74	68.30	0.577
贵州	17.00	618.12	29.99	0.567
四川	48.80	1055.37	87.43	0.558
新疆	160.00	1934.39	293.74	0.545
福建	12.00	536.28	22.58	0.531
安徽	13.90	585.52	26.91	0.517
海南	3.40	290.10	6.61	0.514
广西	23.00	764.93	45.93	0.501
黑龙江	46.90	1101.18	95.19	0.493
宁夏	6.60	418.06	13.72	0.481
江西	16.66	679.21	36.21	0.460
湖北	18.74	731.88	42.05	0.446
重庆	8.20	504.57	19.99	0.410
西藏	122.00	2001.07	314.34	0.388
江苏	10.26	597.82	28.06	0.366
陕西	20.50	852.74	57.08	0.359
山西	15.60	748.75	44.01	0.354
吉林	18.70	821.51	52.98	0.353
山东	15.30	745.37	43.61	0.351
河北	19.00	834.78	54.70	0.347
广东	18.60	829.87	54.06	0.344
台湾	3.60	369.20	10.70	0.336
甘肃	45.40	1483.80	172.83	0.260
内蒙古	110.00	2359.91	437.18	0.252

资料来源：侯景新、蒲善新、肖金成：《行政区划与区域管理》，中国人民大学出版社2006年版，第124—125页。

党的十八大报告明确指出，要“优化行政层级和行政区划设置，有条件的地方可探索省直接管理县（市）改革，深化乡镇行政体制改革”①。党的十八届三中全会再次强调，要“优化行政区划设置，有条件的地方探索推进省直接管理县（市）体制改革”②。这表明中央已将行政区划调整提上了议事日程。由于政区形态优化程度与插花地有着密不可分的关系，插花地越多，就越难确保政区形态的优化，就必然要求我们对中国现有插花地进行全面、深入的清理。不进行全面、深入的清理，就不可能做到心中有数；心中无数，决策就不可能科学、合理。因此，加强对插花地问题的研究对未来的行政区划调整具有十分重要的意义，可以为未来的行政区划调整提供决策参考依据。

2. 有利于川（含渝）黔交界地区经济社会的深入发展

生产力决定生产关系，经济基础决定上层建筑。作为上层建筑的重要组成部分，行政区划虽然是由经济基础决定的，但对经济基础又有着强大的反作用，它从政治体制和行政管理体制等方面制约着经济体制和经济活动形式，如国土资源开发与管理、产业布局和城镇发展等。因此，行政区划与经济社会发展具有十分紧密的内在联系，科学、合理的行政区划会促进经济社会的发展；反之，则会阻碍经济社会的发展。③

行政区划与经济社会发展的辩证关系说明，行政区划必须服从并服务于经济社会发展，尤其在以经济建设为中心的时代，行政区划是否适应经济社会的发展要求，自应成为检验行政区划科学与否的重要依据。“虽然行政区划不等于经济区划，但一个国家的基本政治制度确定以后，国家的主要职能便是指导经济活动，促进社会生产力的发展。”④

检验行政区划是否适应经济社会发展要求的标准虽然很多，但插花地的广泛程度应该成为最重要的标准之一。因为理论与实践都充分证明，插花地的广泛存在，不仅不利于行政管理，对经济社会的发展也极

---

① 胡锦涛:《坚定不移沿着中国特色社会主义道路前进中为全面建成小康社会而奋斗——在中国共产党第十八次全国代表大会上的报告》,《求是》2012 年第 22 期。

② 《中共中央关于全面深化改革若干重大问题的决定》（2013 年 11 月 12 日中国共产党第十八届中央委员会第三次全体会议通过),《求是》2013 年第 22 期。

③ 参见刘君德、靳润成、周克瑜编著《中国政区地理》，科学出版社 1999 年版，第 24—25 页。

④ 王颖、陆玉麒:《中国省界线形成的地理背景》,《南京师范大学学报》（自然科学版）2003 年第 1 期。

为不利。

在川（含渝）黔交界地区，插花地影响经济社会发展的典型事例比比皆是，赤水河流域犬牙交错的政区格局是最突出的表现（详见本书第六章）。“加强理论研究，是将行政区划工作从经验决策上升到理论决策的重要基础”①，深入研究川（含渝）黔交界地区插花地问题是科学拨正川（含渝）黔交界地区插花地的基础。因此，本书研究有利于川（含渝）黔交界地区经济社会的深入发展，尤其关于建立赤水河流域经济特区的基本构想，对推动赤水河流域乃至长江中上游地区经济社会的又好又快、更好更快发展是极为有利的。

四 研究思路与主要研究方法

（一）研究思路

本书的基本研究思路为：通过深入的田野考察、实地监测、查阅历史文献和档案材料等方式获取本书研究所需的各种材料，然后以点面结合之方式，通过深入的定量与定性研究完成各项研究内容（见图4）。

本书的具体研究思路按以下步骤展开：

第一，解释界定有关概念，并对学术研究前沿作较为全面、系统的回顾与总结。

第二，沿贵州与四川、重庆交界沿线进行考察，深入了解典型插花地个案的基本情况、产生的原因及所带来的种种不利影响。

第三，赴有关档案馆、图书馆查阅资料，在全面把握文献资料的基础上，分阶段梳理川（含渝）黔交界地区插花地的基本情况与清理拨正情况，探讨插花地产生的原因及所带来的种种不利影响。

第四，川（含渝）黔交界地区插花地从短时段看是静态的，从长时段看又是动态的，因为明清以来川（含渝）黔交界线有过几次大幅度调整。故本书分1413—1600年、1601—1726年、1727—2000年三个历史阶段分析川（含渝）黔交界地区插花地的基本情况。

---

① 李宝田：《中国行政区划研究会成立》，《地理研究》1990年第1期。

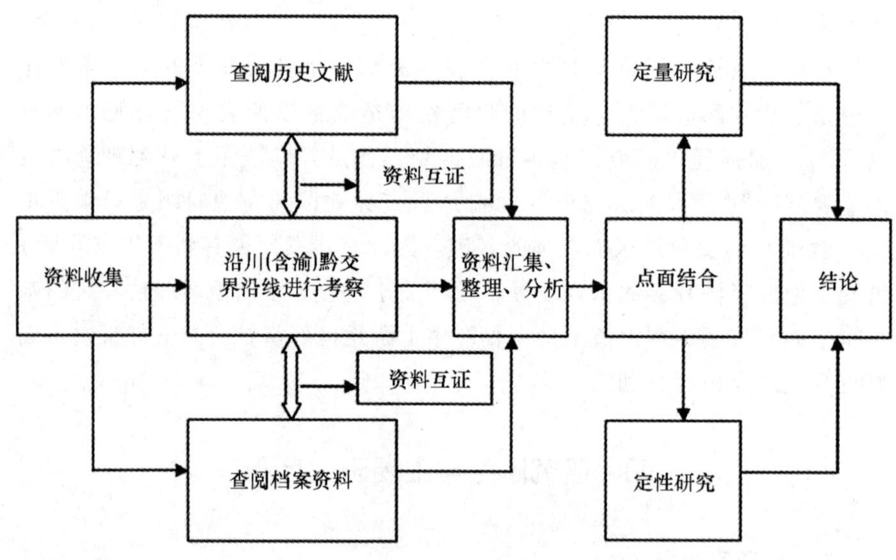

图4 基本研究思路

（二）主要研究方法

本书采用的研究方法主要有以下几种。

1. 田野考察法

2010年7—8月，笔者偕两名研究生花了近半个月时间，沿贵州桐梓、习水、赤水、仁怀与重庆、四川交界一线，就典型插花地个案做了十分深入的考察。通过召开座谈会、个别访谈、实地监测、查阅有关统计数据和资料等方式，不仅收集到了极为宝贵的第一手资料，而且对川（含渝）黔交界地区插花地有了更深入的认识和理解。2010年以后，我们又多次深入有关地区做了必要的补充调查。

2. 文献资料法

自2009年7月以来，笔者携5名研究生花了近3个月时间，到贵州省档案馆复印了100余万字的档案材料（包括贵州与云南、湖南、广西交界地区插花地资料）。这些材料十分宝贵，因其为限制开放资料，档案馆原则上是不对外的。除了这些资料外，笔者还较为广泛地查阅了有关历史文献，尤其是贵州地方志资料。通过对上述资料的分析、整理，逐一研究川（含渝）黔交界地区的插花地问题。

3. 点面结合的研究方法

因资料之不足，本书不可能将川（含渝）黔交界地区每一个历史阶段的所有插花地都“一网打尽”，故除了必要的面上分析以外，笔者选择一些典型个案，做了较为深入的“麻雀”式解剖。

4. 实证研究法

除了必要的理论与逻辑分析外，为使结论具有更强的说服力，本书尽可能将结论建立在实证研究的基础上。

五　创新之处

与以往研究不同的是，本书将研究的时间范围确定在明清以来，对川（含渝）黔交界地区的插花地既做静态分析又做动态研究；既探讨了插花地的历史又分析了插花地的现状；既介绍了插花地的清理拨正情况又分析了插花地形成的原因及所产生的影响；既有面上分析又有个案研究。如此种种都是本书的创新之处，这里主要交代一下本书的理论、思路、方法与资料创新。

（一）理论创新

本书的理论创新主要表现在以下几个方面：

第一，对插花地的科学内涵做了更为合理的解释。过去的插花地研究不仅没有将插花地的科学内涵解释清楚，而且经常错误地将插花地等同于飞地。本书不仅合理地解释了插花地的科学内涵，而且明确提出插花地包括飞地和犬牙之地两种基本类型。这对澄清人们对插花地的模糊认识是大有裨益的，无疑具有一定程度的理论创新意义。

第二，第一次较为全面、系统地分析了明清以来川（含渝）黔交界地区插花地的基本情况与清理拨正情况，指出了谭其骧先生主编的《中国历史地图集》中的部分错误。

第三，对插花地产生的原因做了更为全面、深入的探讨。本书认为，犬牙交错的政区划分原则，“山川形便”的政区划分原则，明代的卫所，元、明之土司，土地私有制下“地随人走”的土地管理政策及特殊的自然地理环境等都是插花地产生的根源。比照以往的插花地产生原因分析，本书也有很大程度的理论创新。因为“山川形便”的政区划分原则、土地私有制下“地随人走”的土地管理政策等均为本书首次提出。

第四，全面、系统地分析了插花地的不利影响。过去的插花地研究虽然多角度地分析了插花地的不利影响，但就单项成果来看，没有任何一项对插花地的不利影响进行过全面、系统的研究。本书不仅较为全面、系统地分析了插花地的不利影响，而且提出了“行政管理的机会成本”概念，也具有一定程度的理论创新。

（二）思路、方法与资料创新

1. 思路创新

过去的插花地研究多关注的是县级以上政区，不仅对县级以下政区的插花地关注不够，而且采用的多是“自上而下”的研究思路，即以高层政区边界为基础研究基层政区边界。吴滔在《“插花地”的命运：以章练塘镇为中心的考察》一文中，也明确地指出了这一问题：“以往的政区研究，多注力于县级以上政区的沿革，对于县级以下行政单位如乡、都、区等的归属极少涉及。”这种做法的局限性非常明显，因为基层政区边界是构成高层政区边界的基础，基层政区边界情况不明，高层政区边界又如何确定？“从某种程度上说，县级及县级以上政区插花正是以乡里的插花为基础的。”[①] 因此，本书除采用“自上而下”的研究思路外，采用更多的是“自下而上”的研究思路，即以基层政区边界为基础研究高层政区边界。

2. 方法创新

本书的方法创新主要表现在以下两个方面：一是注重田野调查。过去的插花地研究一般都主要运用文献资料法，而本书将文献资料法与田野调查法结合了起来。二是将历史与现实问题结合起来。过去的插花地研究往往把历史与现实问题分离开来，要么只研究历史时期的插花地问题，要么只研究当前的插花地问题，鲜有把历史与现实问题结合起来加以研究的。而本书将历史与现实问题结合起来进行了综合研究。

---

① 吴滔：《“插花地”的命运：以章练塘镇为中心的考察》，《史林》2010年第3期。

3. 资料创新

过去的插花地研究依靠的多是文献资料，极少有运用田野调查资料和档案材料的。本书不仅综合运用了田野调查资料、文献与档案材料，而且相当一部分资料都是难得的第一手资料，无疑具有较强的资料创新意义。

第一章　学术研究回顾

插花地是行政区域划分的结果，因此本书研究的学术前沿主要涉及以下两大领域：一是插花地研究；二是行政区划研究。

一　插花地研究

（一）研究概况

插花地研究可上溯至沿革地理学，因为在历代正史地理志、全国地理总志及浩如烟海的地方志中，一般都有各有关政区沿革及“四至八到”的记载（周振鹤先生在其主编的《中国行政区划通史》中即明确指出：“《汉书·地理志》已经开始用简单的语句来叙述郡级政区的沿革以及部分县级政区的由来，可以算是一种研究了”①）。这些记载为我们研究插花地变迁保存了极为珍贵的资料，但较为遗憾的是，这些资料往往都极为简略，缺乏较为详细的政区边界记载。“作为行政区域重要组成部分的行政区域界线，哪里曲、哪里弯却不得其详。”② 冯贤亮在《疆界错壤：清代“苏南”地方的行政地理及其整合》一文中也明确指出：“尽管历史上对县界的记录，有所谓‘四至八到’的记载，但是十分粗疏，导致了今天我们在全面复原明清各个县级政区边界上的许多困难。”③ 新中国成立以前，有关学者虽然研究过插花地问题，如清代学者、官员胡林翼就研究过

---

① 周振鹤、李晓杰：《中国行政区划通史》（总论、先秦卷），复旦大学出版社2009年版，第35页。

② 刘戎：《省级行政区域界线标准画法数据编辑方法研究》，西北大学2005年硕士学位论文。

③ 冯贤亮：《疆界错壤：清代“苏南”地方的行政地理及其整合》，《江苏社会科学》2005年第4期。

插花地类型、产生的原因及其流弊，但其研究有着很强的时代与阶级局限性，不仅所做的类型划分与所给出的类型称谓不尽科学合理（前已有所述），对插花地产生的原因及所带来的影响的分析也欠深入（后文再叙）。

在新中国成立以来的一段时期内，由于人文地理学研究被严重“边缘化”，插花地研究也未引起人们的足够重视。改革开放以来，一些学者虽然开始关注插花地问题的研究，可至今没有一本专著问世。一些有关行政区划或政区地理著作的个别章节，如周振鹤主编的《中国行政区划通史》①，刘君德、靳润成、周克瑜编著的《中国政区地理》②，王恩涌主编的《中国政治地理》③，侯景新、蒲善新、肖金成的《行政区划与区域管理》④，浦善新的《中国行政区划改革研究》⑤，李晓杰的《体国经野——历代行政区划》⑥，徐建平的《政治地理视角下的省界变迁——以民国时期安徽省为例》⑦ 及《贵州省志·地理志》⑧ 等，虽然讨论了插花地的有关问题，但由于不是专题研究插花地的，故其论述极为零星分散。关于插花地的专题研究论文也屈指可数（见表1—1）。

表1—1　　改革开放以来关于插花地研究的论文统计

序号	作者	论文题目	发表刊物	发表时间
1	牛世居	我国行政区划中的“飞地”	中学地理教学参考	1995年第9期
2	吴宏岐	西汉行政区划中的“犬牙相制”现象	中国历史地理论丛	1998年第1期
3	史念海	战国时期的插花地	《河山集》第7集	陕西师范大学出版社1999年版
4	杨　斌	历史时期西南“插花”初探	西南师范大学学报（哲学社会科学版）	1999年第1期

① 周振鹤主编：《中国行政区划通史》（多卷本），复旦大学出版社。

② 刘君德、靳润成、周克瑜编著：《中国政区地理》，科学出版社1999年版。

③ 王恩涌主编：《中国政治地理》，科学出版社2004年版。

④ 侯景新、蒲善新、肖金成：《行政区划与区域管理》，中国人民大学出版社2006年版。

⑤ 浦善新等：《中国行政区划概论》，知识出版社1995年版。

⑥ 李晓杰：《体国经野——历代行政区划》，长春出版社2004年版。

⑦ 徐建平：《政治地理视角下的省界变迁——以民国时期安徽省为例》，上海人民出版社2009年版。

⑧ 贵州省地方志编纂委员会：《贵州省志·地理志》上册，贵州人民出版社1985年版。

续表

序号	作者	论文题目	发表刊物	发表时间
5	冯贤亮	明代江南的争田问题——以嘉兴府嘉、秀、善三县为中心	中国社会经济史研究	2000 年第 4 期
6	上饶市勘界办公室	巩固勘界成果的重要举措——对已勘定边界线两侧插花、飞地及争议地段进行详查建档工作	中国地名	2001 年第 1 期
7	杨朝伟	城区"插花地"问题及其处理对策	长江论坛	2002 年第 2 期
8	傅 辉	河南插花地个案研究（1368—1953 年）	《历史地理》第 19 辑	上海人民出版社 2003 年版
9	傅 辉	插花地对土地数据的影响及处理方法	中国社会经济史研究	2004 年第 2 期
10	冯贤亮	疆界错壤：清代"苏南"地方的行政地理及其整合	江苏社会科学	2005 年第 4 期
11	郭声波	飞地行政区的历史回顾与现实实践的探讨	江汉论坛	2006 年第 1 期
12	郭声波 王开队	由虚到实：唐宋以来川云贵交界区犬牙相入政区格局的形成	江汉论坛	2008 年第 1 期
13	袁 萍 袁兆康 刘勇等	城市周边插花地带暗娼 STD 感染及就医行为调查分析	实用临床医学	2008 年第 4 期
14	徐建平	从界限到界线：湖滩开发与省界成型——以丹阳湖为例	史林	2008 年第 3 期
15	徐建平	湖滩争夺与省界成型——以皖北青冢湖为例	中国历史地理论丛	2008 年第 3 期
16	徐建平	民国时期鄂皖赣三省沿江边界调整与江堤维护	史林	2009 年第 4 期
17	鲁西奇 林昌丈	飞地：孤悬在外的领土	地图	2009 年第 4 期
18	蔡博峰	"飞地"图谱	地图	2009 年第 4 期
19	沙中土	上海农场"飞地"的华丽转身	地图	2009 年第 4 期

续表

序号	作者	论文题目	发表刊物	发表时间
20	陈西御	北京人在燕郊	地图	2009 年第 4 期
21	田吉舷	香河家具城，典型飞地的模范崛起	地图	2009 年第 4 期
22	郭舟飞	由武汉“插花地”看地方政府公共管理	科技创业月刊	2009 年第 9 期
23	覃　影	边缘地带的“双城记”——清代叙永厅治的双城形态研究	西南民族大学学报（人文社会科学版）	2009 年第 11 期
24	徐建平	行政区域整理过程中的边界与插花地——以民国时期潼关划界为例	《历史地理》第 24 辑	上海人民出版社 2010 年版
25	吴　滔	“插花地”的命运：以章练塘镇为中心的考察	史林	2010 年第 3 期
26	马　琦 韩昭庆 孙　涛	明清贵州插花地研究	复旦学报（社会科学版）	2010 年第 6 期
27	智通祥 刘富荣	农村“飞地”如何管理和利用	资源导刊	2010 年第 11 期
28	苏海红 杜青华	基于对口帮扶政策的青南地区飞地经济发展模式研究	青海社会科学	2012 年第 1 期
29	闫天灵	民国时期的甘青省界纠纷与勘界	历史研究	2012 年第 3 期
30	杨　斌	民国时期川黔交界地区插花地清理拨正研究	地理研究	2011 年第 10 期
31	杨　斌	历史时期插花地的基本概念讨论	西南大学学报（社会科学版）	2013 年第 5 期
32	曾　伟 陈政宇	集中连片特困山区“飞地经济”发展对策研究——以湖北五峰土家族自治县为例	湖北大学学报（哲学社会科学版）	2014 年第 1 期
33	杨　斌 张祥刚	民国时期湘黔交界地区插花地的清理拨正	广西师范大学学报（哲学社会科学版）	2014 年第 2 期

注：部分文章虽然不是严格意义上的学术研究论文，如牛世居的《我国行政区划中的“飞地”》等，但因与插花地问题有关，故将其统计在内。

自本书研究被国家自然科学基金立项资助以来，项目组不仅做了十分深入的田野考察，而且系统整理了相关档案资料。2011年至今，先后有6名研究生以插花地为题完成了毕业论文，分别是：罗志亮《明清以来仁怀、赤水、习水插花地研究》（2011），王文章《民国时期滇黔交界处插花地问题研究》（2012），曾艳丽《民国时期湘黔交界地区插花地清理拨正研究》（2012），陈丽《民国时期黔桂交界地区插花地研究》（2013），王琪《民国时期贵阳与安顺、黔南交界地区插花地研究》（2013），徐继艳《民国时期川黔交界地区插花地与匪患问题研究》（2014）。

显而易见，插花地的研究历史虽然十分悠久，但至今仍然是一个极为薄弱的环节。

（二）主要研究内容

迄今为止，学者们主要围绕插花地的基本内涵、各有关地域插花地基本情况、插花地清理拨正、插花地产生的原因、插花地所带来的影响、插花地管理与解决插花地问题的对策等问题进行了讨论。关于插花地的基本内涵问题，前面已有较为详细的分析，不再重复。

1. 各有关地域插花地的基本情况

关于各有关地域插花地的基本情况，学者们的讨论较为复杂。既有全国层面上的情况分析，也有具体地域的讨论；既有讨论历史时期的，也有讨论当前的；既有典型插花地的个案分析，也有较为宏观的面上情况介绍。从讨论的具体地域来看，主要集中在贵州及贵州与邻省交界区域，长江三角洲（主要是苏南和浙江东北部），河南归德（今商丘市）、开封一带，武汉市，安徽与邻省交界区域，甘肃与青海交界区域，陕西、山西、河南三省交界处的潼关及江苏省的东台市等。从讨论的时间范围来看，主要集中在明清以来。

在全国层面上的插花地情况分析方面，既有分析历史时期插花地基本情况的，也有介绍当前插花地基本情况的。在历史时期插花地基本情况研究方面，著名历史地理学家史念海先生的《战国时期的“插花地”》一文，对战国时期中国各诸侯国之间的插花地情况进行了深入研究。[1] 周振

[1] 史念海：《战国时期的“插花地”》，《河山集》第7集，陕西师范大学出版社1999年版，第504—519页。

鹤先生在《中国行政区划通史》（总论）中，对各历史时期中国行政区划中的犬牙交错现象进行了深入探讨。[①] 在当前插花地基本情况研究方面，鲁西奇、林昌丈《飞地：孤悬在外的领土》一文，简要介绍了当前中国及世界的典型飞地个案。[②] 蔡博峰《“飞地”图谱》一文，以图文并茂之方式展示了中国当前一级行政区划之间的主要飞地。[③]

相对于其他区域，贵州及贵州与邻省交界区域的插花地情况，学者们的关注程度要高得多。《贵州省志·地理志》在讨论民国时期贵州政区建置沿革时，对民国时期贵州省内的插花地情况做了概要介绍。[④] 杨斌在《历史时期西南“插花”初探》一文中，概述了各历史时期西南插花地的基本情况，指出“历史时期中国西南的插花地主要集中在各省区或各府厅州县的交接处，以贵州最为突出”[⑤]。在《民国时期川黔交界地区插花地清理拨正研究》[⑥] 和《民国时期湘黔交界地区插花地的清理拨正》[⑦] 两文中，他还详细介绍了民国时期川黔和湘黔交界地区的插花地情况。郭声波、王开队《由虚到实：唐宋以来川云贵交界区犬牙相入政区格局的形成》一文，分析了云、贵、川三省交界区域的犬牙相入格局：四川的泸州地区南部向南越过雪山（今叙永、古蔺二县界山）插入贵州，云南的昭通地区东部向东越过乌蒙山插入四川，贵州的毕节地区西部向西越过乌蒙山插入云南，即三省各有一个突出部分，大体上沿顺时针方向呈螺旋状互相插入。[⑧] 覃影《边缘地带的“双城记”——清代叙永厅治的双城形态研究》一文，是一篇典型的插花地个案研究论文，该文对清代叙永厅的

---

① 周振鹤、李晓杰：《中国行政区划通史》（总论、先秦卷），复旦大学出版社2009年版，第84—99页。

② 鲁西奇、林昌丈：《飞地：孤悬在外的领土》，《地图》2009年第4期。

③ 蔡博峰：《“飞地”图谱》，《地图》2009年第4期。

④ 贵州省地方志编纂委员会：《贵州省志·地理志》上册，贵州人民出版社1985年版，第85—89页。

⑤ 杨斌：《历史时期西南“插花”初探》，《西南师范大学学报》（哲学社会科学版）1999年第1期。

⑥ 杨斌：《民国时期川黔交界地区插花地清理拨正研究》，《地理研究》2011年第10期。

⑦ 杨斌、张祥刚：《民国时期湘黔交界地区插花地的清理拨正》，《广西师范大学学报》（哲学社会科学版）2014年第2期。

⑧ 郭声波、王开队：《由虚到实：唐宋以来川云贵交界区犬牙相入政区格局的形成》，《江汉论坛》2008年第1期。

双城分布格局做了深入分析。[①] 马琦、韩昭庆、孙涛的《明清贵州插花地研究》一文，借助古地图、地名学等方法和 GIS 手段，以贵阳府和安顺府为重点，复原了清末贵州插花地，并探讨了其分布特征。该文认为：清末贵州 81% 的县级政区存在插花地，其中以安顺、贵阳、镇远、思州、黎平等府亲辖地及其附郭县的插花地最为集中。[②]

关于长江三角洲的插花地情况，冯贤亮、吴滔从不同角度做了深入分析。在《疆界错壤：清代"苏南"地方的行政地理及其整合》一文中，冯贤亮指出："在整个苏南地区，两县或三县（如苏州府城的长洲、元和、吴县）同城而治，是较为普遍的现象。"该文还详细分析了吴江县、震泽县、苏州府城、嘉定县、青浦县、崇明县之疆界错壤情况，"如果不是生活于当地的人，大概很难明确指出哪里是吴江，哪里是震泽的乡村分界"[③]。吴滔《"插花地"的命运：以章练塘镇为中心的考察》一文，也是一篇典型的插花地个案研究论文，该文对章练塘镇的插花格局进行深入分析后指出：章练塘镇曾是吴江、元和二县飞嵌入青浦县境的插花地。[④]

关于河南归德、开封二府的插花地情况，傅辉做了深入分析。在《河南插花地个案研究（1368—1953 年）》一文中，傅辉以明清时期插花地最集中，纠纷最多，纷争持续时间最长的归德、开封二府为案例，分析了明清时期河南插花地的分布情况。[⑤] 在《插花地对土地数据的影响及处理方法》一文中，傅辉还详细分析了嘉靖年间归德府，万历年间商水县，民国时期林县、安阳县、鲁山县、宝丰县的插花地分布特征，侨居归德府一州八县的在册插花地达 1263272 亩（包括同府不同县），占归德府原额定总耕地的 18.2%；商水县境内有陈州、陈州卫地、西华、上蔡、郾城插花耕地 28366.86 亩；林县有 8743 亩耕地位于安阳县境内；安阳县地处

① 覃影：《边缘地带的"双城记"——清代叙永厅治的双城形态研究》，《西南民族大学学报》（人文社会科学版）2009 年第 11 期。

② 马琦、韩昭庆、孙涛：《明清贵州插花地研究》，《复旦学报》（社会科学版）2010 年第 6 期。

③ 冯贤亮：《疆界错壤：清代"苏南"地方的行政地理及其整合》，《江苏社会科学》2005 年第 4 期。

④ 吴滔：《"插花地"的命运：以章练塘镇为中心的考察》，《史林》2010 年第 3 期。

⑤ 傅辉：《河南插花地个案研究（1368—1953 年）》，《历史地理》第 19 辑，上海人民出版社 2003 年版。

邻县的寄庄地面积计达 112938.22 亩，税额达 5146.943 两，其中坐落于林县的有达 1246.496 亩，税额达 37.131 两。[①]

杨朝伟详细介绍了 2000 年前后武汉市的插花地情况：在武昌区内有属于洪山区的插花地 148 块，分布在武昌区的中南路、水果湖、白沙洲、杨园、徐家棚、新河、紫阳、首义、珞珈山等 10 个街道办事处辖区内。在 148 块插花地中，属板块状区域的有 114 处、单位 4 处、菜地 14 处、鱼塘（养殖场）15 处、湖泊 1 处。[②]

关于江苏省东台市的插花地情况，智通祥、刘富荣做了介绍：第二次土地利用现状调查资料显示，东台市有内飞地 273 宗，面积达 1580.62 公顷；东台市所属的溱东镇有内飞地 22 宗，面积达 390.28 公顷，其中耕地达 348.83 公顷。[③]

在《行政区域整理过程中的边界与插花地——以民国时期潼关划界为例》一文中，徐建平介绍了明清至民国时期位于陕西、山西、河南三省交界处潼关的插花地情况。[④] 在《民国时期的甘青省界纠纷与勘界》一文中，闫天灵在讨论民国时期的甘青省界纠纷与勘界时，附带介绍了甘青交界区域部分插花地的情况。[⑤] 在《政治地理视角下的省界变迁——以民国时期安徽省为例》一书中，徐建平对民国时期安徽与浙江交界区域的插花地情况做了简要介绍。[⑥]

2. 插花地的清理拨正

在插花地的清理拨正方面，学者们不仅讨论了各有关地域的插花地清理拨正过程和结果，还分析了原因。

关于贵州及贵州与邻省交界区域的插花地清理拨正，学者们普遍认为不彻底，但在不彻底的原因方面，学者们有细微的分歧。《贵州省志·地理志》在讨论民国时期贵州政区建置沿革时，介绍了民国时期贵州省内

---

① 傅辉：《插花地对土地数据的影响及处理方法》，《中国社会经济史研究》2004 年第 2 期。

② 杨朝伟：《城区“插花地”问题及其处理对策》，《长江论坛》2002 年第 2 期。

③ 智通祥、刘富荣：《农村“飞地”如何管理和利用》，《资源导刊》2010 年第 11 期。

④ 徐建平：《行政区域整理过程中的边界与插花地——以民国时期潼关划界为例》，《历史地理》第 24 辑，上海人民出版社 2010 年版。

⑤ 闫天灵：《民国时期的甘青省界纠纷与勘界》，《历史研究》2012 年第 3 期。

⑥ 徐建平：《政治地理视角下的省界变迁——以民国时期安徽省为例》，上海人民出版社 2009 年版，第 181—210 页。

插花地的清理拨正情况[①]。杨斌《历史时期西南“插花”初探》一文指出：对贵州境内“插花”的清理拨正，“当以明万历年间贵州巡抚郭子章为最早”，然较大规模的清理拨正，“直到清道光以后才提上议事日程”，但“因不敢深入触及封建土地私有制”而不彻底。[②]由于狭隘的地方保护主义思想、对插花地的认识、理解难以完全统一等因素的影响，民国时期川黔和湘黔交界地区插花地的清理拨正同样不彻底。[③]郭红、靳润成在《中国行政区划通史·明代卷》第2编第3章第7节中，也指出了明代贵州都司与周边各省卫所及地方行政区划犬牙交错格局无法彻底拨正的根源有二：一是这种局面长期存在；二是牵扯到多方利益。[④]覃影在《边缘地带的“双城记”——清代叙永厅治的双城形态研究》一文中，梳理了叙永厅治双城形态的拨正过程，“最终以永宁县治迁出西城，双城统由永宁直隶州管辖，结束了双城治署互为掣肘的局面”[⑤]。马琦、韩昭庆、孙涛的《明清贵州插花地研究》一文，分析贵州插花地问题一直到清末都没有得到很好解决的原因主要有以下几点：其一，政区之间的经济利益是阻碍解决插花地问题的首要因素；其二，插花地往往成为经济纷争、命盗事件的滋生地，但因地处两界，成为地方官推卸责任的借口，地方官员缺乏自愿清理插花地的动力；其三，边疆问题与民族、国防问题交织在一起，清理插花地势必会引起相关利益群体的不满，造成边疆地区社会秩序的混乱，在以维护边疆地区稳定为重的政策方针下，插花地问题被一再拖延。[⑥]

关于长江三角洲插花地的清理拨正，学者们的意见基本一致，即认为

---

① 贵州省地方志编纂委员会：《贵州省志·地理志》上册，贵州人民出版社1985年版，第85—89页。

② 杨斌：《历史时期西南“插花”初探》，《西南师范大学学报》（哲学社会科学版）1999年第1期。

③ 杨斌：《民国时期川黔交界地区插花地清理拨正研究》，《地理研究》2011年第10期；杨斌、张祥刚：《民国时期湘黔交界地区插花地的清理拨正》，《广西师范大学学报》（哲学社会科学版）2014年第2期。

④ 郭红、靳润成：《中国行政区划通史·明代卷》，复旦大学出版社2007年版，第500—505页。

⑤ 覃影：《边缘地带的“双城记”——清代叙永厅治的双城形态研究》，《西南民族大学学报》（人文社会科学版）2009年第11期。

⑥ 马琦、韩昭庆、孙涛：《明清贵州插花地研究》，《复旦学报》（社会科学版）2010年第6期。

得到了较好解决。冯贤亮《疆界错壤：清代“苏南”地方的行政地理及其整合》一文，在详细分析清末民初青浦县章练塘镇、宝山县真如镇等区域之插花地改正情况后指出：“清末民初的改正工作，应当是全面的，因为它基本上清除了历史上长期维续的错壤插花问题。”[①] 吴滔《“插花地”的命运：以章练塘镇为中心的考察》一文，在对章练塘镇的划拨过程进行深入分析后认为：“插花地从撤销到被人们普遍接受，尚需经历一段较长的适应期。”[②]

关于河南归德、开封二府的插花地清理拨正，傅辉否定了明清时期的清理拨正，但肯定了民国时期的清理拨正。在《河南插花地个案研究(1368—1953年)》一文中，他认为：“民国时期插花地的终结，基本结束了河南近600年的州县经界纠葛。”明清时期清理拨正不彻底的原因在于“僵化的赋役制度和管理体系”，“插花地清理工作步履维艰的根本原因在于户籍和地籍的分离，传统的户籍制度，使插花居民长期不得就地入籍”[③]。

徐建平讨论了民国时期位于陕西、山西、河南三省交界处的潼关和位于安徽与浙江交界处的荆州、上塘的插花地清理拨正情况，认为都得到了合理解决。[④] 闫天灵讨论了民国时期的甘青省界纠纷与勘界问题，认为勘界十分艰难，究其根源是“政治系统不一和政治环境不安定”[⑤]。

3. 插花地产生的原因

关于插花地产生的原因，学者们虽然从不同角度进行了广泛而深入的探讨，但意见很不统一。

著名历史地理学家史念海先生《战国时期的“插花地”》一文，将战国时期插花地产生的原因归纳为以下几点：一是“用兵”；二是“贿赂”；三是“采邑”。[⑥] 杨斌《历史时期西南“插花”初探》一文认为，在各历

---

① 冯贤亮：《疆界错壤：清代“苏南”地方的行政地理及其整合》，《江苏社会科学》2005年第4期。

② 吴滔：《“插花地”的命运：以章练塘镇为中心的考察》，《史林》2010年第3期。

③ 傅辉：《河南插花地个案研究（1368—1953年）》，《历史地理》第19辑，上海人民出版社2003年版。

④ 徐建平：《政治地理视角下的省界变迁——以民国时期安徽省为例》，上海人民出版社2009年版，第181—210页。

⑤ 闫天灵：《民国时期的甘青省界纠纷与勘界》，《历史研究》2012年第3期。

⑥ 史念海：《战国时期的“插花地”》，《河山集》第7集，陕西师范大学出版社1999年版，第504—519页。

史时期中国西南插花地的产生不是偶然的，有其深刻的社会政治原因，是“历代中央王朝统治方略与封建土地私有制相结合的产物”，其中封建土地私有制是插花地产生的根本，土流并治及改土归流是插花地产生的条件。[①] 傅辉《河南插花地个案研究（1368—1953 年）》一文认为，明初的屯垦政策、卫所制度、藩王赡地以及寄庄等现象的存在，是明清时期河南插花地形成、发展的渊源所在。[②] 傅辉《插花地对土地数据的影响及处理方法》一文认为，“按籍分民，随民分土”是导致“郡县星分，犬牙相错，而此疆彼界各不相察”的根本原因，“河南插花地源于明代大规模军民屯垦，其中军屯是主要因素”[③]。郭声波《飞地行政区的历史回顾与现实实践的探讨》一文，将飞地行政区的成因归纳为以下几个方面：一是政治原因；二是民族原因；三是军事原因；四是经济原因。[④] 郭声波、王开队《由虚到实：唐宋以来川云贵交界区犬牙相入政区格局的形成》一文，分析唐宋以来川云贵交界区犬牙相入政区格局形成的具体原因主要是：“唐宋以来，本地区作为政治边缘地区在政区设置上产生了一系列变化：在政区层级上，由繁而简；在基层政区设置的空间过程上，由外而内；在政区的实际控制上，由虚到实。”这是由“本地区民族关系与政治形势的变化”[⑤] 所造成的。鲁西奇、林昌丈《飞地：孤悬在外的领土》一文认为，中国大量飞地的存在及其形成过程有着复杂的历史背景，“部分飞地是统治者从地方控制的角度出发而刻意设置的”，“户籍与其实际居住地和耕作田地的分离”也是“造成飞地的原因之一”[⑥]。郭舟飞《由武汉“插花地”看地方政府公共管理》一文，将武汉插花地产生的原因归纳为历史遗留问题和现实原因两个方面。从历史的角度看，改革开放以来，中国采取的是城乡合治的城市空间设置模式，随着社会的不断发展和

① 杨斌：《历史时期西南“插花”初探》，《西南师范大学学报》（哲学社会科学版）1999 年第 1 期。

② 傅辉：《河南插花地个案研究（1368—1953 年）》，《历史地理》第 19 辑，上海人民出版社 2003 年版。

③ 傅辉：《插花地对土地数据的影响及处理方法》，《中国社会经济史研究》2004 年第 2 期。

④ 郭声波：《飞地行政区的历史回顾与现实实践的探讨》，《江汉论坛》2006 年第 1 期。

⑤ 郭声波、王开队：《由虚到实：唐宋以来川云贵交界区犬牙相入政区格局的形成》，《江汉论坛》2008 年第 1 期。

⑥ 鲁西奇、林昌丈：《飞地：孤悬在外的领土》，《地图》2009 年第 4 期。

转型，城区划界模糊，市辖区区划模糊，城乡之间出现了城乡接合部；从现实原因上分析，插花地问题“实质上就是由于我国政府的行政管理体制与城市化进程之间的矛盾而产生的”①。吴滔《“插花地”的命运：以章练塘镇为中心的考察》一文，在深入剖析章练塘镇的形成过程后指出：章练塘镇的形成“与历史时期太湖以东的围湖垦田、政区调整密切相关”，“传统社会划分政区的主要依据是户口和赋税，然而，户籍与实际居住地或者赋税责任所在地的分离，并不是形成飞地行政区的充分必要条件。探寻飞地行政区的成因具有相当程度的复杂性。除了前人既有的视角之外，立足于发掘区域开发的背景和政区调整的踪迹，或不失为一种可行的路径”②。马琦、韩昭庆、孙涛《明清贵州插花地研究》一文认为，“贵州插花地众多与其政区设置的方式有关，贵州府、县政区或在原卫所屯田之地，或在土司所辖领地，或在剿抚土著居民聚居地上设置，由于卫所、土司及土著聚落自身的分散错杂的特点，从而导致贵州插花地的产生”③。

4. 插花地带来的影响

关于插花地带来的影响，学者们有两种不同的观点：一种观点是应予否定；另一种观点是应予肯定。

持否定态度的有杨斌、冯贤亮、杨朝伟、傅辉、郭红、靳润成、袁萍、鲁西奇、智通祥、刘富荣等，他们从不同角度分析了插花地所带来的不利影响。在《历史时期西南“插花”初探》一文中，杨斌分析了各历史时期人们对插花地流弊的认识：“从明代至清代前期，人们对‘插花’流弊的认识还比较有限，仅限于政治和军事”，直到道光年间，安顺知府胡林翼才把“不便于民”提了出来，但很快又回归到了政治和军事方面；从今天的角度来看，“插花”的广泛存在，不仅不利于各级政府的管理，更不利于插花地区社会经济文化的发展，同时给人民的生产、生活亦带来了诸多不便。④ 冯贤亮《明代江南的争田问题——以嘉兴府嘉、秀、善三县为中心》可视为专题研究插花地不利影响的论文。该文指出：疆界错

① 郭舟飞：《由武汉“插花地”看地方政府公共管理》，《科技创业月刊》2009 年第 9 期。

② 吴滔：《“插花地”的命运：以章练塘镇为中心的考察》，《史林》2010 年第 3 期。

③ 马琦、韩昭庆、孙涛：《明清贵州插花地研究》，《复旦学报》（社会科学版）2010 年第 6 期。

④ 杨斌：《历史时期西南“插花”初探》，《西南师范大学学报》（哲学社会科学版）1999 年第 1 期。

壤是争田问题产生的根本原因。[①] 杨朝伟《城区“插花地”问题及其处理对策》一文，以武汉市长江以南的武昌、青山、洪山3个区为例，将城市城乡接合部“插花地”所产生的负面效应归纳为：其一，形成城市管理的“空白点”；其二，反映了城市行政区划体制不顺；其三，影响城区职能的发挥；其四，不利于城市的现代化建设。[②] 傅辉《河南插花地个案研究（1368—1953年）》一文认为，插花地的广泛存在，导致了明清时期河南杞县与考城、鹿邑与柘城“一地二粮”之争的出现。[③] 傅辉《插花地对土地数据的影响及处理方法》一文，基于河南省若干案例的考察，专题探讨了插花地对各历史时期县域土地数据的影响程度：插花地的分布格局导致了田地在甲县，户籍却在乙县，粮差亦在乙县办理的异地纳粮现象这一必然结果，这种空间分布和纳税形式，一方面为耕地隐匿、“飞洒”提供了可能途径，另一方面导致了土地清册数据与县域耕地数据范围的偏离，以及由此引发了县辖耕地与县域耕地的不匹配问题。[④] 冯贤亮《疆界错壤：清代“苏南”地方的行政地理及其整合》一文指出：“从高层政区来说，错壤有利于政府的管理和控制，但对县级政区而言，未必就是好事”，既“不适宜施政，更不宜于地方与政府之间的利益分割”，还会“酿成民间和政府之间更多的矛盾与社会动乱因子”[⑤]。在《中国行政区划通史·明代卷》中，郭红、靳润成深入检讨了明代贵州都司与周边各省卫所及地方行政区划犬牙交错格局所产生的弊病：不仅“带来了日常管理上的不便”，而且“导致相互推诿误事”[⑥]。袁萍、袁兆康、刘勇、侯国女、胡朝城《城市周边插花地带暗娼STD感染及就医行为调查分析》一文，对南昌市青云谱区城乡插花地带娱乐场所201名暗娼进行了匿名问卷调查，结果显示，中、低档次娱乐场所的暗娼在STD感染项目情况和就

① 冯贤亮：《明代江南的争田问题——以嘉兴府嘉、秀、善三县为中心》，《中国社会经济史研究》2000年第4期。

② 杨朝伟：《城区“插花地”问题及其处理对策》，《长江论坛》2002年第2期。

③ 傅辉：《河南插花地个案研究（1368—1953年）》，《历史地理》第19辑，上海人民出版社2003年版。

④ 傅辉：《插花地对土地数据的影响及处理方法》，《中国社会经济史研究》2004年第2期。

⑤ 冯贤亮：《疆界错壤：清代“苏南”地方的行政地理及其整合》，《江苏社会科学》2005年第4期。

⑥ 郭红、靳润成：《中国行政区划通史·明代卷》，复旦大学出版社2007年版，第500—505页。

医检查频率上有显著性差异（$P<0.05$），59.5%的暗娼出现过性病症状，65.7%的人选择到正规医疗机构进行性病诊疗。[①] 鲁西奇、林昌丈《飞地：孤悬在外的领土》一文认为：从政治控制与行政管理的角度看，飞地的存在不仅加大了控制难度与管理成本，不少飞地还成为“三不管”地带，成为政府控制力相对薄弱的地区，并可能滋生出诸种异端信仰或宗教，成为社会动乱的策源地。[②] 智通祥、刘富荣《农村“飞地”如何管理和利用》一文，是一篇典型的、关于插花地不利影响的实证研究论文。该文以两起信访案为引子，将江苏省东台市飞地的不利影响归纳为以下几点：一是所有权虚拟，使用权不明；二是利用不足，产出低效；三是管理松懈，监管不力，不仅会给违法用地者留下可乘之机，而且极易引发违法用地和涉土信访案件。[③]

持肯定态度的有郭声波、蔡博峰、曾伟、陈政宇等。在《飞地行政区的历史回顾与现实实践的探讨》一文中，郭声波认为：从历史回顾与现代实践的情况来看，飞地行政区“不仅应当允许存在，而且还可以适当发展”[④]。在《“飞地”图谱》一文中，蔡博峰认为：飞地的存在造成了一些不便和弊端，但飞地并非一无是处，它也给我们带来一些有益的思考和启发。[⑤] 在《基于对口帮扶政策的青南地区飞地经济发展模式研究》一文中，苏海红、杜青华认为：大力发展飞地经济有利于优化资源配置，形成互利共赢的区域发展新格局；有利于产业集约发展，提高土地利用效率；有利于青南地区经济发展实现跨越，促进产业优化升级。[⑥] 在《集中连片特困山区“飞地经济”发展对策研究——以湖北五峰土家族自治县为例》一文中，曾伟、陈政宇也认为：集中连片特困山区发展“飞地经济”十分必要，有助于实现连片特困山区资源优化配置，促进连片特困

---

① 袁萍、袁兆康、刘勇、侯国女、胡朝城：《城市周边插花地带暗娼STD感染及就医行为调查分析》，《实用临床医学》2008年第4期。

② 鲁西奇、林昌丈：《飞地：孤悬在外的领土》，《地图》2009年第4期。

③ 智通祥、刘富荣：《农村“飞地”如何管理和利用》，《资源导刊》2010年第11期。

④ 郭声波：《飞地行政区的历史回顾与现实实践的探讨》，《江汉论坛》2006年第1期。

⑤ 蔡博峰：《“飞地”图谱》，《地图》2009年第4期。

⑥ 苏海红、杜青华：《基于对口帮扶政策的青南地区飞地经济发展模式研究》，《青海社会科学》2012年第1期。

山区产业集约发展，实现连片特困山区的可持续发展。①

5. 插花地管理与解决插花地问题的对策

在插花地管理方面，上饶市勘界办公室以江西省上饶市已勘定的一条省界和一条县界上发生的边界纠纷为例，提出了对已勘定边界线两侧插花、飞地及争议地段进行详查建档工作的具体做法：一是权属申报；二是权属申报互审；三是做好争议地段的资料汇总工作；四是组卷建档。并分析了详查建档工作的意义：第一，有利于分清边界线两侧的插花山（地）、飞山（地）的权属，使两边的群众吃下定心丸，干部也不用再担心两边的群众打架，有利于维护边界地区的长治久安；第二，可以使边界线明晰，为依法治界提供坚实基础；第三，可以作为处理纠纷或边界争议的重要依据。②

在解决插花地问题的对策方面，学者们既提出了相关的学术研究建议，又提出了相关的政策建议。

在相关的学术研究建议方面，傅辉提出了处理各历史时期插花土地数据的方法，即在收集整理县域耕地资料时，可采用将清册中由寄庄地、卫所地等引起的插花地、正管民地、县域卫所耕地及县域更名地分别按类入库的方式，实现资料的初步整理，然后依据时间序列和统计口径进行县域耕地影响分析和叠加。③

在解决插花地问题的政策建议方面，杨朝伟《城区“插花地”问题及其处理对策》一文，提出了解决城乡接合部“插花地”问题的对策：其一，增强大局意识；其二，确立处理原则；其三，加强工作协调。④ 傅辉《河南插花地个案研究（1368—1953 年）》一文认为：“将户籍、地籍、教育等社会因素综合考虑，是解决插花地问题的关键所在”。⑤ 郭舟飞《由武汉“插花地”看地方政府公共管理》一文，提出了妥善解决插

① 曾伟、陈政宇：《集中连片特困山区“飞地经济”发展对策研究——以湖北五峰土家族自治县为例》，《湖北大学学报》（哲学社会科学版）2014 年第 1 期。

② 上饶市勘界办公室：《巩固勘界成果的重要举措——对已勘定边界线两侧插花、飞地及争议地段进行详查建档工作》，《中国地名》2001 年第 1 期。

③ 傅辉：《插花地对土地数据的影响及处理方法》，《中国社会经济史研究》2004 年第 2 期。

④ 杨朝伟：《城区“插花地”问题及其处理对策》，《长江论坛》2002 年第 2 期。

⑤ 傅辉：《河南插花地个案研究（1368—1953 年）》，《历史地理》第 19 辑，上海人民出版社 2003 年版。

花地问题应坚持的四个原则：一是以人民群众满意为准；二是局部服从整体原则；三是便民高效原则；四是有序推进原则。还指出了“插花地”政策具体实施过程中应注意的几个问题：一要加强宣传工作；二要规范政府管理；三要完善政策调整；四要深化民主建设。[①] 在《农村“飞地”如何管理和利用》一文中，智通祥、刘富荣认为：一要从思想上重视对“飞地”的利用，要正确认识“飞地”所蕴藏的潜力；二要对“飞地”进行规划，统筹安排；三要切实加强对“飞地”的监管；四要采取灵活方式经营和处置“飞地”资源资产。[②]

（三）深入研究插花地应注意的几个问题

可以看出，中国的插花地研究虽然取得了不少成果，但仍然十分薄弱，并存在不少缺陷。根据插花地研究中存在的问题与不足，笔者认为，在今后的研究工作中，应注意以下几个问题。

1. 犬牙之地的判定问题

如上所述，插花地包括飞地和犬牙之地两种基本类型。一个区域是不是飞地很好判定，因为飞地的评判标准很简单，就看它是否与所属政区本土相分离。但要判定一个区域是不是犬牙之地就不那么容易了，因为犬牙之地包括凸型和凹形两种，一个区域要凹凸到什么样的程度才算犬牙之地呢？对此，我们做了不少测算，但都没有获得理想效果。

德国地理学家克里斯塔勒在他的重要著作《德国南部的中心地——关于具有城市职能聚落的分布与发展规律的经济地理学研究》（中译本《德国南部中心地原理》）中，系统地建立了对地理学尤其是聚落地理学具有重大影响的中心地理论。该理论是建立在以下假设基础上的：其一，中心地是分布在具有同等土壤肥力、资源均匀分布、没有边界的平原上的。在这个平原上，人口是均匀分布的，人们的收入、消费方式以及对货物的需求都是一致的。其二，平原上有一个统一的交通系统，对同一规模的所有城市的便捷性相同，交通费用与距离成正比，朝各个方向的移动都可行。其三，生产者和消费者都属于经济行为合理的人，即生产者是为了谋取最大利润，而消费者都尽可能地、自觉地到最近的商店购买货物或取

① 郭舟飞：《由武汉“插花地”看地方政府公共管理》，《科技创业月刊》2009 年第 9 期。

② 智通祥、刘富荣：《农村“飞地”如何管理和利用》，《资源导刊》2010 年第 11 期。

得服务。生产者和消费者都具备完成上述行为的完整知识。其四，消费者到离他们居住地最近的中心地购买他们所需的货物和服务，他们为此付出的实际价格等于货物的销售价格加上往来的交通费用。基于上述假设，克里斯塔勒认为，在这个理想的平原上，有三个原则支配中心地体系的形成，它们是市场规则、交通原则和行政原则。在这个理论中，克里斯塔勒从研究企业的市场区域入手，认为在匀质平面上，任何一个企业都垄断了一个圆形的市场区域；就单个企业而言，圆形市场区域是最优的。如果单一的企业市场区域呈圆形，在有许多个同类企业竞争的情况下，就会呈现出多个圆形市场区。由于多个圆形市场存在空隙，企业在追逐利润时都力求尽可能多地占领市场，相切圆间的空隙会被企业挤占，逐渐消失，市场区逐步缩成既接近圆形又没有空隙的正六边形（见图 1—1）。①

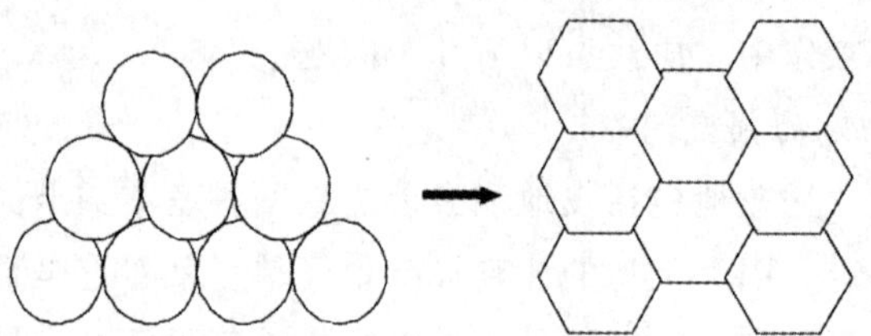

图 1—1　中心地理论模型

侯景新、蒲善新、肖金成将中心地理论应用到行政区划形态研究上，建立了政区形态优化理论。根据理想的单个行政区域形状以圆形为最优之假设，他们提出了衡量政区形态优化程度的重要指标——政区形态优化系数，其计算公式为：

$$\text{政区形态优化系数} = \frac{\text{政区面积}}{\text{外接圆面积}}$$

根据该公式计算出来的比值越大，政区形状越合理，政区内部通达性

① 参见侯景新、蒲善新、肖金成《行政区划与区域管理》，中国人民大学出版社 2006 年版，第 120—121 页。

越强，越有利于行政管理和经济交流。[①]

从理论上讲，政区形态优化理论完全可以运用到插花地问题研究中因为插花地问题说到底其实就是一个政区形态优化问题。这样，插花地的量化分析问题就可以得到较为合理的解决。可笔者在运用这一理论量化分析插花地问题时，却遇到了一个难题。运用政区形态优化理论量化分析“瓯脱”形政区（即凸形政区）和“华离”形政区（即有外飞地政区）都没有问题，因为这两种类型的政区都有一个最大的外接圆，并容易确定。外接圆面积越大，相同条件下的政区形态优化系数则越低，政区形态越不优化。可对“犬牙”形政区（即凹形政区）来说（尽管也存在一个最大的外接圆），外接圆面积越大，相同条件下的政区形态优化系数未必就越低。

根据上述研究出现的问题，笔者曾试图辅之以最大内切圆面积来解决插花地的量化分析问题。可在实际研究工作中，笔者发现，要确定一个凹形政区的最大内切圆，几乎没有现实可能性（尽管理论上是客观存在的）。

在没有找到有效的量化判定标准前，我们认为，犬牙之地的判定还主要依据传统与习惯来确定。我们在调查研究中发现，哪些地方是插花地，哪些地方不是插花地，当地老百姓是非常清楚的。

2. “时空结合”问题

从前面的插花地研究回顾中可以看出，没有注意“时空结合”是当前插花地研究存在的一个突出问题。我们这里的“时空结合”指的是对插花地的研究不仅要注意“时间上的结合”，而且要注意“空间上的结合”。

就“时间上的结合”问题来看，过去的插花地研究要么只研究历史时期的插花地问题，要么只研究当前的插花地问题，鲜有将历史与现实问题结合起来研究的。从表面上看，这样的研究似乎无可厚非，因为并非所有的插花地都延续至今，研究这样的插花地就只能是“历史研究”了。可从我们调查、了解到的一些情况来看，不少插花地都有很长的历史渊源，有的甚至连当地人都无法说清其来龙去脉；而且中国历史上的行政区

① 参见侯景新、蒲善新、肖金成《行政区划与区域管理》，中国人民大学出版社 2006 年版，第 120—121 页。

划变动很大，不少插花地都不是一成不变的。如果不注意“时间上的结合”，我们的研究就不可能深入。如贵州省习水县的坭坝乡、寨坝镇就是典型的省际犬牙之地，形成于清雍正年间，清、民国时期都有过清理拨正，但很不彻底，故延续至今。如割断其历史，对其的研究就会有很大的局限性。因此，所谓“时间上的结合”指的是插花地研究应尽量不要割断其历史，对延续至今的插花地，就不仅要研究其历史，而且要研究其现实了。

就“空间上的结合”问题来看，过去的插花地研究主要集中在贵州及贵州与邻省（市、区）的交界地区、长江三角洲、河南、江西、安徽部分区域及武汉等地，研究的地域空间十分有限，相当一部分区域的插花地研究至今还无人问津。这一状况不仅不利于对插花地的比较研究，还不利于对插花地的理论提炼。因此，所谓“空间上的结合”就是要尽快拓展插花地研究的地域空间，以推动插花地研究的深入发展，满足经济社会发展的迫切需要。

3. 研究思路问题

插花地多集中在行政区划交界区域，是行政区域划分不合理的结果。由于行政区划有层级之分，插花地也可分为不同的层级，如省（市、区）际插花地、地（州、市）际插花地、县际插花地、乡（镇）际插花地、村际插花地等，而且下级政区插花地往往是构成上级政区插花地的基础，政区层级越低，插花地数量越多。如第二次土地利用现状调查资料显示，江苏省东台市溱东镇仅内飞地就有22宗，面积390.28公顷，其中耕地面积348.83公顷。①

过去的插花地研究多关注县级以上政区，不仅对县级以下政区的插花地关注不够，而且多采用“自上而下”的研究思路，即以高层政区边界为基础研究基层政区边界。吴滔也明确地指出了这一问题：“以往的政区研究，多注力于县级以上政区的沿革，对于县级以下行政单位如乡、都、区等的归属极少涉及。”这种做法的局限性非常明显，因为基层政区边界是构成高层政区边界的基础，基层政区边界情况不明，高层政区边界又如何确定？“从某种程度上说，县级及县级以上政区插花正是以乡里的插花

---

① 智通祥、刘富荣：《农村“飞地”如何管理和利用》，《资源导刊》2010年第11期。

为基础的。”[①] 因此，插花地研究更多地应采用“自下而上”的研究思路，即以基层政区边界为基础研究高层政区边界。如研究省际插花地，就应该先将县际插花地研究清楚；研究县际插花地，就应该先将乡际插花地研究清楚；研究乡际插花地就应该先将村际插花地研究清楚。由于村际插花地是构成任何层级政区插花地的基础，我们主张插花地研究应从最基层的村际插花地开始（村虽然不是法定的行政区划，但是最基层的行政组织）。智通祥、刘富荣的《农村“飞地”如何管理和利用》，就是一篇典型的基层政区插花地研究论文。该文较为详细地讨论了江苏省东台市的村、镇际插花地情况，具有很强的现实意义。较为遗憾的是，这样的文章目前尚不多见。

4. 研究方法问题

插花地的研究方法很多，这里我们着重强调田野调查法。过去的插花地研究一般主要运用文献资料法，而对田野调查法重视不够。

田野调查法对插花地研究十分重要。从我们的调查情况来看，很多插花地在普通地图上根本找不到，不深入田野调查，就根本不知道它的存在，更何况我们研究所需的许多资料都必须从田野中得来。如不少插花地的具体地域范围、传承演变情况、地理特征、资源禀赋状况、对经济发展、社会管理及人民群众生产生活的影响等，文献中都没有记载，不深入调查，就无法获取这些资料，更不可能作更精准的研究。

二 行政区划研究

行政区划是学术界的一个热门研究课题，出版、发表了不少研究成果。就主要的一些研究成果看，专家学者们主要讨论了以下一些问题：一是政区原理；二是政区沿革；三是政区边界；四是政区改革与经济社会发展。对此分别叙述如下。

（一）政区原理

在政区原理方面，专家学者们主要讨论了政区的基本内涵、构成要素、特征、划分原则及中国历代行政区划的演变规律等。基本内涵与构成

---

① 吴滔：《“插花地”的命运：以章练塘镇为中心的考察》，《史林》2010年第3期。

要素前文已有介绍，这里不再重复。

刘君德、靳润成、周克瑜将行政区划的基本特征归纳为以下四点：一是政治性、阶级性和政策性；二是系统性与综合性；三是历史继承性、相对稳定性和可变性；四是区域性和区界的不重叠性[①]。侯景新、蒲善新、肖金成将行政区划的基本特征归纳为以下五点：一是政治性、政策性和阶级性；二是地域性和不重复性；三是综合性；四是一定的历史继承性和相对稳定性；五是动态可变性。[②] 显然，在行政区划的基本特征方面，尽管专家学者们在文字表述上有一些差异，但观点基本是一致的。

关于行政区划的划分原则问题，由于研究的角度不同，观点自然有分歧。刘君德、靳润成、周克瑜将其分为古代政区划分原则和现代行政区划原则两类。古代政区划分原则主要有：第一，加强以中央集权的一元统治体系为核心的政治统一是历代行政区划的主要功能；第二，促进中央和地方的经济发展是历代行政区划分的重要因素；第三，户口和财赋多寡是历代行政区划分的主要依据；第四，“山川形便”和“犬牙交错”是古代行政区界线划分的两个重要原则。现代行政区划原则主要有：第一，有利于巩固和加强以工人阶级为领导的、以工农联盟为基础的人民民主专政的政治原则；第二，有利于合理组织区域经济运行，促进社会主义生产力发展的经济原则；第三，有利于加强民族团结、促进民族平等与繁荣，发扬历史文化传统，尊重各地习俗的社会原则；第四，有利于区域国土资源的开发、保护和环境综合整治的自然—生态原则。[③] 王恩涌则将行政区划划分原则总结为经济性原则、政治性原则、民族性原则、历史性原则和自然性原则等。其中，经济原则包括生产力原则、区域经济差异原则、经济因子原则；历史性原则包括行政区划制度和系统的历史继承性、行政区划单位的历史继承性、行政区划规模和界线的历史继承性以及行政区划名称的历史继承性四个方面；自然性原则包括行政区划的地域性、行政区划的不可重复性、行政区划的生态性。[④]

---

① 刘君德、靳润成、周克瑜编著：《中国政区地理》，科学出版社 1999 年版，第 4—5 页。

② 侯景新、蒲善新、肖金成：《行政区划与区域管理》，中国人民大学出版社 2006 年版，第 14—16 页。

③ 刘君德、靳润成、周克瑜编著：《中国政区地理》，科学出版社 1999 年版，第 56—61 页。

④ 王恩涌主编：《中国政治地理》，科学出版社 2004 年版，第 56—67 页。

关于中国历代行政区划的演变规律，学者们既有共识也有分歧。刘君德、靳润成、周克瑜将其分为政区发展演变与外部地理环境因素相互作用规律和政区内部结构要素发展演变规律两类。前者包括：一是经济因素对政区发展演变在总体上起主导作用规律；二是不同政区结构要素与外部环境相互作用规律；三是不同历史时期政区发展演变与外部环境因素相互作用规律。后者包括：其一，高层政区由高变低直至消亡的演变规律；其二，高层政区由虚向实的转化规律；其三，基层行政区相对稳定规律。[①] 侯景新、蒲善新、肖金成将其归纳为：第一，发展—消亡规律；第二，非行政区—行政区转化规律；第三，经济主导规律；第四，层级—幅度规律；第五，基层政区稳定规律。[②] 周振鹤则将其归纳为以下三个方面：一是两千年三循环——行政区划的层级变迁；二是量地制邑，度地居民——行政区划幅员之伸缩；三是犬牙相入还是山川形便——行政区域划界的原则。[③]

除了以上这些内容外，专家学者们还讨论了行政区划史研究的其他一些问题，如行政区划史研究的基本概念与学术用语、研究行政区划史的意义及分野思想与行政区划的关系等。周振鹤《行政区划史研究的基本概念与学术用语刍议》一文，对行政区划本身及与行政区划相关的一些基本概念提出了定义或做出了诠释，并厘定了一些专门的学术用语。[④] 周振鹤《行政区划史研究的重要意义》一文指出：行政区划史研究不仅有很强的现实意义，而且有重要的学术意义。就其现实意义来看，要改革现行政区以适合发展的需要，就必须研究历史上政区的变迁过程，寻绎其变迁规律，追求最佳的改革方案，这样才能使改革起到预期的成效。就其学术意义来看，行政区划史研究不仅是政治制度史乃至政治史的一个重要分支，还直接与微观的政治地理研究密切相关。[⑤] 李智君《分野的虚实之

---

① 刘君德、靳润成、周克瑜编著：《中国政区地理》，科学出版社 1999 年版，第 142—149 页。

② 侯景新、蒲善新、肖金成：《行政区划与区域管理》，中国人民大学出版社 2006 年版，第 62—71 页。

③ 周振鹤、李晓杰：《中国行政区划通史》（总论、先秦卷），复旦大学出版社 2009 年版，第 47—99 页。

④ 周振鹤：《行政区划史研究的基本概念与学术用语刍议》，《复旦学报》（社会科学版）2001 年第 3 期。

⑤ 周振鹤：《行政区划史研究的重要意义》，《上海行政学院学报》2001 年第 2 期。

辨》一文，对分野与行政区划的关系进行了考察，指出分野思想的发展虽然依托于行政区划体系，但在西汉以后它与行政区划逐渐疏离，进而成为远古信仰秩序思想的象征。究其根本是建构信仰秩序系统是分野之实，而形式的繁杂与混乱并不为皇权拥有者所重视，此乃分野之虚。①

（二）政区沿革

在政区沿革方面，专家学者们不仅深入探讨了行政区划的起源，而且对中国历史上的政区沿革做了详细的梳理和归纳总结。

在行政区划的起源问题方面，形成了两种比较有代表性的观点：一种观点认为，在夏商周1400年左右的时间里，中国不存在行政区划，中国的行政区划始于春秋时期的县制；另一种观点则认为，夏代已形成行政区划的萌芽。

浦善新《行政区划起源探索》一文，在深入分析原始社会组织体系的基础上认为：国家产生以后，国家统治者“为了管理好比原来的部落大得多的国土，防止原有各集团之间的争斗和反抗，巩固其统治，就在原有各原始社会组织基础之上，实现分区分级管理，从而产生了初期的行政区划”②。浦善新《行政区划起源初探（续）》一文，对中国的原始社会组织进行深入分析后指出：夏、商、西周是行政区划的萌发阶段，但“行政区域的划分尚未从根本上冲破氏族制度遗留下来的血缘联系”，“公元前221年，秦始皇统一中国，全面推行郡县制。至此，在全国范围内确立了体系完整、结构严密、层次分明的行政区划”③。浦善新《先秦行政区划起源初探（续）》一文，对先秦时期的州制问题、畿服问题进行深入分析后指出：“九州”是战国时期学者对东周领土所做的理论上的、理想化的地理区域划分，并没有在当时见诸实践，更不是大禹和夏、商、西周时代的行政区划；畿服也是先秦学者对王者以外的地区，按其与王朝的关系、离都城的远近而划为等距离环状地带的一种理想化的区划方案，不仅不符合当时的实际情况，也不是先秦时代的行政区划制度；夏、商、西周三代虽然没有形成整套的行政区划制度，在主观上也不可能对整个国家进

---

① 李智君：《分野的虚实之辨》，《中国历史地理论丛》2005年第1期。

② 浦善新：《行政区划起源探索》，《中国地名》1998年第5期。

③ 浦善新：《行政区划起源初探（续）》，《中国地名》1999年第1期。

行系统的行政区划，但夏代在原始公社部落基础上所形成的"方国"或"小邦"，在客观上行使了奴隶制国家的地方行政管理权，起到了地方行政区的某些作用，成为中国行政区划的萌芽。① 孙关龙则认为，"整个殷商、西周王朝没有任何行政区划"，"在中国夏、商、西周三代，约 1400 年左右的时间并没有形成整套的行政区划制度"，"也不可能对整个国家进行系统的行政区划"。其主要理由：一是"夏代是中国国家史的黎明时期，裂疆分土迄今不甚明了"；二是"殷商、西周已有确切材料证明，实行了分封制，即分封诸侯的制度"，公、侯、伯等"爵位是政治权力的标志，但不具备行政职能，更不是行政区划"；三是"各诸侯国王对所封国内的一切领土、山水、居民等都归其个人和家族所有，而且这种统治权又是世袭的，实际上完全是一个独立王国"，"与地方一级行政机构的性质、职责和组成都截然不同"，"各诸侯国除了国都是明确的外，其地域范围全是难以较确切地给予划定的，更谈不上'四至八到'的疆域范围"②。周振鹤也认为，从传说中的夏代到商代一直到西周的大约 1000 多年时间里，中国根本不存在任何行政区划，因为在这一漫长的历史时期里，中央与地方的关系只体现在政治方面，而且即使是中央与地方这两个概念本身也是逐步形成的，并不是从国家一出现就随之而来的。换言之，在中国所谓上古三代（此处春秋战国时代不包括其中）时期，中央与地方之间只存在政治关系，而未发生行政关系。因而行政区划是国家发展到一定阶段的产物，而不是与国家同步出现的。③

中国历史上的政区沿革问题是学者们研究较多的一个问题，除谭其骧主编的《中国历史地图集》、周振鹤主编的《中国行政区划通史》等通史性行政区划史著作以外，还有不少断代史性质的行政区划史专著问世，如周振鹤的《东汉政区地理》、靳润成的《明代总督巡抚辖区研究》、李晓杰的《东汉政区地理》等。除上述主要研究成果外，关于明清以来行政区划沿革的主要研究成果还有史卫东的《省制以来统县政区发展研究》，陈潒的《清初（1644—1684）省级行政区研究》，林涓的《清代行政区划

① 浦善新：《先秦行政区划起源初探（续）》，《中国地名》2001 年第 2 期。

② 孙关龙：《分分合合三千年》，广东教育出版社 1995 年版。

③ 周振鹤、李晓杰：《中国行政区划通史》（总论、先秦卷），复旦大学出版社 2009 年版，第 8 页；周振鹤：《行政区划史研究的基本概念与学术用语刍议》，《复旦学报》（社会科学版）2001 年第 3 期。

变迁研究》，许鹏的《清代政区治所迁徙的初步研究》，郑宝恒的《民国时期行政区划变迁述略（1912—1949）》，孙学文的《中华人民共和国省级行政区划沿革》，屈桂春、柴海英的《近二十年我国行政区划变更分析研究》等。

史卫东《省制以来统县政区发展研究》，围绕统县政区这一研究主题，以省制以来统县政区的沿革、发展脉络为主线，综合运用地理学、历史学、行政学、经济学等相关学科的理论知识，萃取各学科有关最新研究成果，对省制以来各时期主要的统县政区设置与管理体制作全景式的描述，归纳其沿革规律、总结其发展机制，对新中国成立以来的地级政区发展演化的内在机制做了深入剖析，围绕当前以地级政区为中心的行政区划改革，进行多角度、多学科的系统分析，通过理论和实证分析得出未来中国统县政区可能的发展方向，勾画出地级政区的改革路径。该文分为三大部分：理论基础与相关影响因素研究；沿革描述与规律机制分析；现实问题与改革路径探讨。[①] 陈漫的《清初（1644—1684）省级行政区研究》，通过对清初督抚与布政使及督抚辖区、布政使辖区与省级行政区之间相互关系的探究，考察清初的省级行政区是督抚辖区还是布政使辖区。该文包括三个部分：第一部分论述了元明时期行省制度的形成及演变；第二部分论述了清初对明朝政治制度的继承和发展；第三部分考察了清初的省级政区变动情况。[②] 林涓的《清代行政区划变迁研究》，以中国历史政治地理作为基本的研究取向，结合制度史、社会史和文化史，对清代的行政区划改革展开专门研究，即以清代地方行政区划及行政制度的调整为中心，对县、直隶州、府、道、督抚、布政使等地方行政区划和行政制度进行全面考察，探讨清代各级地方行政区划变迁的特点，系统分析其改革的深层原因。[③] 许鹏的《清代政区治所迁徙的初步研究》一文，不仅统计分析了清代政区治所迁徙的基本情况，包括迁徙的类别、数量、时间和地域特征，而且对迁徙的原因做了较为深入的归纳总结：一是自然灾害的影响，包括洪涝水灾、河道迁徙、地震、台风等。二是战争破坏、社会动荡，包括朝代更替、农民起义、土匪抢掠而迁治。三是由于原治废圮或设治不当而迁

① 史卫东：《省制以来统县政区发展研究》，华东师范大学 2006 年博士学位论文。

② 陈漫：《清初（1644—1684）省级行政区研究》，东北师范大学 2007 年硕士学位论文。

③ 林涓：《清代行政区划变迁研究》，复旦大学 2004 年博士学位论文。

治。四是出于政治行政考虑、战略需要而迁治。五是因原治所在辖区内较为偏僻以及交通不便而迁治。六是当一个治所设立时，不可避免地要进行治所衙署的建设，因此需要一定的工程期。在一般情况下，这些新设立的治所便临时居于别处，待官署建设完好时，再将治所迁入。七是由“军事单位向行政单位转变”。八是治所的迁徙会牵动该辖区内各方面事物的变化，所以在考虑迁治时常涉及许多方面的因素。九是因辖区内人民生活生产不便而迁治。十是因治所周围人口稀少、经济凋敝而迁治。[①] 郑宝恒《民国时期行政区划变迁述略（1912—1949）》一文指出：1912—1949 年民国时期的行政区划，其前期（1927 年前）是省、道、县三级制，中后期为省、县二级制。“道”在元、明、清时期都有，但不是一级地方行政区划，而是省的派出机构。1913 年 1 月公布《划一现行各道地方行政官厅组织令》后，“道”成为介于省、县之间的二级政区。[②] 孙学文《中华人民共和国省级行政区划沿革》一文，在详细梳理中华人民共和国省级行政区划沿革的基础上认为，中华人民共和国成立以后，随着经济建设的发展和民族区域自治的实行，省一级行政区域的划分有三次大的合并和调整。总的变化趋势是减少行政区划的层次和数量，扩大某些行政区划管辖的范围，将一些少数民族聚居比较集中的地区逐步建成民族自治区。[③] 屈桂春、柴海英的《近二十年我国行政区划变更分析研究》一文，分析了近二十年来中国行政区划变更的基本特征，变更出现的问题，并提出了相应的对策与建议。[④]

（三）政区边界

政区边界也是学者们关注较多的一个问题。比较有代表性的成果主要有：徐建平的《政治地理视角下的省界变迁——以民国时期安徽省为例》，陈钊的《行政边界区域刍论》，满志敏的《行政区划：范围和界线》，侯甬坚的《从习惯线到法定线：我国政区界线性质的变迁》，王颖、

① 许鹏：《清代政区治所迁徙的初步研究》，《中国历史地理论丛》2006 年第 2 期。

② 郑宝恒：《民国时期行政区划变迁述略（1912—1949）》，《湖北大学学报》（哲学社会科学版）2000 年第 2 期。

③ 孙学文：《中华人民共和国省级行政区划沿革》，《当代中国史研究》1995 年第 4 期。

④ 屈桂春、柴海英：《近二十年我国行政区划变更分析研究》，《阴山学刊》2009 年第 1 期。

陆玉麒的《中国省界线形成的地理背景》，陈树荣的《珠江三角洲地区跨界冲突与协调研究》，王勇、李国武的《论产业集群的地理边界与行政边界》，阳宁东、周幼平的《“边界共有资源”开发的初步探讨——由杭州“曲线东扩”想到的》，刘戎的《省级行政区域界线标准画法数据编辑方法研究》，何向阳的《谈勘界资料的形成及归档》等。在这些成果中，既有对政区边界进行理论探讨的，也有分析政区界线形成原因的；既有分析边界冲突的，也有研究边界经济发展的；既有研究界线标准画法数据编辑方法的，也有讨论勘界工作的。

徐建平的《政治地理视角下的省界变迁——以民国时期安徽省为例》一书，从政治地理的角度，以民国时期为背景，以省级行政区域界线为基础，复原民国时期安徽省界变动的过程，归纳变动的类型，探究在省界变动中政治过程对地理区域的影响。该书将民国时期安徽省界变迁归纳为四种类型：第一类为整县改隶；第二类为模糊界线向精确界线的转变；第三类为两省之间划出一定的相邻地域设置新县；第四类为整理长江沿岸的插花飞地。① 陈钊的《行政边界区域刍论》一文，阐述了行政边界区域的基本含义，讨论了行政边界区域范围的确定，分析了行政边界区域的研究意义和目的，并提出了主要研究内容。② 满志敏的《行政区划：范围和界线》一文，不仅分析了历史时期政区面积的重要性及政区面积的确定方法，还讨论了政区界线的演变过程。政区面积的重要性主要有以下两点：第一，所有与行政区划有关的统计数据都会受行政区域大小的影响；第二，统计数据背后的制度原因在空间上的差异与行政区划有关系。确定历史时期政区面积的有效方法是地理信息系统和数据库技术（CHGIS）。政区界线的演变经历了从示意性、象征性、习惯性到法定性的过程。③ 侯甬坚《从习惯线到法定线：我国政区界线性质的变迁》一文，“引入法律概念”分析了中国古代、近代、现代政区界线性质的变迁。文章最后指出：“从‘划界’到‘勘界’，古今都有，不同之处在于历史上的划界方式多是自上而下，在人口密度增大、经济开发转盛、界线争执多发的地方，越来越常见的是自下而上的划界和处理方式。与过去相比，对于边界争端，

① 徐建平：《政治地理视角下的省界变迁——以民国时期安徽省为例》，上海人民出版社2009年版。

② 陈钊：《行政边界区域刍论》，《人文地理》1996年第4期。

③ 满志敏：《行政区划：范围和界线》，《江汉论坛》2006年第1期。

现今更为提倡采取平等协商、协调与裁决相结合的处理方式”，“从习惯线到法定线，这是政区界线演变的一条必由之路”①。王颖、陆玉麒的《中国省界线形成的地理背景》一文，不仅分析了中国省界线形成的地理背景，而且讨论了中国省界线存在的问题并提出了相应的对策。该文认为，中国省界线形成的地理背景包括自然背景和人文背景两个方面，自然背景主要有以下两类：一是以山脉、河流、湖泊、沙漠等自然界线为省界线；二是与综合自然地理单元相吻合的省行政区范围，像高原、盆地、岛屿，特别是水系流域。人文背景包括政治因素、历史因素、民族因素和经济因素。中国省界线存在的问题包括自然背景下省界线存在的问题和人文背景下省界线存在的问题两个方面。调整中国省界线应注意以下几个问题：一是对省区的幅员应做适当调整；二是对省界线的局部调整应注意经济因素；三应增设直辖市。② 陈树荣的《珠江三角洲地区跨界冲突与协调研究》一文指出，经过多年快速发展，珠三角地区目前正面临着跨界冲突及区域协调的严峻挑战，区域发展的种种重大问题、冲突和矛盾在“行政区—跨界冲突—区域协调”这一主题下交织与渗透，使跨界的稳定机制、协调机制和创新机制变得极为重要。对跨界的冲突、磨擦、竞争、合作的应对与处理，引发了地方政府、市场经济单元与民间组织等多重行为主体在机构设置和功能改革上的挑战，这就迫切需要我们重新审视已有的制度安排与策略选择，以有效解决地方政府、市场经济单元与民间组织等多重行为主体之间的跨界利益冲突与协调问题，从而实现珠三角的全面、协调与可持续发展。③ 王勇、李国武《论产业集群的地理边界与行政边界》一文，不仅提出了产业集群空间边界的双重属性，即自然地理边界和人文行政边界，而且深入探讨了强化产业集群行政边界的原因及后果，并提出了基于地理边界的产业集群发展政策。该文认为，产业集群行政边界被强化的原因主要有两点：一是与地方政府在经济发展中所扮演的角色和面临的激励机制密切相关；二是各种机构对产业集群进行以“乡（镇）”或“县（市）”为单位的称号评定。产业集群行政边界被强化的

---

① 侯甬坚：《从习惯线到法定线：我国政区界线性质的变迁》，《江汉论坛》2006 年第 1 期。

② 王颖、陆玉麒：《中国省界线形成的地理背景》，《南京师范大学学报》（自然科学版）2003 年第 1 期。

③ 陈树荣：《珠江三角洲地区跨界冲突与协调研究》，中山大学 2007 年硕士学位论文。

恶果主要表现在以下几个方面：首先，表现为各地企业之间相互简单模仿，创新动力不足，产品同质化程度较高，关联度低，竞争激烈，甚至相互压价诋毁，在国内外市场上造成恶劣影响；其次，各个基层政府将对方看成竞争对手，而不是可以合作的伙伴，在基础设施、技术创新体系和产业服务体系等方面各自进行规划和投资，不关心和周边区域的协作，重复建设，缺乏共享和整合，形不成规模经济，造成资源浪费。另外，不利于产业集群向周围更大的空间扩展。制定基于地理边界的产业集群发展政策应注意以下几个问题：首先，要突破行政区划限制，成立跨区域的新型组织管理体系；其次，要从规模经济的角度出发提供基础设施和建立产业服务体系；最后，要充分发挥核心区域和重点龙头企业的辐射带动作用。该文最后指出：从狭隘的行政边界出发制定集群发展政策不利于产业集群做大做强，只有从地理边界出发制定集群发展政策才更符合经济规律，更有利于产业集群的健康发展。① 阳宁东、周幼平的《“边界共有资源”开发的初步探讨——由杭州“曲线东扩”想到的》一文，不仅提出了“边界共有资源”概念，而且对边界共有资源的开发现状、产生的问题、产生问题的根本原因及初步解决构想做了较为深入的探讨。该文认为：“边界共有资源”是指在中国现行的行政区域划分体制下，相邻的两个或两个以上行政区域的边界地带所共同拥有的一个旅游资源。它具有以下特征：第一，从旅游开发的角度来看，它应该且仅是一个完整的旅游规划对象。第二，从行政区划的角度来看，它又分别属于两个或两个以上不同的行政区域。目前，中国边界共有资源开发大致表现出以下三种状况：第一，各自开发，局面混乱；第二，有的开发，有的封存；第三，相互掣肘，资源浪费。存在以下主要问题：第一，因为利益矛盾引出的问题（即“囚徒困境”类），包括地方政府与上级政府（或者说国家）之间的矛盾、地方政府与地方政府之间的矛盾、地方政府各部门之间的矛盾；第二，因为各行政区经济发展水平不平衡，资金、开发和保护经验等不一致引出的问题；第三，因为行政区划边界不易管理而造成的问题；第四，政府经营与企业经营之间的选择问题。产生以上问题的根本原因在于现有的行政区划将单一的旅游资源分割开来，造成多个主体对其拥有权利，因此也就形成

① 王勇、李国武：《论产业集群的地理边界与行政边界》，《中央财经大学学报》2009 年第 2 期。

了利益的多元化。各个利益主体在彼此的博弈中都追求自身利益的最大化，结果却深陷低效的"囚徒困境"之中。解决这一问题的关键在于恢复边界共有资源从资源性质到旅游规划到管理的完整性，即只由一个主体来对其进行管理。[①] 刘戎的《省级行政区域界线标准画法数据编辑方法研究》一文，以1∶1000000为例，研究了省级行政区域界线标准画法数据编辑方法。首先进行了细致的资料分析与调研工作，全国勘界时各省所用地形图比例尺不同，有1∶10000、1∶50000、1∶100000等，细致地分析其上的省界专题要素及中国数字地图1∶100万2002年版（国际版）数据库的情况，由于成图与数据源比例尺相差较大，对主要数据源1∶1000000 DLG和省级行政区域界线数字化地图（DLG）的数据进行了大量的试验，建立了利用坐标控制点和省界特征点，省界专题要素逐级缩编的技术方案，确定了缩编原则，提出了缩编指标，实现了成图与1∶1000000 DLG数据库的套合以及数据编辑中关键技术的解决方法。为实现省级行政区域界线和相关地图产品的规范化管理和标准化应用提供数据编辑技术。[②] 何向阳的《谈勘界资料的形成及归档》一文，结合勘界工作实际，不仅总结了勘界资料的形成过程，而且对勘界资料进行了类别划分。该文认为，勘界资料的形成过程包括以下三个阶段：一是准备阶段；二是实施阶段；三是收尾阶段。勘界资料应划分为以下两类：一是文书综合材料类；二是勘界材料类。该文最后指出：勘界资料形成过程是一个系统工程，它既体现了上级政策、法规及规范要求，也倾注着勘界人员的心血和汗水，资料的形成来之不易。应用文字、数据、图表、照片将边界勾画清晰，为依法治界奠定一个良好的基础。[③]

（四）政区改革与经济社会发展

在政区改革与经济社会发展方面，刘君德、靳润成、周克瑜编著的《中国政区地理》，王恩涌主编的《中国政治地理》，侯景新、蒲善新、肖金成编著的《行政区划与区域管理》等著作都有专题讨论。除此以外，

---

① 阳宁东、周幼平：《"边界共有资源"开发的初步探讨——由杭州"曲线东扩"想到的》，《四川大学学报》（哲学社会科学版）2004年增刊。

② 刘戎：《省级行政区域界线标准画法数据编辑方法研究》，西北大学2005年硕士学位论文。

③ 何向阳：《谈勘界资料的形成及归档》，《中国地名》2001年第1期。

比较有代表性的成果主要有：李晓杰的《从历史的角度看当代行政区划层级与幅员改革之必行》，柳成焱的《我国乡镇行政区划的演变特点及其改革路径》，杜蓓蕾的《中国地方行政区划变革研究（1980—2005）》，潘路明的《清代江苏行政区划与经济发展》等。这些成果不仅分析了中国政区改革的必要性，而且对政区改革与经济社会发展的关系做了较为深入的探讨。

李晓杰的《从历史的角度看当代行政区划层级与幅员改革之必行》一文，从历史与现实相结合的角度，从层级和幅员两个方面分析了对中国现行行政区划进行改革的必要性。[①] 柳成焱的《我国乡镇行政区划的演变特点及其改革路径》一文，不仅分析了中国乡镇行政区划的历史变迁过程，而且分析了中国乡镇行政区划的演变特点及改革路径选择。该文将中国乡镇行政区划的历史变迁过程划分为以下几个阶段：一是乡镇数量最多、规模最小的小区小乡时期（1949—1954 年）；二是乡镇数量较多、规模较小的小乡小镇时期（1955—1957 年）；三是乡镇数量最少、规模最大的大社大镇时期（1958—1960 年）；四是乡镇规模时大时小的不稳定时期（1961—1982 年）；五是由人民公社改回乡镇之后的规模不断变化时期（1983—2004 年）。将中国乡镇行政区划的演变特点归纳为以下三点：第一，在国家结构形式采用单一制的条件下，对行政区划的调整改革做出决策并加以实施，这是任何力量都无法阻挡的；第二，在行政管辖的距离和幅度都超出一定界限的条件下，无论是行政管辖的幅度太大还是行政管辖的距离太远，都会增加行政区划的管理层次；第三，在行政区划不合理和法治不健全的条件下，乡镇的规模不是越小越好，也不是越大越好，数量并不是越多越好，也不是越少越好。该文认为，中国乡镇行政区划改革应注意以下几个问题：一是对乡镇管理层次去留的选择；二是对乡镇数量多少的选择；三是对乡镇规模大小的选择。[②] 杜蓓蕾的《中国地方行政区划变革研究（1980—2005）》一文，对 1980—2005 年地方行政区划变革进行了系统梳理。将变革形式归纳为撤地设市，整县改市，撤县设区及以乡建镇等；分析了变革的具体动因、规范动因及非规范动因；总结了中国地

---

① 李晓杰：《从历史的角度看当代行政区划层级与幅员改革之必行》，《江汉论坛》2006 年第 1 期。

② 柳成焱：《我国乡镇行政区划的演变特点及其改革路径》，《天津社会科学》2006 年第 4 期。

方行政区划变革的基本经验。该文认为，虽然变革的初衷是试图通过地方行政区划的调整整合城乡，提高城市化水平，促进城乡经济发展，提高行政效率，但是就实际效果而言，变革的绩效表现为城市化水平提高与假性城市化现象并存，城乡经济发展与城乡差距扩大并存，行政效率提高与行政层次及成本增加并存。[①] 潘路明的《清代江苏行政区划与经济发展》一文认为，由于在明清时期经济重心逐渐转移到江南地区，为了加强对江南地区的行政控制，出现了控江而治的政治格局。清代江南省也因为经济的繁荣而对之进行了分省，分割后的江苏省由于其特殊的地理位置及发达的经济出现了一省之内两个布政使的状况。由于宁属和苏属两个布政使辖区的经济状况和社会状况有很大的不同，其行政管理方式也有所不同。伴随着清王朝的衰落以及近代化的浪潮，两地经济发展差距逐渐拉大，传统的内部联系被割断，清末民初出现了分省和合省的一系列事件。但由于传统行省意识的影响以及新的内部联系的迅速建立，江苏省保持了南北统一的原状。[②]

（五）西南行政区划研究

除各地方志、地理志等著作以外，涉及西南行政区划研究的论文主要有：王开队的《13—18世纪云贵川交界地区政区设置变化趋势研究》，王文光、段红云的《元代云南行省的政区设置及“乌蛮”的发展》，龙德象的《永乐十二年贵州建省说辨误》，陈国生的《重庆地名的由来和建置沿革》《重庆历代行政区划的变迁——写在中央批准设立重庆直辖市之际》，聂树平、赵心宪的《唐以前巴渝行政区划沿革考释》，赵伟的《贵州撤地设市分析》，陈钊的《地级行政区划调整对区域经济发展的影响——以四川省为例》，张绪清的《喀斯特生态环境与省区交界地带经济发展——以川滇黔为例》，吴学刚的《浅谈四川区域划分》，勾靖宇的《湘鄂渝黔交界地区边缘经济形成的原因、特征及其对策研究》，何伟的《重庆行政区划应从金字塔型向扁平型发展》，罗辉的《重庆市县级行政区划及其基于区域经济学评价标准的改革研究》等。这些论文既有研究历史政区的，

---

① 杜蓓蕾：《中国地方行政区划变革研究（1980—2005）》，上海大学2008年硕士学位论文。

② 潘路明：《清代江苏行政区划与经济发展》，上海师范2004年大学硕士学位论文。

也有研究当代政区的；既有研究政区沿革的，也有研究政区改革与经济社会发展的关系的。

王开队的《13—18世纪云贵川交界地区政区设置变化趋势研究》一文，对今金沙江以东的云南曲靖地区北部、昭通、东川地区及贵州安顺、毕节、六盘水地区在13—18世纪的政区设置状况进行较为详细的梳理后指出，这一地区13—18世纪的政区设置可分为初创（元）、调整（明）、定型（清）三个阶段，并具有以下几方面的主要变化趋势：首先，在政区层级上，由繁而简；其次，在基层政区设置的空间过程上，由外而内；最后，也是最重要的一点，即在政区的实际控制上由虚到实。这一时期本地区在政区设置上之所以会出现这些变化趋势，主要是因为这一时期本地区地方部族势力的不断减弱和中央权力的逐渐加强所造成的。① 王文光、段红云的《元代云南行省的政区设置及"乌蛮"的发展》一文认为：蒙古帝国及其后的元王朝为了加强对云南的有效治理，把云南的政治中心从洱海地区东移到滇池地区。为了达到此目的，蒙古帝国以云南的主体民族"乌蛮"的"部"为基础，设置了万户府、千户所、百户所，元代又在万户府、千户所的基础上设置路府州县，这些举措使云南行省得到了稳步发展，奠定了明清以后云南行政区划的基本格局，也促使"乌蛮"由单纯的血缘关系向地缘关系转化，朝着现代民族方向发展。② 龙德象的《永乐十二年贵州建省说辨误》一文认为，无论从贵州布政使司的设立，还是以辖区的行政区划来考察，永乐十一年（1413）完全可以作为贵州独立建省的时间。③ 陈国生的《重庆地名的由来和建置沿革》一文，对重庆地名的由来及建置沿革作了简明扼要的交代。④ 陈国生的《重庆历代行政区划的变迁——写在中央批准设立重庆直辖市之际》一文，对重庆直辖前行政区划的变迁情况作了较为详细的回顾。⑤ 聂树平、赵心宪的《唐以前巴渝行政区划沿革考释》一文，依据中国古代史分期理论，对唐朝以前

① 王开队：《13—18世纪云贵川交界地区政区设置变化趋势研究》，《中国历史地理论丛》2009年第1期。

② 王文光、段红云：《元代云南行省的政区设置及"乌蛮"的发展》，《中南民族大学学报》（人文社会科学版）2007年第5期。

③ 龙德象：《永乐十二年贵州建省说辨误》，《中国历史地理论丛》1995年第4期。

④ 陈国生：《重庆地名的由来和建置沿革》，《上海档案》1997年第6期。

⑤ 陈国生：《重庆历代行政区划的变迁——写在中央批准设立重庆直辖市之际》，《重庆社会科学》1997年第2期。

的重庆地区行政区划的历史沿革，按前国家时代（人皇、黄帝、尧、舜）、奴隶社会（夏、商、周）、封建社会萌芽期（春秋、战国）、封建社会定型期（秦、汉）、封建社会发展期（三国、魏、晋、南北朝）的顺序做典籍考证，发现今天所谓的巴渝文化区域，在唐朝以前有关的行政区划文史资讯中可见大量的证据，据以形成三点见解：其一，巴渝部族时代之史貌亟待建构；其二，巴渝文化是在多元文化影响下形成自身特点并不断发展的；其三，巴渝地区行政区划沿革史，为重庆在 20 世纪末成为直辖市，提供了区域性本土文化形成的历史依据。① 赵伟的《贵州撤地设市分析》一文指出：当前，贵州省正处于经济高速增长时期，随着经济社会的发展和民主政治进程的推进，区划调整是必然趋势。国务院领导同志曾深刻指出，行政区划调整好了，是投入最少、见效益最快的改革。贵州省各级领导和各有关部门应加强对贵州行政的重视与研究，为贵州经济建设和社会发展创造更加良好的环境。② 四川省从 1993—1998 年先后对原南充地区、达县地区、乐山市和内江市进行了拆分，在保留原有四个地级行政区建制的同时，新设了广安地区、巴中地区、眉山地区和资阳地区。陈钊的《地级行政区划调整对区域经济发展的影响——以四川省为例》一文通过实证分析，发现自区域拆分后，新设地区和保留地区的经济均取得了高于周边同类地区的发展速度，而这种拆分对新设地区中心城市的发展具有更大的推动作用。③ 张绪清的《喀斯特生态环境与省区交界地带经济发展——以川滇黔为例》一文，分析了川滇黔交界区（包括六盘水、毕节、昭通、宜宾和泸州）喀斯特生态环境的现状与基本的经济特征，并提出了相应的对策与建议。该文指出：川滇黔三省接壤区正处于西南喀斯特核心地带；行政区划、政府职能等因素对区域经济的刚性约束，形成了一种具有分割性、边缘性的经济现象和运行方式。区域一体化发展，在客观上要求打破行政区划限制，采取科学协调机制对喀斯特共有域进行资源开发和生态环境治理，以双赢目标促进协同发展。④ 吴学刚的《浅谈四川

---

① 聂树平、赵心宪：《唐以前巴渝行政区划沿革考释》，《重庆教育学院学报》2002 年第 2 期。

② 赵伟：《贵州撤地设市分析》，《中共贵州省委党校学报》2004 年第 4 期。

③ 陈钊：《地级行政区划调整对区域经济发展的影响——以四川省为例》，《经济地理》2006 年第 3 期。

④ 张绪清：《喀斯特生态环境与省区交界地带经济发展——以川滇黔为例》，《六盘水师范高等专科学校学报》2009 年第 3 期。

区域划分》一文，从行政区划、自然区划、经济区划和产业区划四个方面概述了四川的区域划分情况，并总结了四川的区域划分特点：一是区域划分类型随着划分原则和划分标准的变化而相应变动；二是全部覆盖与部分覆盖的差异；三是相对稳定与相对不稳定的差异。该文还提出了在主体功能区之外增设“功能未定区”的建议。[①] 勾靖宇的《湘鄂渝黔交界地区边缘经济形成的原因、特征及其对策研究》一文，对湘鄂渝黔交界地区边缘经济形成的原因与特征进行了归纳总结，并提出了相应的对策。该文认为，湘鄂渝黔交界地区边缘经济形成的原因主要有：自然条件恶劣，经济发展的物质条件较差；地理位置偏远，远离区域发展中心；市场观念不强，社会发育程度较低，自我发展能力弱；技术落后，劳动生产率低，生产经营规模小，市场竞争力弱；交通落后，信息闭塞，运输成本高；市场建设滞后，组织化程度低；边界因素；交易成本。其特征：一是经济的欠发达性；二是区域分工不明确，经济活动表现为一定的冲突性；三是环境破坏严重，影响经济社会的可持续发展。其对策：一是要制定湘鄂渝黔交界地区发展规划，加强区域总体发展的宏观管理；二是要制定政策法规，创造协同发展的环境；三是要共同加强基础设施建设；四是要大力推动企业跨地区整合；五是要加强区域整体招商引资能力，扩大区内经贸交流；六是要共同加强生态环境建设和保护。[②] 何伟的《重庆行政区划应从金字塔型向扁平型发展》一文，运用行政管理理论，在对重庆成为直辖市后的行政区划调整进行回顾与评价的基础上，分析了重庆行政区划存在的问题并提出了相应的对策。[③] 罗辉的《重庆市县级行政区划及其基于区域经济学评价标准的改革研究》一文，在回顾分析重庆市县级行政区划历史沿革、现实状况、重庆市县域经济发展状况的基础上，提出了重庆市县级行政区划改革调整的构想。[④]

---

① 吴学刚：《浅谈四川区域划分》，《四川省情》2007 年第 6 期。

② 勾靖宇：《湘鄂渝黔交界地区边缘经济形成的原因、特征及其对策研究》，《商场现代化》2009 年第 2 期。

③ 何伟：《重庆行政区划应从金字塔型向扁平型发展》，《重庆行政》2003 年第 2 期。

④ 罗辉：《重庆市县级行政区划及其基于区域经济学评价标准的改革研究》，重庆大学 2005 年硕士学位论文。

第二章 川(含渝)黔交界线的形成与演变

研究明清以来川（含渝）黔交界地区插花地问题，就必须了解明清以来川（含渝）黔交界线的形成与演变情况。因为插花地是行政区域划分的必然结果，而行政区域界线又是构成行政区域的基础；没有行政区域界线，就不可能有严格意义上的行政区域，插花地就不可能产生。根据2002年5月13日国务院颁布的《行政区域界线管理条例》（见附录一），行政区域界线指的是“国务院或者省、自治区、直辖市人民政府批准的行政区域毗邻的各有关人民政府行使行政区域管辖权的分界线”①。

永乐十一年（1413）贵州建省，标志着川（含渝）黔交界线初步形成。但当时的川（含渝）黔交界线并非当前的川（含渝）黔交界线。在当前的川（含渝）黔交界线正式形成以前，有过多次调整。

一 贵州布政使司的建立与川(含渝)黔交界线的初步形成

（一）永乐十一年（1413）前今贵州行政区划格局

洪武九年（1376），朱元璋下令废除行中书省后，在全国设置了浙江、江西、福建、广东、广西、湖广、四川、陕西、河南、山东、山西、北平12个布政使司，今贵州地域主要分隶于湖广和四川布政使司。洪武十五年（1382）增设了云南布政使司，今贵州地域又主要分隶于湖广、四川和云南布政使司。永乐十一年（1413）增设贵州布政使司后，贵州才始为一省，贵州与四川（含渝）交界线才初步形成。

① 《行政区域界线管理条例》，《中华人民共和国国务院公报》2002年第19期，《四川政报》2002年第28期。

可以看出，从明王朝建立至永乐十一年（1413）的近半个世纪中，贵州都不是一个独立的省级行政区划，也就不存在贵州与四川（含渝）交界线问题，但并不意味着今贵州在这段时期内没有行政区划。

“三司分治”是明代高层政区的一个显著特点。① 为了加强中央集权，防止地方割据，洪武九年（1376），朱元璋下令废除行中书省，改设都指挥使司（简称都司）、承宣布政使司（简称布政司）和提刑按察使司（简称按察司）。三者合称“三司”，互不统属，自成体系。都指挥使司管军队，承宣布政使司管行政，提刑按察使司管刑法。

“三司”虽然都是明代的地方权力机构，但由于承宣布政使司管行政，因此，在“三司”中，以承宣布政使司及下辖的府州县为明代正式的地方行政区划。朱元璋在《承宣布政使诰》中就曾明确指出：“朕有天下，更行省为承宣布政使司。所以承者，朕命也；宣者，代言之也；布者，张陈之也；所以政者，军民休戚、国之利弊；所以使者，必去民之恶而导民之善。”②

虽然承宣布政使司及下辖的府州县为明代正式的地方行政区划，但由于明代的卫所是军农、军政合一的军事组织，且与布政使司系统互不统属，故都司、卫、所往往都有自己的辖地，形成明代“极具特色的非正式政区”③。因此，在讨论明代贵州地方行政区划时，自然不能忽略都司、卫、所。郭红、靳润成就明确指出：“贵州都司既是一军事地理单元，又是一地方行政管理机构，是贵州布政司及按察司辖区形成的基础。”④

由于明代贵州地方行政区划实际上由贵州布政使司辖地和贵州都指挥使司辖地共同构成，故在检讨明代川（含渝）黔交界线形成演变与川（含渝）黔交界地区行政区划建置沿革时，理应包含贵州都指挥使司的辖地在内。虽然宣德以后开始实行的总督巡抚制也有一定的准政区性质，但由于与本书关系不甚密切，故不予讨论。

1. 永乐十一年（1413）前今贵州正式行政区划

从洪武九年（1376）开始，布政使司成为明代最高一级地方行政区划（因布政使司的性质类同行省，故习惯上人们仍称其为省），布政使司

① 郭红、靳润成：《中国行政区划通史·明代卷》，复旦大学出版社 2007 年版，第 1 页。

② 《明太祖文集》卷 4《承宣布政使诰》，清文渊阁四库全书本。

③ 郭红、靳润成：《中国行政区划通史·明代卷》，复旦大学出版社 2007 年版，第 1 页。

④ 同上书，第 494 页。

下辖府和直隶州，府下领州或县，其主系列为三级制地方行政区划系统，兼有四级制（见图 2—1）[①]。因此，布政使司、府（直隶州）、县（州）是明代正式的地方行政区划。永乐十一年（1413）以前，今贵州境域内虽然没有完整的府（直隶州）、县（州）建制，但存在极为完整的土司系统。土司分为宣慰、宣抚、安抚、长官及蛮夷长官等级别（见图 2—2），分别设立宣慰使、宣抚使、安抚使、长官及同知、佥事等土职。[②] 严密的土司系统构成永乐十一年（1413）前今贵州正式的地方行政区划。元朝末年，今贵州土司林立，有大小土司 300 余处。[③] 明王朝建立以后，对这些土司进行归并、改置，设立了贵州宣慰司、思州宣慰司、思南宣慰司和播州宣慰司，合称“四大土司”，并设立了乌撒、普定、普安三土府、金竹安抚司、都匀安抚司及百余长官司、蛮夷长官司。[④] 思州宣慰司、思南宣慰司隶湖广布政使司，播州宣慰司、贵州宣慰司、乌撒军民府、金竹安抚司、都匀安抚司隶四川布政使司，普定军民府、普安军民府及安顺、镇宁、永宁三州隶云南布政使司。由于实力的盈缩，各土司的势力范围虽有变化，但领地都是较为明确的，无疑为当时贵州正式的地方行政区划。“四大土司”的辖地范围见表 2—1。

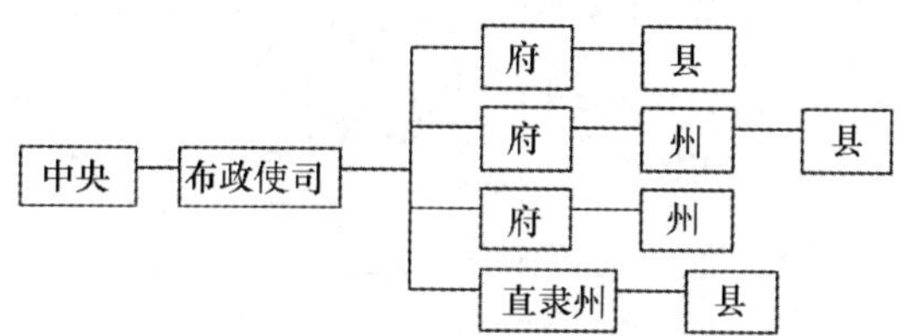

图 2—1　明代行政区划系统

布政使司—宣慰司—宣抚司—安抚司—长官司

图 2—2　明代贵州土司系统

① 王恩涌主编：《中国政治地理》，科学出版社 2004 年版，第 45 页。

② 贵州省地方志编纂委员会编：《贵州省志·地理志》上册，贵州人民出版社 1985 年版，第 33 页。

③ 《贵州通史》编委会：《明代的贵州》，当代中国出版社 2002 年版，第 54 页。

④ 贵州省地方志编纂委员会编：《贵州省志·地理志》上册，贵州人民出版社 1985 年版，第 33—34 页。《贵州通史》第 2 卷《明代的贵州》记为“九十余长官司、蛮夷长官司”。

表2—1　　永乐十一年（1413）前今贵州四大土司辖地

土司名	建置	隶属	辖地范围
贵州宣慰司	洪武四年（1371），顺元宣慰司霭翠归附，改授贵州宣抚司。洪武五年（1372），升贵州宣抚司为贵州宣慰使司。洪武六年（1373），诏贵州宣慰使霭翠位居各宣慰之上①	四川行省四川布政司	包括“水东”和“水西”两个部分②。水西领彝族四十八部及“水外六目之地”，辖地相当于今毕节、大方、水城、纳雍、织金、黔西、金沙及修文、息烽、清镇、平坝、普定等地；水东亲领“洪边十二码头”，管水东、贵竹等十长官司，辖地相当于今贵阳、开阳、龙里、贵定等地③
思州宣慰司	元顺帝至正二十五年（1365）七月，宣抚使兼湖广行省左丞田仁厚遣其都事林宪、万户张思温献镇远、古州军民二府，务川、邛水、常宁等十县，龙泉、瑞溪、沿河等三十四州，皆其所守地也。命改宣抚司为思州镇西等处宣慰使司，以仁厚为宣慰使④	湖广行省湖广布政司	原领都坪峨异溪、都素、施溪、黄道溪、湖耳、亮寨、欧阳、新化、中林验洞、龙里、赤溪湳洞、福禄永从、潭溪、八舟、洪州泊里、曹滴洞、西山阳洞、石阡、龙泉坪、苗民等二十二长官司。辖地相当于今岑巩、玉屏、万山、石阡、凤冈、黎平、锦屏、从江、榕江等地⑤
思南宣慰司	元顺帝至正二十五年（1365）六月，思南宣慰使田仁智遣其都事杨琛来归，欲并纳元所授宣慰使告身。授琛思南等处宣抚使兼新军万户，以三品银印给授之⑥	洪武初隶四川行省，洪武五年改隶湖广行省，后隶湖广布政司	原领水德江、思印江、蛮夷、沿河祐溪、郎溪、乌罗、答意、治古、平头著可、铜仁、省溪、大万山、镇远溪洞金容金答、施秉、偏桥、邛水十五洞十七长官司。辖地相当于今思南、德江、印江、沿河、铜仁、江口、松桃、三穗、镇远、施秉等地⑦
播州宣慰司	洪武五年（1372），播州宣慰使杨铿、同知罗琛、播州总管何婴、蛮夷总管郑瑚等来朝，贡方物，纳元所授印符等，仍置播州宣慰使司⑧	四川行省四川布政司	下设安宁安抚司、黄平安抚司、草塘安抚司及播州、余庆、白泥、瓮水、真州、容山、怀远、宣化等长官司。辖地相当于今遵义、桐梓、正安、道真、绥阳、仁怀、习水、赤水及福泉、凯里、黄平、湄潭、瓮安、余庆等地⑨

注：①（清）谢圣纶辑，古永继点校：《滇黔志略点校》，贵州人民出版社2008年版，第202页；（民国）《贵州通志·前事志》（二），贵州省文史研究馆校勘，贵州人民出版社1987年版，第8—11页。

②以乌江上游鸭池河为界，鸭池河以东谓之“水东”，鸭池河以西谓之“水西”。

③《贵州通史》编委会：《贵州通史》第2卷《明代的贵州》，当代中国出版社2002年版，第55页。

④《明实录·太祖洪武实录》卷15，贵州民族研究所编：《明实录·贵州资料辑录》，贵州人民出版社1983年版，第1页。

⑤《贵州通史》编委会：《贵州通史》第2卷《明代的贵州》，当代中国出版社2002年版，第61页。

⑥《明实录·太祖洪武实录》卷15，贵州民族研究所编《明实录·贵州资料辑录》，贵州人民出版社1983年版，第1页。

⑦《贵州通史》编委会：《贵州通史》第2卷《明代的贵州》，当代中国出版社2002年版，第61页。

⑧《明实录·太祖洪武实录》卷15，贵州民族研究所编《明实录·贵州资料辑录》，贵州人民出版社1983年版，第5页。

⑨《贵州通史》编委会：《贵州通史》第2卷《明代的贵州》，当代中国出版社2002年版，第60页。

可以看出，“四大土司”的辖地范围囊括了今贵州的绝大部分地域。

2. 永乐十一年（1413）前今贵州非正式行政区划

为了加强对各土司的监控，确保辰沅普安大道和乌撒入蜀旧路[①]的畅通，永乐十一年（1413）前，明王朝在今贵州境内设置了24卫、2直隶千户所（不包括隶属于靖州卫但在今贵州境内的天柱千户所）。这些卫所分属于贵州、湖广和四川都指挥使司[②]，其中，属于贵州都指挥使司的有17卫、2直隶千户所（贵州卫、永宁卫、普定卫、普安卫、乌撒卫、毕节卫、平越卫、安南卫、赤水卫、兴隆卫、安庄卫、威清卫、平坝卫、龙里卫、新添卫、清平卫、贵州前卫、黄平千户所、普市千户所），属于湖广都指挥使司的有6卫（五开卫、镇远卫、平溪卫、清浪卫、偏桥卫、铜鼓卫），属于四川都指挥使司的有1卫（都匀卫）。各卫所都有自己的领地范围（见表2—2），形成永乐十一年（1413）前今贵州境内非正式但又名副其实的地方行政区划。

---

① 辰沅普安大道是湖广经贵州入云南的交通要道，此路在明清时期称为东路，是相对于西路（乌撒入蜀旧路）而言的；乌撒入蜀旧路是四川经贵州入云南的最重要通道（参见蓝勇《南方丝绸之路》，重庆大学出版社1992年版，第120—125页）。

② 贵州都指挥使司建立于洪武十五年（1382），此前在今贵州境内建立的贵州卫、永宁卫、黄平千户所均隶四川都指挥使司，洪武十五年（1382）改隶贵州都指挥使司。

表2—2 永乐十一年（1413）前今贵州卫所辖地

卫（直隶千户所）名	建置	隶属	辖地
贵州卫	洪武四年（1371）置	贵州都司	领左、右、中、前、后五千户所及程番、方番、韦番、大龙、小龙、卧龙、金石、罗番、小程番、洪番、卢番、卢山、上马桥十三长官司
永宁卫	洪武四年（1371）置	贵州都司	领左、右、中、前、后五千户所
黄平千户所	洪武十一年（1378）置，十五年升卫，寻又降所	贵州都司	辖原黄平安抚司地
普定卫	洪武十五年（1382）置	贵州都司	领左、右、中、前、后五千户所，安顺、镇宁、永宁三州，西堡、宁谷、十二营、康佐、顶营、募役六长官司
普安卫	洪武十五年（1382）置	贵州都司	领左、右、中、前、后五千户所，乐民、安南、安隆三千户所，普安安抚司
乌撒卫	洪武十五年（1382）置	贵州都司	领左、右、中、前、后五千户所
毕节卫	洪武十五年（1382）置乌蒙卫，十七年移治毕节，改为毕节卫	贵州都司	领左、右、中、前、后五千户所及七星关千户所
平越卫	洪武十五年（1382）置	贵州都司	领左、右、中、前、后五千户所及麻哈、杨义、乐平三长官司
安南卫	洪武十五年（1382）置尾洒卫，二十一年降为堡，二十三年复置，更名为安南卫	贵州都司	领左、右、中、前、后五千户所
五开卫	洪武十八年（1385）置	湖广都司	领黎平、中潮、新化亮寨、新化屯、龙里、平茶六千户所
赤水卫	洪武二十一年（1388）置	贵州都司	领左、右、中、前、后五千户所及白撒、摩泥、阿落密三千户所
镇远卫	洪武二十二年（1389）置	湖广都司	领左、右、中、前、后五千户所及臻剖六洞横坡长官司

续表

卫（直隶千户所）名	建置	隶属	辖地
兴隆卫	洪武二十二年（1389）置	贵州都司	领左、右、中、前、后五千户所
安庄卫	洪武二十三年（1390）置	贵州都司	领左、右、中、前、后五千户所及关索岭千户所
威清卫	洪武二十三年（1390）置	贵州都司	领左、右、中、前、后五千户所
平坝卫	洪武二十三年（1390）置	贵州都司	领左、右、中、前、后五千户所
普市千户所	洪武二十三年（1390）置	贵州都司	辖原永宁宣抚司地
龙里卫	洪武二十三年（1390）置	贵州都司	领左、右、中、前、后五千户所及平伐、大平伐、大谷龙三长官司
新添卫	洪武二十三年（1390）置	贵州都司	领左、右、中、前、后五千户所及新添、小平伐、把平、丹平、丹行、羊场六长官司
清平卫	洪武二十三年（1390）置	贵州都司	领左、右、中、前、后五千户所及清平、平定二长官司
都匀卫	洪武二十三年（1390）置	四川都司	领都匀、邦水、平浪、平州六洞、九名九姓独山州、合江洲陈蒙烂土、丰宁七长官司
平溪卫	洪武二十三年（1390）置	湖广都司	领左、右、中、前、后五千户所
清浪卫	洪武二十三年（1390）置	湖广都司	领左、右、中、前、后五千户所
偏桥卫	洪武二十三年（1390）置	湖广都司	领左、右、中、前、后五千户所
贵州前卫	洪武二十四年（1391）置	贵州都司	领左、右、中、前、后五千户所
铜鼓卫	洪武三十年（1397）置，建文元年（1399）废，建文四年（1402）复置	湖广都司	领左、右、中、前、后五千户所

资料来源：根据贵州省地方志编纂委员会编《贵州省志·地理志》（上册，贵州人民出版社1985年版）第35—58页内容整理。

(二)贵州布政使司的建立

永乐十一年(1413)二月,思南宣慰使田宗鼎与思州宣慰使田琛因争沙坑地而举兵相攻。明王朝出兵弹压后,革除了思州、思南二宣慰司,将思州二十二长官司分设为思州、新化、黎平、石阡四府,将思南十七长官司分设为思南、镇远、铜仁、乌罗四府。为统摄八府,设立了贵州等处承宣布政使司。贵州承宣布政使司的设立,标志着贵州至此始为一省,西南三省——云、贵、川的政区格局初步形成。

关于贵州承宣布政使司的设立经过,《明实录·太宗永乐实录》卷87有较为详细的记载:①

> 初,思南宣慰使田宗鼎凶狠淫虐、生杀任情,与其副使黄禧构怨累年,互有奏讦。朝廷虽恶宗鼎,然以田氏世守其地,曲与保全,而改黄禧为辰州知府。思州宣慰使田琛亦与宗鼎有怨,禧暗结琛使图宗鼎。宗鼎及琛数相攻杀。禧既得志,肆横虐人,人甚苦之。琛自称天主,妻为地主,长官文得、杨光海等称文武臣,禧为大将,与琛连兵攻思南。宗鼎絜家走,琛杀其弟,发其宗祖坟墓而戮其母尸,尽掠其人畜赀财,所过残害其民。宗鼎诉于朝。屡敕田琛、黄禧赴阙自辩,皆拒命不至。自知不为朝廷所容,遂有逆谋,潜使奸人张胜依托教坊司史勉,得出入祗应,将伺便为变。事觉,命行人蒋廷瓒往召之,而敕镇远侯顾成以兵五万压其境,凶党叛散,琛等就擒,与黄禧相继械送京师,皆引服。琛妻冉氏尤强悍,复遣人招诱台罗等寨蛮人苗普亮等为乱,冀朝廷遣琛还招抚,因得免死。上闻之,诏有司禁锢琛等,以宗鼎虽横恣,然穷蹙自归德未减,使复职归思南。而宗鼎奏言:必得报怨家以绝祸根。上以其素凶恶,幸今免祸,犹不自惩,而欲逞忿,民将有不胜其害者,遂留之京师,月给俸禄。宗鼎怨,妄出诽言,因发其祖父阴事,谓始与黄禧奸,实造祸本,而窃损其衣食,欲杀之。祖母亦发宗鼎缢杀亲

① 《明实录·太宗永乐实录》卷87,贵州民族研究所编:《明实录·贵州资料辑录》,贵州人民出版社1983年版,第140—141页。

母，渎乱人伦等事。上命刑部正其罪。谕户部尚书夏原吉等曰：朝廷初命田琛、田宗鼎分治思州、思南，其欲安其土人，乃今为土人之害。琛悖逆不道，构扇旁州，妄开边衅，屠戮善良，抗拒朝命，已正其罪。宗鼎尤为凶骜，绝灭伦理，罪不可宥。其思州、思南三十九长官司，宜加意绥抚，可更置府州县而立布政司总辖之，其原设长官司及差税，悉仍旧。所当行之事，卿等详议以闻。原吉等议，以思州二十二长官司分设思州、新化、黎平、石阡四府，思南十七长官司分设思南、镇远、铜仁、乌罗四府。其镇远州、务川县亦各随地分隶，而于贵州设贵州等处承宣布政司以总八府，仍与贵州都司同管贵州宣慰使司，其布政司官属俱用流官，府以下参用土官。从之。遂命吏部选授布政司及府县官，以行人蒋廷瓒、河南左参政孟骥俱为右布政使，改河南右参政陈俊名为右参政，山西左参议王理、河南按察司副使张翥、江英俱为左参议，副使邹锐、佥事丘陵、进士周宗宝俱为右参议，授进士崔彦俊、王恭等为府州官，令廷瓒等率至贵州随缺。

(三）川(含渝)黔交界线的初步形成

贵州布政使司一经设立，贵州与四川（含渝）之交界线就初步形成(虽然贵州都指挥使司早于贵州布政使司之前就已建立，并有很强的准政区性质，但由于不是正式的地方行政区划，且十分分散，故以贵州布政使司的建立作为川黔交界线形成的标志)。贵州布政使司新设之初，其辖地包括新开八府（思州、新化、黎平、石阡、思南、镇远、铜仁、乌罗)、贵州宣慰司及安顺、镇宁、永宁三州。(弘治）《贵州图经新志》载：“废思南、思州二宣慰司，始置贵州等处承宣布政司，领贵州宣慰使司及思州、思南、镇远、石阡、铜仁、黎平、乌罗、新华八府”①。各府、州、宣慰司的辖地范围见表2—3。

---

① （弘治）《贵州图经新志》卷1，《中国地方志集成》，四川出版集团、巴蜀书社2006年版。

表 2—3　　贵州布政使司建立之初的辖地范围

府、州、宣慰司名	治所	辖地范围
思州府	都坪峨异溪蛮夷长官司	都坪峨异溪蛮夷长官司、都素蛮夷长官司、黄道溪长官司、施溪长官司。相当于今岑巩县及万山特区
新化府	新化蛮夷长官司	湖耳、亮寨、欧阳、新化、中林验洞、龙里六蛮夷长官司及赤溪湳洞长官司
黎平府	黎平千户所	潭溪、曹滴洞、古州、八舟、福禄永从、洪洲泊里、西山阳洞七蛮夷长官司。相当于今黎平、从江、榕江及锦屏一部分（含新化府）
石阡府	石阡长官司	石阡、苗民、龙泉坪、葛彰葛商四长官司。相当于今石阡、凤冈二县
思南府	水德江	水德江、思印江、沿河祐溪三长官司，务川县，板场、木悠、岩前、任办四坑水银局。相当于今思南、德江、印江、沿河、务川等县（含乌罗府之郎溪）
镇远府	镇远州	镇远州及镇远金容金达、邛水一十五洞、施秉、偏桥四长官司。相当于今镇远、三穗、施秉等县
铜仁府	铜仁长官司	铜仁、省溪、大万山、提溪四长官司，鳌寨、苏葛捧坑朱砂场局、土崖黄坑水银朱砂局。相当于今铜仁、江口、松桃及万山特区的一部分（含乌罗府之乌罗、平头著可）
乌罗府	乌罗长官司	郎溪蛮夷长官司及乌罗、答意、治古、平头著可四长官司
贵州宣慰司	今贵阳	包括“水东”和“水西”两个部分。水西领彝族四十八部及“水外六目之地”，辖地相当于今毕节、大方、水城、纳雍、织金、黔西、金沙及修文、息烽、清镇、平坝、普定等地；水东亲领“洪边十二码头”，管水东、贵竹等十长官司，辖地相当于今贵阳、开阳、龙里、贵定等地
安顺州	今安顺	西堡、宁谷二长官司。相当于今安顺、平坝、普定、紫云、镇宁、关岭、晴隆、普安、盘县等（含镇宁、永宁二州）
镇宁州	今镇宁	十二营、康佐二长官司
永宁州	今关岭永宁	慕役、顶营二长官司

资料来源：《贵州通史》编委会：《贵州通史》第 2 卷《明代的贵州》，当代中国出版社 2002 年版，第 175—179 页。

可以看出，在贵州布政使司设立之初所辖的府、州、宣慰司中，与四川布政使司接壤（自东向西）的有乌罗府、思南府、石阡府、镇远府和贵州宣慰司，交界具体地域包括乌罗府的乌罗长官司、平头著可长官司，思南府的沿河祐溪长官司、务川县，石阡府的龙泉坪长官司、苗民长官司、葛彰葛商长官司，镇远府的偏桥长官司、施秉长官司，贵州宣慰司的乖西蛮夷长官司、养龙坑长官司、雄所则溪、架勒则溪等。乌罗长官司、平头著可长官司与直隶四川布政使司的平茶洞长官司（今重庆市秀山土家族苗族自治县）接壤，沿河祐溪长官司与四川酉阳宣抚司毗邻，务川县西与四川播州宣慰司交界、北与四川彭水县毗邻，龙泉坪长官司、苗民长官司、葛彰葛商长官司、偏桥长官司、施秉长官司、乖西蛮夷长官司、养龙坑长官司、雄所则溪等均与四川播州宣慰司交界，架勒则溪与四川乌撒军民府毗邻。

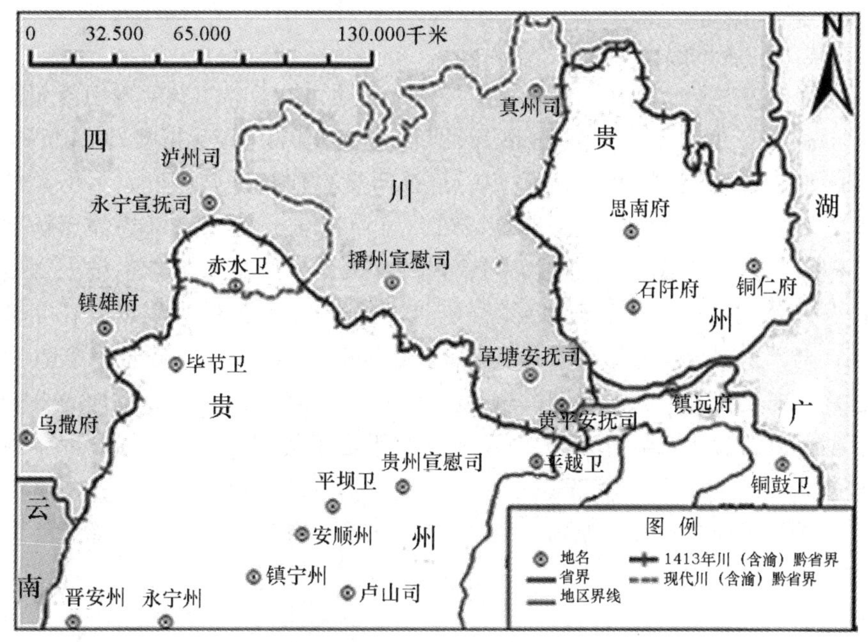

图2—3　贵州布政使司初设时贵州与四川（含渝）交界线

虽然本书以贵州布政使司的建立作为川（含渝）黔交界线形成的标志，但在绘制贵州布政使司设立之初的川（含渝）黔交界线时，又不能将贵州都指挥使司所辖的卫所排除在外（包括后文要讨论的川黔交界线首次大调整，直至清初卫所被一一改置为府州县后为止）。[①] 因此，在贵州布政使司设立之初，川（含渝）黔交界之具体地域还包括贵州都指挥使司所辖的部分卫所，它们是兴隆卫、清平卫、平越卫、赤水卫、普市千户所、永宁卫和毕节卫等。兴隆卫、清平卫、平越卫均与四川播州宣慰司交界，赤水卫东与四川永宁宣抚司接壤、西与四川芒部军民府（嘉靖时期改为镇雄军民府）交界，普市千户所、永宁卫、毕节卫分别与四川永宁宣抚司、泸州卫和芒部军民府等地毗邻。

从图 2—3 可以看出，贵州布政使司初设时贵州与四川（含渝）之交界线，与当前贵州与四川（含渝）之交界线作比较，除务川以东基本一致外，务川以西则有很大的差距。

二　播州杨应龙叛乱与川(含渝)黔交界线的首次大调整

(一) 播州杨应龙叛乱

播州宣慰司是明初今贵州境内的四大土司之一。始祖杨端本山西太原人，唐乾符年间奉命平定南诏叛乱后，授武略将军，“据播地，历宋、元，世有其土”。洪武五年（1372），播州宣慰使杨铿归顺明朝，仍置播州宣慰使司，“予敕印，令世抚诸苗，子孙相继不绝”[②]。从杨铿至杨纲（杨铿之孙），杨氏土司与明王朝都保持着较为友善的关系。正统十四年(1449)，杨纲死，其子杨辉袭职，杨辉之子杨友、杨爱为争袭而相互攻杀，杨氏土司内部开始了长期内讧。[③] 隆庆五年（1571），杨应龙袭宣慰使后，与明王朝的关系逐渐白热化。万历二十四年（1596），杨应龙公开反明。万历二十八年（1600），明王朝在平定了杨应龙叛乱后，革除了播州宣慰司。

关于杨应龙叛乱之原因、经过，《明实录·神宗万历实录》卷 354 有较为详细的记载：[④]

---

① 此为学界之通行做法，包括谭其骧先生主编的《中国历史地图集》。

② 《明实录·神宗万历实录》卷 354，贵州民族研究所编：《明实录·贵州资料辑录》，贵州人民出版社 1983 年版，第 1011—1012 页。

③ 《贵州通史》编委会：《明代的贵州》，当代中国出版社 2002 年版，第 158 页。

④ 《明实录·神宗万历实录》卷 354，贵州民族研究所编：《明实录·贵州资料辑录》，贵州人民出版社 1983 年版，第 1011—1012 页。

隆庆初，父烈死，应龙嗣。应龙生而雄猜，阴狠嗜杀无忌。所辖地界楚、蜀、黔三省间，延袤千里，田畴丰美，诸苗剽悍敢斗。应龙自恃富强，又累从征调，刁川兵单弱，阴有虎踞全蜀之志。会其妾曰雌凤，妖淫善妒，诬妻张氏与人乱，应龙信而杀之，并及其母弟臧获之在播者无遗类。自是益以杀人立威，小有睚眦，辄诛戮之，所诛伤无数，州人不堪其苦，所属五司、七姓之民及张氏家奏诉之，下川省抚按逮问，系重庆狱，坐大辟。诡言征倭自赎得脱归，而有诏止其兵，应龙益骄蹇不用命，再逮不复至，蜀抚臣发兵挟之，应龙不与战，诱之深入至白石口，纵兵尽杀之。事闻，遣经略大臣至，应龙佯为不知，委其事于诸苗。时东酋方苦用兵，因就抚之。应龙滋益横，居处服稀僭拟乘舆，扁其门曰半朝天子，子朝栋为后主，日夜与子朝栋、惟栋，弟兆龙，党何汉良、何廷玉等为逆谋，分兵四掠，石阡、兴隆、江津、南川等县卫无不被残害，至偏桥诸仇家少壮之解，取其妻女对夫与父，令诸苗淫嬲之，或裸体坐木丛射笑乐，或烧蛇入阴穿腹而毙，其凶淫不道如此；已复攻破綦江，戕参游，执县令，焚劫库狱，杀军民无算，报尸于江，江流为赤，西南震动，羽书交驰。上赫然震怒，命三抚臣会剿，而以督臣李化龙统之，征兵转饷，几半天下。应龙自知逆节不宥，求智谋兵士，得武清无赖生孙时泰立为伪军师，时泰教以首据重庆，次占成都，官兵未集，乘虚直捣，应龙惧失巢穴，拒不从。率兵四万，焚东坡烂桥，梗湖首路，陷黄嶰国（围）杀男妇甚众，攻龙泉司，守备杨憔忠败走。已而大兵继至，八路夹攻，应龙令朝栋、惟栋统众出綦江据险拒战，总兵刘□大败之，诸将士乘胜直进，连夺关寨，应龙父子遁归海龙图（囤），戈矛云集，四面重围，更番迭攻。城破，应龙穷蹙自经，逆党尽擒，槛车送京师。至是狱具献俘毕戮应龙尸，兄弟亲属党与各论磔斩，戎遣有差。

（二）川(含渝)黔交界线的首次大调整

万历二十九年（1601），明王朝采纳川、湖、贵三省总督李化龙建议，分播州之地为遵义、平越二府，并置二州、八县。遵义府辖遵义县、桐梓县、绥阳县、仁怀县和真安州，隶四川；平越府辖余庆县、瓮安县、湄潭县和黄平州，隶贵州。“平播后，以播地分设遵义、平越二府，析置二州八县。遵义、桐梓、绥阳、仁怀四县，真安一州，属遵义府，隶四川。余庆、瓮安、湄潭三县，黄平一州，属平越府；龙泉一县，属石阡府，隶贵州”①。为加强对新开二府及贵阳府的控制，将其均升为军民府。“钦定其二府与贵州贵阳府俱加军民二字，以便兼摄”②。

遵义、平越二军民府的设立，是贵州布政使司建立以来贵州政区建制的一次重大变化。平越军民府划隶贵州，标志川（含渝）黔交界线首次做了重大调整。关于遵义、平越二军民府的辖地范围，《明实录·神宗万历实录》卷358有粗略记载:③

> 播州白田坝沃壤数百里，即遵义故县，今建府治设县附焉。真州即古珍州，土地平衍，今复为真安州。桐梓当綦南之冲，走川贵道也，旧为夜郎县。望草南接务恩，北达真涪，故绥阳县，今复为绥阳。仁怀滨播枕永，襟合带泸，故怀阳县，今改仁怀。平越东境与黄平相连，黄平，川贵要区，故设府治。黄平旧设抚苗通判，列衔重庆府，今改为黄平州。湄潭地里广邈尽三里七牌，设为湄潭县。余庆、白泥共设余庆县。瓮水、草塘兼重安之地合为瓮安县。……其地西南左接水西，右逼永宁，犬牙相错。水西向侵播州，水烟、天旺及它瓯脱颇众，川、黔争执经界，数年始定。

实际上，新隶贵州的平越军民府除辖从播州划拨而来的余庆、瓮安、湄潭三县和黄平一州外，还管辖分别从清平卫、平越卫划拨而来的凯里安抚司和杨义长官司。④（民国）《贵州通志·前事志》引《明纪》《明史》、（乾隆）《贵州通志》作如是记载：“分播州地，改宣慰司为遵义军民府，长官司为遵义县，与府同徙治白田坝。以旧夜郎旺草地置桐梓县。改真州

① 犹海龙、侯树涛、赵元隽纂辑，张瑞琪、龙砺孚、李明方、夏永忠校点：（民国）《桐梓县志》1987年（内部发行），第32—33页。

② 《明实录·神宗万历实录》卷358，贵州民族研究所编：《明实录·贵州资料辑录》，贵州人民出版社1983年版，第1018页。

③ 《明实录·神宗万历实录》卷358，贵州民族研究所编：《明实录·贵州资料辑录》，贵州人民出版社1983年版，第1018—1019页。该记载实源于平播后，总督李化龙奏上播州善后事宜十二事。见贵州省文史研究馆校勘（民国）《贵州通志·前事志》（二），贵州人民出版社1987年版，第513页。

④ 参见贵州省地方志编纂委员会编《贵州省志·地理志》上册，贵州人民出版社1985年版，第49—50页。

长官司为真安州。复旧绥阳县地为绥阳县。以旧怀阳县地方置仁怀县，并属遵义府，隶四川布政司。改平越卫为平越军民府，黄平安抚司为州，余庆长官司为县，瓮水安抚司为瓮安县。以湄潭地置湄潭县。与清平、兴隆二卫凯里安抚司、杨义长官司并属平越府，隶贵州布政司"①。

川（含渝）黔交界线经此次大调整后，贵州与四川（含渝）接壤的二级政区不仅包括贵州布政使司所辖的铜仁府、思南府、石阡府、平越军民府、贵州宣慰司，还包括贵州都司所辖的赤水卫、普市千户所、永宁卫和毕节卫等。与调整前作比较，交界线东、西两段均无大的变化，但中段变化十分明显（见图 2—4）。

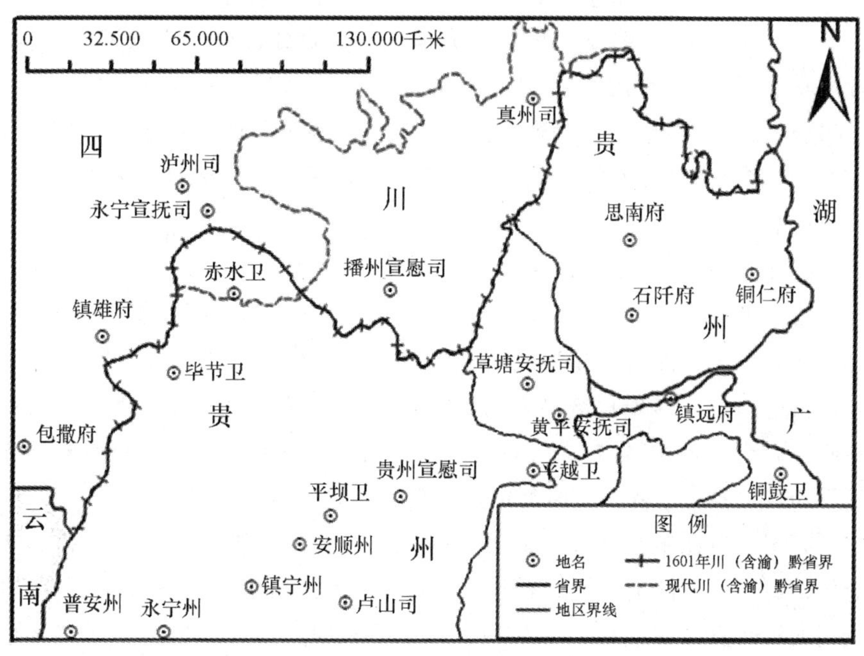

图 2—4　1601 年贵州与四川（含渝）交界线

（三）政区沿革(1413—1600)

万历二十九年（1601）川（含渝）黔交界线首次大调整后，贵州与

① 贵州省文史研究馆校勘：(民国)《贵州通志·前事志》(二)，贵州人民出版社 1987 年版，第 526 页。

四川（含渝）交界的二级政区不仅包括贵州布政使司所辖的铜仁府、思南府、石阡府、平越军民府、贵州宣慰司，还包括贵州都司所辖的赤水卫、普市千户所、永宁卫和毕节卫等。为对万历二十九年（1601）川（含渝）黔交界线的首次大调整有更深入的理解，兹将各政区沿革简述于下。

1. 铜仁府

始置于永乐十一年（1413），设治于铜仁长官司，领铜仁、省溪、提溪、大万山四长官司及鳌寨、苏葛捧坑朱砂场局、土崖黄坑水银朱砂局。铜仁府本不与四川接壤，但正统三年（1438）废乌罗府并将原属乌罗府的乌罗、平头著可二长官司改隶铜仁府后，铜仁府自此与四川接壤。万历二十六年（1598），改铜仁长官司为铜仁县。自此，铜仁府领铜仁一县，省溪、提溪、大万山、乌罗、平头著可五长官司。[①] 万历二十九年（1601）首次大调整川（含渝）黔交界线后，在铜仁府的辖地中，与四川（含渝）交界的有乌罗长官司和平头著可长官司。与调整前作比较，交界线变化不大。

2. 思南府

始置于永乐十一年（1413），设治于水德江，领务川一县，水德江、思印江、蛮夷、沿河祐溪四长官司及板场、木悠、岩前、任办四坑水银局。正统四年（1439）废乌罗府后，将原属乌罗府的郎溪长官司改隶思南府。弘治六年（1493），改思印江长官司为印江县。至此，思南府领务川、印江二县，水德江、沿河祐溪、蛮夷、郎溪四长官司。[②]

万历二十九年（1601）首次大调整川（含渝）黔交界线后，在思南府的辖地中，与四川交界的有务川县和沿河祐溪长官司。务川县西与时属四川的播州宣慰司接壤，北与四川彭水县毗邻，其地域范围，嘉靖《思南府志》有如是记载："东抵沿河司界四十里，又一百六十里至司；西至四川播州宣慰司界三百里，又二百里至播州；南至水德江司界七十里；北至四川彭水县界二百里，又二百里至彭水县。东西广二百四十里，南北袤二百七十里。自县治至府三百里。"沿河祐溪长官司东与四川酉阳宣抚司

① 参见贵州省地方志编纂委员会编《贵州省志·地理志》上册，贵州人民出版社1985年版，第47—48页。

② 同上书，第46—47页。

交界，辖水东图、卜龟坪图、甫南图，其地域范围，嘉靖《思南府志》有如是记载："东抵四川酉阳宣抚司界五十里，又八十里至司；西抵务川县界一百六十里，又四十里至县；南抵本府蛮夷司界九十里；北抵本府水德江司界一百里。东西广二百四十里，南北袤一百九十里。自本司至府二百六十里。"① 与调整前做比较，交界线变化不大。

3. 石阡府

始置于永乐十一年（1413），设治于石阡长官司，领石阡、苗民、龙泉坪、葛彰葛商四长官司。② 永乐十一年至万历二十九年（1413—1601），石阡府的辖地变化不大。

万历二十九年（1601）川（含渝）黔交界线首次大调整前，在石阡府的辖地中，与四川交界的有龙泉坪长官司、苗民长官司、葛彰葛商长官司。龙泉坪长官司西与时属四川播州的容山长官司接壤，西北与时属四川播州的真安长官司交界，西南与时属四川播州的余庆长官司毗邻；苗民长官司、葛彰葛商长官司西分别与时属四川播州的余庆长官司、白泥长官司毗邻。万历二十九年（1601）交界线首次大调整后，在石阡府的辖地中，就仅有龙泉坪长官司北部与四川遵义军民府的真安州交界了。

4. 平越军民府

万历二十九年（1601），以播州宣慰司所属乌江以南诸土司地置平越军民府，设治于平越卫城，领新置黄平州、湄潭县、余庆县、瓮安县及从清平卫、平越卫划拨而来的凯里安抚司和杨义长官司。③ 在平越军民府的辖地中，与四川（含渝）交界的有湄潭县和瓮安县，均与时隶四川的遵义县接壤。

湄潭县：原容山长官司，万历二十九年废，以湄潭三里七牌地设湄潭县。

瓮安县：洪武初置瓮水安抚司，洪武十七年（1384）置草塘安抚司，永乐四年（1406）置重安长官司。万历二十九年合三地为一县，名瓮安县。

---

① 参见田秋（嘉靖）《思南府志》，思南县志编纂委员会办公室：（嘉靖、道光、民国）《思南府、县志》（点校本），1991 年（内部发行），第 5—7 页。

② 参见贵州省地方志编纂委员会编《贵州省志 · 地理志》上册，贵州人民出版社 1985 年版，第 44—45 页。

③ 同上书，第 50—51 页。

5. 贵州宣慰司

正统三年（1438）八月，将贵州卫所属的程番、小程番、大龙番、小龙番、卧龙番、金石番、罗番、方番、洪番、韦番、卢番、上马桥、卢山十三长官司改隶贵州宣慰司。成化十二年（1476）七月，又将上述十三长官司拨隶新开的程番府。万历十四年（1586），废贵竹长官司改流，将其地并入新贵县。故万历二十九年（1601）前，贵州宣慰司领中曹、青山、底寨、劄佐、养龙坑、龙里、水东、乖西、百纳九长官司及水西四十八目、洪边十二马头。①

万历二十九年（1601）交界线首次大调整后，在贵州宣慰司的辖地中，与四川交界的有洪边十二马头、乖西蛮夷长官司、养龙坑长官司、雄所则溪、架勒则溪等。洪边十二马头、乖西蛮夷长官司、养龙坑长官司均与四川遵义军民府遵义县接壤，雄所则溪与四川遵义军民府仁怀县毗邻，架勒则溪与四川乌撒府交界。与调整前做比较，交界线变化不大。

6. 赤水等卫所

赤水卫、普市千户所、永宁卫、毕节卫自永乐十一年以来其辖地均无大的变化。万历二十九年（1601）交界线首次大调整后，赤水卫东与四川永宁宣抚司接壤、西与四川镇雄军民府交界，普市千户所、永宁卫、毕节卫分别与四川永宁宣抚司、泸州卫和镇雄府等地毗邻。与调整前作比较，交界线变化不大。

三　康雍年间川(含渝)黔交界线的再次大调整

（一）川(含渝)黔交界线的再次大调整

康雍年间，清政府对川（含渝）黔交界线做过两次大调整。

第一次大调整在康熙五年（1666）。该年九月十四日，将四川乌撒军民府改为威宁府并划隶贵州。

第二次大调整在雍正五至六年（1727—1728）。包括三个地段：一是雍正五年（1727），将四川乌蒙、镇雄府改隶云南②；二是雍正六年

① 参见贵州省地方志编纂委员会编《贵州省志·地理志》上册，贵州人民出版社1985年版，第36—37页。

② 郭声波、王开队：《由虚到实：唐宋以来川云贵交界区犬牙相入政区格局的形成》，《江汉论坛》2008年第1期。

(1728)，将四川遵义府及所辖的遵义县、绥阳县、桐梓县、仁怀县、正安州改隶贵州；三是雍正六年（1728），将贵州威宁府的永宁县改隶四川。“以四川遵义府并所辖遵义、正安、绥阳、桐梓、仁怀五州县隶贵州，改永宁县隶四川。”①

经此次大调整以后，川（含渝）黔交界线发生了极为明显的变化。主要表现在以下两个方面：一是原贵州西北部的毕节卫、架勒则溪等地域从此不再与四川接壤。二是原贵州北部的平越军民府也不再与四川交界(见图2—5)。

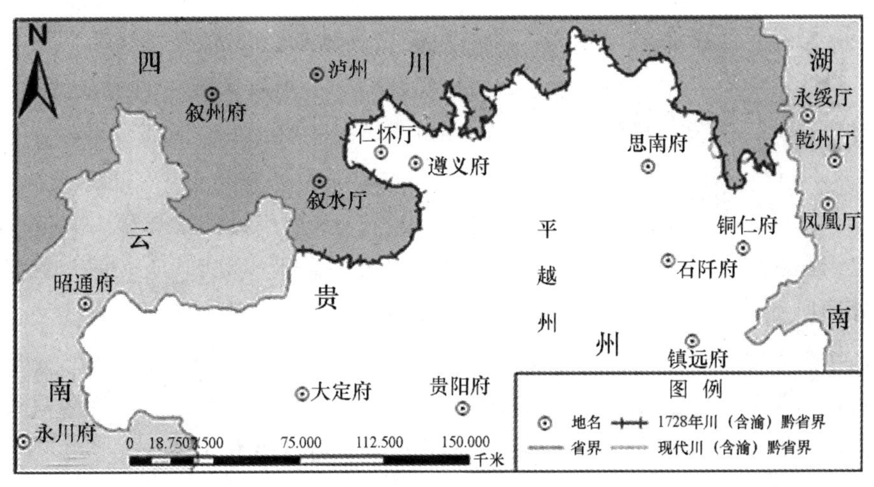

图2—5　1728年贵州与四川（含渝）交界线

资料来源：谭其骧主编：《中国历史地图集》第8册，中国地图出版社1987年版，第50—51页。

经此次大调整以后，贵州与四川（含渝）交界的二级政区（自西向东）就变为威宁府、遵义府、思南府、铜仁府。交界的具体地域包括威宁府的毕节县、黔西州，遵义府的仁怀县、桐梓县、正安州，思南府的务川县、沿河祐溪司，铜仁府的乌罗长官司、平头著可长官司。自此以后，川（含渝）黔交界线虽有一些细微调整，但都没有发生实质性的变化。

经此次大调整以后（包括贵州与湖南、贵州与广西的疆界调整），贵

① 贵州省文史研究馆校勘：(民国)《贵州通志·前事志》(三)，贵州人民出版社1988年版，第189页。

州疆域已达17万余平方公里，与贵州当前17.6万平方公里的国土面积基本相当，比明王朝时期的贵州增加了5.7万余平方公里，增加了约1/3。[①]同治十一年（1872），贵州地方官曾纪风就提到了这一显著变化："贵州自前明始置行省，疆域原不甚广。我朝康、雍间平水西，郡县之；新疆丞倅之；又割四川遵义以隶之；又割广西荔波、贞丰、罗斛、册亨等境以益之；又割湖南镇远卫入镇远县、偏桥入施秉县及平溪、清浪二卫改置青溪、玉屏二县以厚之。幅员式廓，居然一大都会矣。"[②]

（二）政区沿革(1601—1728)

康雍年间再次大调整川（含渝）黔交界线后，贵州与四川交界之二级政区变为威宁府、遵义府、思南府、铜仁府。为对康雍年间川（含渝）黔交界线的再次大调整有更深入的理解，兹将各政区沿革简述于下。

1. 铜仁府

万历二十九年至雍正六年（1601—1728），铜仁府的辖地都无大的变化，均领铜仁一县及省溪、提溪、乌罗、平头著可、大万山五长官司。但为了加强对当地土司的监控，雍正五年（1727），在平头著可、省溪二长官司添设流官吏目各一员，并加州同职衔。[③] 康雍年间再次调整川（含渝）黔交界线后，在铜仁府的辖地中，与四川（含渝）交界的有乌罗长官司和平头著可长官司。与调整前做比较，交界线变化不大。

2. 思南府

万历二十九年（1601），思南府领务川、印江二县及水德江、沿河祐溪、蛮夷、郎溪四长官司。万历三十三年（1605），改水德江长官司为安化县。雍正五年（1727），为了加强对当地土司的监控，在沿河祐溪、郎溪二长官司添设流官吏目各一员，并加州同职衔。[④]

康雍年间再次调整川（含渝）黔交界线后，在思南府的辖地中，与四川交界的有务川县和沿河祐溪长官司。务川县东南与四川酉阳州接壤，

① 《贵州通史》编委会：《清代的贵州》，当代中国出版社2002年版，第81页。

② 贵州省文史研究馆校勘：（民国）《贵州通志·前事志》（四），贵州人民出版社1991年版，第600页。

③ 参见贵州省地方志编纂委员会编《贵州省志·地理志》上册，贵州人民出版社1985年版，第47—48、73—74页。

④ 同上书，第46—47、75—76页。

东北与四川彭水县毗邻；其地域范围（道光）《思南府续志》作如是记载："正东五十里与安化县属渗水坪分界，正西七十里至细沙溪与龙泉县属分界，正南七十里与安化县属天半寺分界，正北九十里与正安州属老鹰关分界；东南一百三十里与四川酉阳州属洪渡分界，西南七十里与龙泉县属九杵关分界，东北一百二十里与四川彭水县属夏家漕分界，西北七十里与正安州属锡林分界。"① 沿河祐溪长官司与四川酉阳州交界，地域范围无从考。与调整前做比较，交界线有较大变化，主要是务川县西北自此不再与四川交界。

3. 遵义府

始置于万历二十九年（1601），设治于白田坝，领真安州、遵义县、桐梓县、绥阳县、仁怀县。康熙二十六年（1687），改遵义军民府为遵义府。雍正二年（1724），改真安州为正安州。

雍正六年（1728），遵义府改隶贵州后，其辖地中与四川交界的有正安州、桐梓县和仁怀县。正安州西北与四川南川县交界；桐梓县西北、北与四川綦江县接壤，东北与四川南川县毗邻；仁怀县东北、北、西北、西分别与四川桐梓县、江津县、合江县、叙永厅交界。

4. 威宁府

在水西和乌撒土府的基础上设置，沿革如下：

乌撒土府：元为乌撒乌蒙等处宣慰司。洪武十五年（1382），分置乌撒、乌蒙二府，隶云南。洪武十六年（1383），将乌撒府改隶四川。洪武十七年（1384），升乌撒府为乌撒军民府。康熙五年（1666），改四川乌撒土府为威宁府，拨隶贵州。②

水西：崇祯三年（1630），将于的、六慕二则溪改流，水西安氏尚领十一则溪。康熙四年（1665），吴三桂平定水西和乌撒后，将贵州宣慰司革除，以水西十一则溪地设立三府：平远府，治比喇，领胧胯、的都、朵你、阿架四则溪地；大定府，治大方，领法戈、火著、木胯、架勒四则溪地；黔西府，治水西城，领以著、则窝、雄所三则溪地。康熙二十二年（1683），立水西宣慰司、阿武长官司。康熙二十三年

① 夏修恕等：（道光）《思南府续志》，思南县志编纂委员会办公室：（嘉靖、道光、民国）《思南府、县志》（点校本），1991 年（内部发行），第 96 页。

② 参见贵州省地方志编纂委员会编《贵州省志・地理志》上册，贵州人民出版社 1985 年版，第 55—56、63 页。

(1684)，改平远、黔西二府为州，隶大定府。康熙二十六年（1687），降大定府为州，与平远、黔西二州同隶于威宁府；裁永宁卫及普市千户所，设永宁县，裁毕节、赤水二卫，设毕节县，皆隶威宁府。康熙四十年（1701），革除水西宣慰司、阿武长官司。雍正六年（1727），将永宁县改隶四川。[①]

康雍年间再次调整川（含渝）黔交界线后，威宁府辖地中，与四川交界的有毕节县、黔西州，毕节县北与永宁县毗邻，黔西州北与四川叙永厅交界。与调整前做比较，交界线变化十分明显。

四 1729—2000年川(含渝)黔交界线的局部调整

（一）政区沿革(1729—2000)

2000年，贵州与四川（含重庆）交界的县级行政区有11个，分别是：铜仁地区的松桃苗族自治县、沿河土家族自治县，遵义市的务川仡佬族苗族自治县、道真仡佬族苗族自治县、正安县、桐梓县、习水县、赤水市、仁怀市，毕节地区的金沙县、毕节市。雍正七年（1729）至2000年的271年时间里，上述各县级行政区划之建置沿革情况如下。

1. 松桃苗族自治县

松桃苗族自治县位于贵州省东北边缘，地处黔、湘、渝两省一市结合部，地处东经108°35′42″—109°23′30″、北纬27°49′40″—28°30′20″之间。东北与湖南省的凤凰、花垣两县相连，西与重庆市秀山土家族苗族自治县交界，南与铜仁市接壤。[②] 其建置沿革如下：

明永乐十一年（1413）置贵州布政使司时，松桃地虽属乌罗府管辖，但“尚系苗区，大都羁縻之，使无妄动而已”。康熙九年（1670），设营于坡东马颈、报国、正大、马脑、盘石，坡西太平、振武、地耶等地。康熙二十年（1681），设汛于坡东哑喇、坡西双凤等地。康熙四十二年（1703），设汛于新寨、麦地、长岭等地。康熙四十三年（1704），设正大营，以同知驻其地。雍正八年（1730），改正大营同知为松桃理苗同知，

① 参见贵州省地方志编纂委员会编《贵州省志·地理志》上册，贵州人民出版社1985年版，第36、63—65页。

② 《走进松桃·自然地理》，贵州松桃苗族自治县政府门户网站，http://www.songtao.gov.cn/。

治长冲。雍正十一年（1733），移松桃理苗同知治至蓼皋。嘉庆二年（1797），改松桃理苗同知为直隶军民厅，因“不足设厅”，割铜仁府乌罗、平头著可两长官司归松桃。嘉庆六年（1803），增设新疆一带碉堡。松桃疆域东接楚之凤凰，西接蜀之酉阳，南接青溪，北接蜀之秀山；东南接铜仁，西南接思州，东北接楚永绥，西北接秀山。东西相距130里，南北相距280里。辖康金、盘石、麦地、芭茅坪、构皮、岩坳、正大营、落塘、大坪茶、太平营、大塘、木树、振武、坝得、凉亭坳15汛，石岘卫和平头、乌罗、麻兔3司。其中，与四川交界的有太平营、大塘、振武、坝得4汛和平头、乌罗2司。[①] 民国二年（1913），改松桃直隶厅为松桃县。民国三年（1914），以正大营县丞辖地置正大营分县，治正大营；以48溪主簿辖地置48溪分县，治普脚。均属松桃县。民国十六年（1927），令48溪分县移治甘龙口，改为甘龙口分县。民国二十五年（1936）元月撤销正大营分县，五月撤销甘龙口分县，均并入松桃县。民国三十五年（1946），将四川省秀山县之九江乡划归松桃县管辖，而将松桃县迓驾乡所属的洪安（亦称贵州塘）划归四川省秀山县管辖。[②] 1956年，改松桃县为松桃苗族自治县，并将原属铜仁县的沙坝、王家普、天星云、中寨、牛郎、木寨、岩拉寨、婆洞、大兴9个乡及原属江口县的小坉乡改隶松桃县。[③] 2000年，松桃苗族自治县辖13个镇（蓼皋镇、盘石镇、盘信镇、大坪场镇、普觉镇、寨英镇、孟溪镇、乌罗镇、甘龙镇、长兴堡镇、迓驾镇、大兴镇、牛郎镇）、15个乡（九江乡、世昌乡、正大乡、长坪乡、太平营乡、平头乡、大路乡、妙隘乡、冷水溪乡、石梁乡、瓦溪乡、永安乡、木树乡、黄板乡、沙坝河乡）。

2. 沿河土家族自治县

沿河土家族自治县位于贵州省东北边陲，东经108°3′49″—108°37′53″、北纬28°14′45″—29°5′19″之间。东与重庆市酉阳土家族苗族自治县、

---

① （清）徐鋐主修，萧琯纂修，龙云清校注：《松桃厅志》（校注本），贵州民族出版社2006年版，第75—89页。

② 《内政部公函：关于勘划川黔省界经呈奉国府令准备案函请查照办理见复由》（中华民国三十五年三月二十日），《黔川两省关于省界问题的调整等报告》（1942—1949年），贵州省档案馆M8—1—3032。该档案材料中，有拟将松桃县迓驾乡划归秀山县管辖的记载，但详查松桃县政区沿革，迓驾乡并未划拨。

③ 参见贵州省地方志编纂委员会编《贵州省志·地理志》上册，贵州人民出版社1985年版，第104—105、138页。

秀山土家族苗族自治县交界，北与重庆市彭水苗族土家族自治县毗邻，西连务川仡佬族苗族自治县，西南邻德江县，东南与松桃苗族自治县、印江土家族苗族自治县接壤。其建置沿革如下：

雍正七年（1729），裁沿河祐溪、郎溪二长官司流官吏目各一员。乾隆十七年（1752），甫南图拨隶四川酉阳州，沿河祐溪只辖水东图和卜龟图。道光二十一年（1841），废沿河祐溪正副长官司。咸丰五年（1855）思南府移治沿河城东岸泗王庙。同治九年（1870），置沿河弹压委员，管辖原沿河祐溪司地域。宣统元年（1909），改弹压委员为分治委员。民国三年（1914），废分治委员置沿河县（此前沿河县地域一直隶属思南府。该年1月，思南府被撤销[1]），并从思南县拨入罗纹图4个甲、新地图7个甲，从德江县拨入水村图5个甲、德江图3个甲、大堡图8个甲，从松桃县拨入卜居洞、佘塘、磬口坝、梨芝水、大盖头等地。民国三十年（1941），撤销后坪县，将其东南的6个联保（今塘坝、客田）划入沿河县。民国三十一年（1942），在调整全省县与县之间瓯脱插花地域过程中，从德江县拨入旧香坝、五谷溪、大坨坝、柏杨坨、三角岩、渡塘、石登头、上龙塘、下龙塘等地，从沿河县拨出泉口寺、银甲溪、马腊溪、芳龙园、官村、岩头坝、沙坡、毛岭、毛家坝、枫香溪、枫香铺、杨家坪、徐家岩、黎家祠、客店、冷家山等地。民国三十五年（1946），将沿河县之六道界划归酉阳县管辖，而将酉阳县之黑獭堡北端划归沿河县管辖。[2] 至此，沿河县东西宽165里，南北长425里。正东米溪抵四川酉阳县李溪界，正北龙桥头毗彭水县界，东南苦竹坝左抵印江县界、右抵酉阳县界，东北黑獭堡邻酉阳县界。1986年10月7日，经国务院批准，改沿河县为沿河土家族自治县。[3] 2005年，沿河土家族自治县辖和平、黑水、黑獭、沙子、中界、晓景、谯家、淇滩、甘溪、夹石、官舟、板场、土地坳、泉坝、中寨、思渠、黄

---

① 马震崑等：（民国）《思南县志稿》，思南县志编纂委员会办公室：（嘉靖、道光、民国）《思南府、县志》（点校本），1991年（内部发行），第507页。

② 《内政部公函：关于勘划川黔省界经呈奉国府令准备案函请查照办理见复由》（中华民国三十五年三月二十日），《黔川两省关于省界问题的调整等报告》（1942—1949年），贵州省档案馆 M8—1—3032。

③ 参见沿河土家族自治县志编纂委员会《沿河土家族自治县志》，贵州人民出版社1993年版，第11—63页。

土、客田、新景、洪渡、塘坝、后坪 22 个乡镇。①

3. 务川仡佬族苗族自治县

务川仡佬族苗族自治县位于贵州省东北边陲，东经 107°30′—108°13′、北纬 28°11′—29°05′之间。北与重庆市彭水苗族土家族自治县交界，东北与沿河土家族自治县接壤，东、东南与德江县相连，南与凤冈县交界，西、西南与正安县毗邻，西北与道真仡佬族苗族自治县接壤。其建置沿革情况如下：

务川原名婺川。光绪十年（1884），因婺川东北一带距离太远、鞭长莫及、政令难施、治安难保，婺川知县张济辉请求另设后坪弹压，故割婺川县洪渡、客田、后坪、茅天与德江县边地置后坪弹压委员，其辖地东至洪渡乌江西岸、南至乐居老鸦溪河、西至车南流深沟、北至右江坪长齐坝，幅员 776.66 平方公里，人口 43713 人，有 24 个场镇。民国二年（1913），以后坪弹压委员辖地置后坪县。民国三至二十七年（1914—1938），婺川县与省内周边各县互拨大量插花地（见表 2—4）。民国三十年（1941），撤销后坪县，将其辖地并入婺川、沿河两县，其中，并入婺川县的有茅天、涅水、分水、蕉坝、鹿池、青团圆、后朝门、石江坪、天山 9 个联保。民国三十一年（1942），婺川县辖 22 乡镇（都濡镇、大路乡、牛塘乡、丰乐乡、新田乡、黄都乡、丝棉乡、当阳乡、涪洋乡、镇江乡、青岩乡、砚山乡、分水乡、涅水乡、鹿池乡、茅天乡、蕉坝乡、红丝乡、金竹乡、大坪乡、柏村乡、镇南乡）。1956 年，将婺川县丝棉乡第六七两村拨归正安县，将道真县铁窑乡拨归婺川县。1957 年，将德江县新田场、上场口及红旗坝第四、五、六、七行政组划归婺川县，将婺川县新田乡第二村的风门垭、郭家划归德江县。1959 年 1 月 31 日，将婺川县更名为务川县。1987 年 11 月 26 日，经国务院批准，撤销务川县，成立务川仡佬族苗族自治县。1992 年“撤、并、建”后，务川仡佬族苗族自治县辖 10 个镇（都濡镇、丰乐镇、黄都镇、涪洋镇、镇南镇、砚山镇、涅水镇、茅天镇、柏村镇、大坪镇）、5 个乡（泥高乡、分水乡、蕉坝乡、红丝乡、石朝乡）。②

---

① 参见沿河土家族自治县民族宗教事务局编《沿河土家族自治县民族志》，贵州民族出版社 2007 年版，第 38—40 页。

② 参见贵州省务川仡佬族苗族自治县志编纂委员会编《务川仡佬族苗族自治县志》，贵州人民出版社 2001 年版，第 62—79 页。

表2—4　　1914—1938年婺川县与周边各县互拨插花地情况

时间	拨入插花地	拨出插花地
民国初年	王家湾、沙田坝（由绥阳县拨入）	无拨出
民国三年（1914）	堕坪、木梁坪、磨石宅、罗洞村、沙堡、菊槽溪、洋溪、水竹园等地（由思南县拨入）	青杠坡、杨家坳等地（拨归思南县）
民国四年（1915）	长滩、打鼓坡、沙窝等地（由正安县拨入）	石桥、水麻溪、旦坪、陈家厂等地（拨归正安县）
民国四年（1915）	燕子岩、菖蒲溪、黄泥溪、高洞、何家寨、沈家坝、余家坝、粗石溪等地（由石阡县拨入）	无拨出
民国四年（1915）	黄都坝、白岩脚、杨家场、牟家大坪、构棉坝等地（由湄潭县拨入）	暮朝林（拨归湄潭县）
民国四年（1915）	龙桥、黄草坪、焦岩、红丝塘、乾河坝、肖家盖、鲁牙溪、官基头、柏村、后坝、李家岩、中寨、肖家湾、下台、方水井、太阳枧等地（由德江县拨入）	圈坪、乌坪、龙溪垭、羊塘场、彭家寨（拨归德江县）
民国六年（1917）	无拨入	九条溪、鹿井溪、盛坝、黄家堡、汪家坝、冷水盖、大林山、杨家湾、雨坛堡（拨归德江县）
民国六年（1917）	细沙溪、放牛坡、纸焙口、土崩、石格佬、石坝、杉木溪、郎家沟（由凤泉县拨入）	王家林、桅杆脚、龙背台（拨归凤泉县）
民国七年（1918）	冯家嘴、水珍珠、瓦厂坝、磨子岩、鹦嘴岩、椿颠寺等地（由正安县拨入）	上观音、梁岩、潘家沟、插柳台等地（拨归正安县）
民国二十七年（1938）	无拨入	堕坪（拨归德江县）

资料来源：贵州省务川仡佬族苗族自治县志编纂委员会编：《务川仡佬族苗族自治县志》，贵州人民出版社2001年版，第66—67页。

4. 道真仡佬族苗族自治县

道真仡佬族苗族自治县位于贵州省北部，东经107°21′—107°51′、北纬28°36′—29°13′之间。由东而南与务川仡佬族苗族自治县接壤，由南而西与正安县毗邻，由西而北而东分别与重庆市南川区、武隆县、彭水苗族土家族自治县交界。

道真仡佬族苗族自治县原为正安县辖地，原隶四川，雍正六年(1728)，随遵义府改隶贵州。由于县境广阔，交通梗阻，治理不便，民国二十年（1931），正安县提出在土溪场一带另设一县分治，并拟具《筹划县治进行办法》。民国二十一年（1932）九月，经国民政府行政院核定，定名道真县，以纪念汉代学者尹道真，但因政局变化而未实施。民国二十七年（1938），根据《省市县勘界条例》和《县行政区域整理办法大纲》，贵州省政府成立了整顿各县行政区域委员会，关于道真县设治区域的划拨主张照原核定计划办理。民国三十年（1941）七月一日，划拨原正安县东北3区、15联保、133堡、1382甲之地，即六七两区全部、五区的4个联保、二区刘家湾联保大部、三江、桐梓垭两联保各一部建道真县，设治于土溪场。道真与正安县界，自铁溪起，沿溪而东至三江，经螺丝塘顺芙蓉江而下，达石板渡上端，折东入板香沟，以河、沟中心线为界；侧经石桥直上岩门槽，沿岩门槽岭东北行，抵婺川界的老鹰关止，以山脉分水岭为界。道真县成立后，对其行政区域进行了重新划分，设3区19联保，第一区辖张茅村、隆兴场、石桥、蟠溪、旧城、桃子垭6个联保，治旧城；第二区辖水石脚、丁氏坝、三岔水、羊赶溪、文庙、铁窑6个联保，治丁氏坝；第三区辖三会场、复兴场、大磏坝等4联保，治大磏坝；土溪、大路槽、梅江3联保由县政府直辖。民国三十一年（1942）九月，实行新县制，将全县改划为1镇(土溪镇)、11乡（大路乡、浣溪乡、云峰乡、大坪乡、大磏乡、新宝乡、桃源乡、忠信乡、洛龙乡、凌霄乡、永锡乡)。1956年7月15日，以猫鼻梁、马脑箐、大面山为界，将道真县的铁窑乡划归婺川县。1958年12月29日，将道真县并入正安县。1961年8月18日，恢复道真县建置及原行政区域。1987年11月29日，撤销道真县，成立道真仡佬族苗族自治县。① 道真仡佬族苗族自治县现辖10个镇（玉溪镇、三江镇、隆兴镇、旧城镇、忠信镇、洛龙镇、阳溪镇、三桥镇、大磏镇、平模镇)、3个乡（棕坪乡、桃源乡、河口乡)、1个民族乡（上坝土家族乡)。

5. 正安县

正安县位于贵州省北部，东经107°4′—107°41′、北纬28°9′—28°51′

---

① 参见贵州省道真仡佬族苗族自治县志编纂委员会编《道真仡佬族苗族自治县志》，贵州人民出版社1992年版，第53—62页。

之间。东抵务川仡佬族苗族自治县，东南接凤冈县，南邻湄潭县，西南界绥阳县，西北毗桐梓县，北与重庆市南川区交界，东北和道真仡佬族苗族自治县接壤。其建置沿革情况如下：

至元二十九年（1290），置珍州思宁等处长官司。至正二十三年（1363）改为真州思宁等处长官司。洪武十七年（1384），改为真州长官司，隶播州宣慰司。万历二十九年（1601），改为真安州，属遵义军民府，隶四川布政使司。辖思宁里（简称思里）、德溪里（简称德里）、三江里（简称江里）、小溪里（简称小里）。东至老鹰关交思南府务川县界200里，南至长磏交绥阳县界100里，西至蟠龙河交桐梓县界100里，北至米粮垭交四川省南川县界115里；东南至黑溪沟交石阡、龙泉、湄潭、务川界145里，西南至草果山交绥阳县界85里，东北至白村坝交思南府务川县界200里、又至笋子盖交四川酉阳州彭水县界300里，西北至罗巴寨交桐梓县界90里、又至郭村坝交四川省涪州界250里。雍正二年（1724），改真安州为正安州。雍正六年（1728），随遵义府改隶贵州布政使司。光绪三十一年（1905），将婺川县所属旦坪、石桥、大坪等插花地拨入正安州，改四里为东、南、西、北、中五区。民国三年（1914），改正安州为正安县，将5个区改置为9个区。民国四年（1915），将绥阳县旺里十甲所属简家坪、官渡水一带插花地拨归正安县。民国三十年（1941），划正安县东北部六七两区及第二五区之一部设道真县。自此，正安县仅北部区域与四川交界。该年实行新县制后，正安县设2个区、2个镇、20个乡（见表2—5）。1954年7月，将正安县十区新模乡第9村10组划归婺川县第二区珍珠乡，将婺川县第二区高洞乡的一个组划归正安县第五区河渡乡、第10组划归正安县第五区三元乡。1956年5月，将婺川县插入正安县境内的中朝乡及两县共管的中观场划归正安县。1958年12月，将道真县并入正安县后，正安县东北部又与四川接壤。1961年8月，恢复道真县建置后，正安县仅北部区域与四川交界。[①] 2000年，正安县辖11个镇（凤仪镇、瑞溪镇、和溪镇、安场镇、土坪镇、流渡镇、格林镇、新州镇、庙塘镇、小雅镇、中观镇）、6个乡（碧峰乡、乐俭乡、俭平乡、杨兴乡、桴焉乡、班竹乡）、2个民族乡（谢坝仡佬族苗族乡、

① 参见贵州省正安县地方志编纂委员会编《正安县志》，贵州人民出版社1999年版，第51—60页。

市坪苗族仡佬族乡)。

表 2—5　　民国三十年（1941）正安县行政区划概览

区署	所辖乡镇
直辖镇	凤仪镇、安场镇、瑞溪乡、和溪乡、格林乡、俭平乡、乐俭乡、新州乡、瑞濠乡、杨兴乡
庙塘区	教良乡、小雅乡、梨垭乡、端恭乡、碧峰乡
市坪区	辅平乡、谢坝乡、市坪乡、流渡乡、和平乡、宴溪乡、新模乡

资料来源：贵州省正安县地方志编纂委员会编：《正安县志》，贵州人民出版社 1999 年版，第 55—56 页。

6. 桐梓县

桐梓县位于贵州省北部，东经 106°26′—107°17′、北纬 27°57′—28°54′之间。东邻正安县、绥阳县，南接遵义县、仁怀市，西界习水县，西北抵重庆市綦江县，北与重庆市万盛区、南川区毗邻。其建置沿革情况如下：

桐梓县始置于万历二十九年（1601），隶四川，领 7 里：东流里、蒿芝里、葫芦里、大溪里、夜郎里、娄化里、溱溪里。康熙二年（1663），将葫芦里、大溪里合并为芦溪里，将东流里、蒿芝里合并为东芝里。雍正六年（1728），随遵义府改隶贵州。光绪三十四年（1908），改里为区，共设 7 个区：第一区区署设县城、第二区区署设响水田，后迁高桥、第三区区署设花秋坝、第四区区署设新站、第五区区署设松坎、第六区区署设兴隆场、第七区区署设狮溪口。民国三十年（1941），撤销 7 区，设 1 直辖镇、3 区署、7 镇、23 乡（见表 2—6）。民国三十七年（1948），将羊磴区的居仁乡（今綦江赶水陈家坝一带）划隶四川綦江县。1950 年，划全县为 11 个区。1955 年 4 月，分全县为 10 区（鞍山区、元田区、高桥区、官仓区、花桥区、新站区、松坎区、羊磴区、兴隆区、狮溪区)、两镇（城关镇、松坎镇)。1955 年 1 月 21 日，经国务院批准，将兴隆区所属的 17 个乡（民权、中朝、桃子、农林、景星、茶园、坪坝、上坝、箐林、板辽、大坝、庙坝、王家坝、营寨、青山、天桥、兴文）划归四川省新建立的重庆市南桐矿区（今万盛区)。1992 年“撤、并、建”后，桐梓县辖 16 镇（娄山关镇、楚米镇、新站镇、松坎镇、水坝塘镇、狮溪镇、官仓镇、高桥镇、花秋镇、羊磴镇、燎原镇、九坝镇、大河镇、夜郎镇、木瓜镇、坡渡镇）、7乡（茅石乡、风水乡、容光乡、小水乡、天坪乡、黄连乡、芭蕉乡）、1民族乡（马鬃苗族乡）。[①]

表2—6　　民国三十年（1941）桐梓县行政区划一览

区署	所辖乡镇
直辖镇	武胜镇、西成（黑神）乡、官渡乡、红园乡、栗子乡、楚米乡、上台乡
高桥区署	官仓镇、花秋镇、周市乡、龙台乡、风水乡、云霓乡
松坎区署	松坎镇、新站镇、夜郎乡、新场乡、石场乡、水坝乡、天坪乡、黄连乡
羊磴区署	兴隆镇、天桥乡、桃子乡、居仁乡、回龙乡、羊磴乡、狮溪镇、复兴乡、芭蕉乡

资料来源：贵州省桐梓县地方志编纂委员会编：《桐梓县志》，方志出版社1997年版，第49—50页。

7. 习水县

习水县位于贵州省北部，东邻桐梓县，南与仁怀市及四川省古蔺县毗邻，西北与赤水市接壤，北与四川省合江县、重庆市江津区、綦江县交界。其建置沿革情况如下：

习水原名鳛水，原为仁怀县地，隶四川，雍正六年（1728），随遵义府改隶贵州。道光二十年（1840），移遵义府经历驻温水，称“温水府经”（《贵州省志·地理志》记为乾隆二十年[②]）。民国三年（1914），建立温水分县，治温水，隶仁怀县，辖小溪、丁山、吼滩、赤水4里。民国四年（1915），撤销温水分县，成立鳛水县（因赤水河中段古称鳛部水）。民国五年（1916），正式划定鳛水县行政区域，将原属仁怀县的丁山、小溪、赤水、吼滩等里及赤水县插入仁怀县的东皇殿地段一并划归鳛水县，设6个区：第一区治官渡塘、第二区治长沙嘴、第三区治东皇殿、第四区治良村场、第五区治温水场、第六区治放牛坪。民国二十四（1935），鳛水、桐梓两县调整插花地，将鳛水县第三区尧村联保所属的李村坝及放牛坪联保所属的九盆水划归桐梓县管辖，而将桐梓县第四区夜郎联保所属的

① 参见贵州省桐梓县地方志编纂委员会编《桐梓县志》，方志出版社1997年版，第48—59页。

② 参见贵州省地方志编纂委员会编《贵州省志·地理志》上册，贵州人民出版社1985年版，第69页。

棕山坪、陈家坝划归鳛水县管辖。民国三十年（1941），实行“新县制”，鳛水县辖3个区署、4个镇、18个乡、1个特别乡（见表2—7）。民国三十五年（1946），将綦江县石壕乡插入鳛水县境内的飞地划归鳛水县管辖，将鳛水县大坡乡插入綦江县境内的飞地划归綦江县管辖。1959年1月13日，鳛水县被更名为习水县。1965年11月4日，将习水县长沙、官渡两个区所属的17个公社划归赤水县，而将赤水县土城、醒民、隆兴3个区所属的19个公社（《赤水县志》记为23个公社，当以《赤水县志》为准。详见后文）及土城镇和仁怀县桑木、回龙、永安3个区所属的18个公社划归习水县。1979年11月16日，经国务院批准，将四川省綦江县丁山公社綦习大队划归习水县条台公社，而将习水县条台公社东风大队划归四川省綦江县丁山公社。[①] 1992年“撤、并、建”后，习水县辖14个镇（东皇镇、土城镇、同民镇、醒民镇、隆兴镇、习酒镇、回龙镇、桑木镇、永安镇、良村镇、温水镇、仙源镇、官店镇、寨坝镇）、9个乡（民化乡、二郎乡、二里乡、三岔河乡、大坡乡、双龙乡、桃林乡、坭坝乡、程寨乡）。

表2—7　　**民国三十年（1941）习水县行政区划概览**

区署	所辖乡镇
直辖区署	长沙镇、回龙乡、缠溪乡、官渡镇、五里乡、石堡乡
东皇区署	东皇镇、太平乡、程寨乡、良村乡、吼滩乡、狮子乡
温水区署	温水镇、典礼乡、双龙乡、仙源乡、官店乡、桃林乡、大坡乡、寨坝乡、条台乡、坭坝乡
特别乡	长嵌乡（直属县）

资料来源：贵州省习水县地方志编纂委员会编：《习水县志》，贵州人民出版社1995年版，第55页。

8. 赤水市

赤水市位于贵州省西北部，东经105°36′—106°15′、北纬28°16′—28°46′之间。东与习水县相连，南邻四川省古蔺县，西与四川省叙永县、

① 参见贵州省习水县地方志编纂委员会编《习水县志》，贵州人民出版社1995年版，第53—60页。

合江县交界，北与四川省合江县接壤，东南与习水县毗邻，西北与合江县一衣带水。其建置沿革情况如下：

赤水市原为仁怀县地，隶四川，雍正六年（1728），随遵义府改隶贵州。雍正八年（1730），于留元坝置仁怀厅（亦称遵义分府），将遵义府粮捕通判移驻此地，经理赤水河粮道事宜。乾隆三年（1738），割仁怀县河西、仁怀、土城三里属仁怀厅。乾隆二十七年（1762），设遵义府照磨一员与通判同驻。乾隆四十一年（1776），升仁怀厅为直隶厅。光绪三十四年（1908），改仁怀直隶厅为赤水厅。民国三年（1914），改赤水厅为赤水县。[①] 民国五年（1916），将赤水县插入鳛水县的东皇殿、图书坝、太平场一带及九条岭、平滩毗邻鳛水县地带拨归鳛水县。民国三十一年（1942），分全县为两镇（中城镇、磁新镇）、20 乡（文华乡、天台乡、复兴乡、丙安乡、鼎义乡、大同乡、华平乡、宝源乡、猿猴乡、大群乡、旺隆乡、古葫乡、云集乡、儒维乡、民化乡、文农乡、同民乡、隆兴乡、马临乡、醒民乡）。1956 年，将隆兴区硐弯乡划归仁怀县回龙区罗家乡。1965 年 11 月 4 日，将赤水县土城、醒民、隆兴三个区共 23 个公社（土城区 10 个，分别是：黄金、儒维、小坝、和平、文农、新隆、长坝、三元、民化、龙宝；醒民区 5 个，分别是：醒民、同民、龙马、联合、新合；隆兴区 8 个，分别是：隆兴、陶罐、岩寨、桃竹、马临、临江、柑甜、龙凤）及土城镇划归习水县，而将习水县长沙、官渡两个区所属的 17 个公社（长沙区 8 个，分别是：长沙、长期、石笋、石场、箭滩、联合、回龙、平滩。官渡区 9 个，分别是：官渡、和平、渔湾、胜利、五里、石堡、新华、长嵌、新民）划归赤水县。1966 年 8 月 24 日，将赤水县官渡区所属长嵌、新民两公社划入习水县。1973 年，将习水县长嵌公社所属长嵌大队划入赤水县。[②] 1990 年 12 月，撤销赤水县，建立赤水市。1992 年“撤、并、建”后，赤水市辖 3 街道（市中街道、文华街道、金华街道）、9 个镇（天台镇、复兴镇、大同镇、旺隆镇、葫市镇、元厚镇、官渡镇、长期镇、长沙镇）、5 个乡（丙安乡、两河口乡、宝源乡、石堡

---

① 参见贵州省赤水县志编纂委员会编《赤水县志》，贵州人民出版社 1990 年版，第 62 页；贵州省地方志编纂委员会编《贵州省志 · 地理志》上册，贵州人民出版社 1985 年版，第 68—69、104 页。

② 参见贵州省赤水县志编纂委员会编《赤水县志》，贵州人民出版社 1990 年版，第 64—66 页。

乡、白云乡)。

9. 仁怀市

仁怀市位于贵州省西北部，东经105°59′49″—106°35′50″、北纬27°33′30″—28°10′19″之间。东与遵义县接壤，南与金沙县相连，西与四川省古蔺县交界，北与习水县毗邻，东南与遵义县、金沙县交界，西南与金沙县、四川省古蔺县交界，西北与四川古蔺县、桐梓县、习水县交界。其建置沿革情况如下：

仁怀县始置于大观三年（1109），治复兴场，宣和三年（1121）废。万历二十九年（1601）复置，移治留元坝，隶四川。万历四十年（1612），辖仁怀、郎城、丁溪、赤水、安罗、李博6里。崇祯时，增加河西、吼滩2里，分丁溪为丁山、小溪2里，分郎城为土城、二郎2里，共10里。雍正六年（1728），随遵义府改隶贵州。雍正八年（1730），分仁怀县地置仁怀厅，并将仁怀县治从留元坝迁李博里生界，雍正十三年（1735），又迁县治于安乐里亭子坝。乾隆三年（1738），割仁怀县河西、仁怀、土城3里属仁怀厅，仁怀县辖7里：小溪、丁山、吼滩、赤水、二郎、安罗、李博。乾隆二十年（1755），划仁怀县温水地方归遵义府经历管辖。光绪三十一年（1905），将仁怀县李博里7处插花地（杨家咀、桑树坝、梨树坡、石关子、橡皮树、韩家营、石坑坝）划归遵义县沙溪里。光绪三十三年（1907），将仁怀县石坑河至九条岭插花地拨归仁怀厅，将仁怀厅岔角滩至风益石插花地拨归仁怀县。民国三年（1914），以温水府经历驻地置温水分县，属仁怀县。民国四年（1915）七月，划遵义县大溪里七、八、十甲地归仁怀县；九月改温水分县为鳛水县，与仁怀县分治，将丁山、小溪、赤水、吼滩4里划归鳛水县管辖。至此，仁怀县辖二郎、安罗、李博3里和从遵义县拨入的3个甲。民国三十八年（1949），仁怀县辖3区、25乡镇（见表2—8）。1956年1月9日，将仁怀县治从中枢镇迁往茅台镇；8月15日，划赤水县隆兴区硐弯乡归仁怀县回龙区罗家乡。1965年11月4日，将仁怀县桑木、回龙、永安3个区所属的18公社划归习水县。1971年，复将仁怀县治迁回中枢镇。[①] 1995年11月30日，撤销仁怀县，建立仁怀市。仁怀市现辖1个街道办事处（中枢街

① 参见贵州省仁怀县地方志编纂委员会编《仁怀县志》，贵州人民出版社1991年版，第15页。

道办事处）、12 个镇（茅台镇、坛厂镇、长岗镇、鲁班镇、五马镇、茅坝镇、九仓镇、喜头镇、大坝镇、三合镇、合马镇、二合镇）、6 个乡（龙井乡、后山苗族布依族乡、学孔乡、高大坪乡、火石岗乡、沙滩乡）。

表 2—8　　1949 年仁怀县行政区划概览

区	所辖乡镇
直辖乡镇	中枢镇、茅台镇、长岗乡、坛厂乡、水塘乡、喜头乡
茅坝区	鲁班乡、冠英乡、五马乡、黎民乡、九仓乡、小湾乡
大坝区	坪坝乡、学孔乡、火石乡、三合乡、二合乡、合马乡
桑木区	马桑乡、桑木乡、二郎乡、周家乡、回龙乡、永安乡、兴隆乡

资料来源：贵州省习水县地方志编纂委员会编：《习水县志》，贵州人民出版社 1995 年版，第 55 页。

10. 金沙县

金沙县位于贵州省西北部，东经 105°47′—106°44′、北纬 27°07′—27°46′之间。东、东北均与遵义县接壤，东南分别与息烽县、修文县毗邻，南接黔西县，西与西南均界大方县，西北分别与毕节市和四川省古蔺县交界，北与仁怀市毗邻。其建置沿革情况如下：

金沙县原主要为黔西县辖地。康熙四年（1665），以以著、则窝、雄所三则溪地置黔西府。康熙二十三年（1684），改黔西府为黔西州。乾隆元年（1736），将四川叙永厅所属的赤水河以南的岩上、岩下地区拨归黔西州管辖，编为平定里。民国三年（1914），改黔西州为黔西县。民国七年（1918），因黔西县北部打鼓新场一带地区距县城太远，不便治理，当地人士建议另设一县。民国二十一年（1932），设县方案被国民政府核准，然因贵州政局发生变化，未能实施。民国二十七年（1938），根据《省市县勘界条例》和《县行政区域整理办法大纲》，贵州省政府成立了整顿各县行政区域委员会，关于金沙设县问题主张维持原案。民国二十九年（1940）十月一日，成立了金沙县设治筹备处。民国三十年（1941）七月一日，金沙县政府正式成立，设治于打鼓新场。辖原黔西县六、七、八、九区（面积 2138.3 平方公里），原大定县第九区之安洛、大田、新化、三岔、白果、干田、楠木等地（面积 291 平方公里），原遵义县第七区之岩孔、永安、新鼓、里茅等地（面积 95 平方公里）。金沙县设置以后，黔西县便不再与四川接壤。民国三十四年（1945），全县划分为两镇（新场镇、安底镇）16乡（岩孔乡、平坝乡、安洛乡、柳塘乡、禹谟乡、石场乡、太平乡、清池乡、茶园乡、化觉乡、长坝乡、沙土乡、石水乡、官田乡、木孔乡、回龙乡）。[①] 1992年“撤、并、建”后，金沙县辖7个镇（城关镇、沙土镇、安底镇、禹谟镇、岩孔镇、清池镇、岚头镇）、12个乡（源村乡、官田乡、后山乡、长坝乡、木孔乡、茶园乡、化觉乡、高坪乡、平坝乡、西洛乡、龙坝乡、桂花乡）、7个民族乡（石场苗族彝族乡、太平彝族苗族乡、箐门苗族彝族仡佬族乡、马路彝族苗族乡、安洛苗族彝族满族乡、新化苗族彝族满族乡、大田彝族苗族布依族乡）。

11. 毕节市

毕节市位于贵州省西北部，云、贵、川三省交界处。地处东经104°51′—105°52′、北纬27°4′—27°47′之间。东北与金沙县接壤，东、东南与大方县相邻，南与纳雍县相连，西南与赫章县毗邻，西、西北与云南省镇雄县交界，北与四川省叙永县和古蔺县隔赤水河相望。[②] 其建置沿革情况如下：

洪武十七年（1384）置毕节卫。洪武二十一年（1388）置赤水卫、层台卫。洪武二十七年（1394），废层台卫，将其北部划归赤水卫、东南部划归毕节卫。康熙二十六年（1687），裁毕节、赤水二卫，设毕节县，隶威宁府。雍正七年（1729），毕节县隶大定府。割毕节县在赤水河以北的大康里归四川永宁县，而将四川永宁县在赤水河以南的八夷屯改隶毕节县。光绪五年（1897），毕节县辖五里：东里、南里、西里、北里、长乐里。民国三十年（1941），析毕节县北面一角（清池）与金沙县。1949年，分全县为1个镇（毕阳镇）、16个乡（朱昌乡、田坝乡、长春乡、高溪乡、七星乡、青松乡、官屯乡、对坡乡、八寨乡、新张乡、吉阳乡、燕岩乡、林口乡、清水乡、普宜乡、龙场营乡）。[③] 1994年，撤销毕节县，建立毕节市。2000年，毕节市辖6个街道（市西街道、市东街道、三板

---

① 参见贵州省金沙县地方志编纂委员会编《金沙县志》，方志出版社1997年版，第126—136页；贵州省地方志编纂委员会编《贵州省志·地理志》上册，贵州人民出版社1985年版，第102页。

② 参见贵州省毕节地区地方志编纂委员会编《毕节地区志·地理志》，贵州人民出版社2004年版，第36页。

③ 参见贵州省毕节县地方志编纂委员会编《毕节县志》，贵州人民出版社1996年版，第69—80页。

桥街道、流仓桥街道、大新桥街道、观音桥街道）、27个镇（鸭池镇、梨树镇、岔河镇、朱昌镇、田坝镇、长春堡镇、撒拉溪镇、杨家湾镇、放珠镇、青场镇、水箐镇、何官屯镇、对坡镇、大银镇、林口镇、生机镇、清水铺镇、亮岩镇、燕子口镇、八寨镇、田坝桥镇、海子街镇、小坝镇、层台镇、小吉场镇、普宜镇、龙场营镇）、2个乡（野角乡、大河乡）、6个民族乡（千溪彝族苗族白族乡、阴底彝族苗族白族乡、团结彝族苗族乡、阿市苗族彝族乡、大屯彝族乡、田坎彝族乡）。

（二）川（含渝）黔交界线的局部调整

从以上政区沿革可以看出，雍正七年至2000年，尽管川（含渝）黔交界线没有发生实质性的变化，但局部调整几乎没有间断。具体而言，主要有以下7次：

雍正七年（1729）为第一次。该年将毕节县位于赤水河以北的大康里划归四川永宁县，而将四川永宁县位于赤水河以南的八夷屯改隶毕节县。

乾隆元年（1736）为第二次。该年将四川叙永厅所属的赤水河以南的岩上、岩下地区拨归黔西州管辖，编为平定里。

乾隆十七年（1752）为第三次。该年将沿河祐溪甫南图拨隶四川酉阳州。

民国三十五年（1946）为第四次。该年将四川省秀山县之九江乡划归松桃县管辖，而将松桃县迓驾乡所属的洪安（亦称贵州塘）划归四川省秀山县管辖；将沿河县之六道界划归酉阳县管辖，而将酉阳县之黑獭堡北端划归沿河县管辖；将綦江县石壕乡插入鳛水县境内的飞地划归鳛水县管辖，而将鳛水县大坡乡插入綦江县境内的飞地划归綦江县管辖。

民国三十七年（1948年）为第五次。该年将桐梓县羊磴区的居仁乡（今綦江赶水陈家坝一带）划隶四川綦江县。

1955年为第六次。该年1月21日，经国务院批准，将桐梓县兴隆区所属的17个乡（民权、中朝、桃子、农林、景星、茶园、坪坝、上坝、箐林、板辽、大坝、庙坝、王家坝、营寨、青山、天桥、兴文）划归四川省新建立的重庆市南桐矿区（今万盛区）。

1979年为第七次。该年11月16日，经国务院批准，将四川省綦江县丁山公社綦习大队划归习水县条台公社，而将习水县条台公社东风大队划归四川省綦江县丁山公社。

（三）川(含渝)黔交界线的正式形成

可以看出，自1979年以来，川（含渝）黔交界线再无变化，但不能就此认为川（含渝）黔交界线自此正式形成。因为1997年重庆市直辖以后，原川黔交界线被分割成两段：一段为贵州与四川交界，一段为贵州与重庆交界。因此，1997年才是当前川（含渝）黔交界线正式形成的标志。

20世纪末，根据《国务院关于开展勘定省、县两级行政区域界线工作有关问题的通知》《国务院办公厅关于抓紧做好勘界工作维护边界地区稳定的通知》等文件精神，贵州省、四川省和重庆市人民政府联合进行了全面的边界勘定工作。根据这次边界勘定，贵州省与四川省交界线全长495公里①，贵州省与重庆市交界线全长1031.88公里。② 故川（含渝）黔交界线全长1526.88公里（见图2—6）。

在整个川（含渝）黔交界区域，当前共设有22个县级行政区划，其中贵州11个、四川3个、重庆8个（见表2—9）。

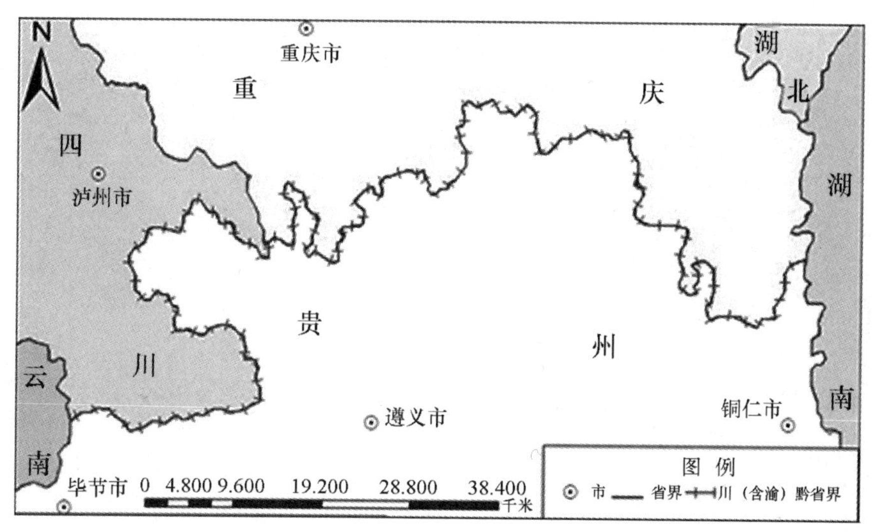

图2—6　当前贵州与四川、重庆交界线

① 《四川省人民政府与贵州省人民政府联合勘定的行政区域界线协议书》（1999年6月）。

② 《重庆市人民政府和贵州省人民政府联合勘定的行政区域界线协议书》（1999年12月）。

表2—9　　川（含渝）黔交界区域县级行政区划概览

	县（区、市、自治县）名
贵州省	毕节市、金沙县、仁怀市、习水县、赤水市、桐梓县、正安县、道真仡佬族苗族自治县、务川仡佬族苗族自治县、沿河土家族自治县、松桃苗族自治县
四川省	叙永县、古蔺县、合江县
重庆市	江津市、綦江县、万盛区、南川市、武隆县、彭水苗族土家族自治县、酉阳土家族苗族自治县、秀山土家族苗族自治县

第三章　明清以来川(含渝)黔交界地区插花地基本情况

川（含渝）黔交界线自形成之日起，川（含渝）黔交界地区就存在着极为严重的插花地问题。明万历二十九年（1601）、清康雍年间的两次大规模疆界调整，虽然解决了原有的一些插花地问题，但一些新的插花地问题又因此而产生。明清以来虽然多次进行过清理拨正，但很不彻底。故时至今日，川（含渝）黔交界地区的插花地问题仍然十分严重。

一　明清时期川(含渝)黔交界地区插花地基本情况

(一) 1413—1600 年川(含渝)黔交界地区插花地基本情况

1. 由三块插花地组成的贵州省——兼论“谭图”明代贵州地图

永乐十一年（1413），贵州布政使司的建立，虽然标志着贵州自此独立为省，西南三省——云、贵、川的政区格局初步形成，但此时的贵州省实际上被辰沅普安大道和都匀卫分割成三块互不相连的地域（见图3—1）。

第一块地域由贵州宣慰司、安顺州、镇宁州、永宁州及隶于贵州都司的平越卫、龙里卫、新添卫、赤水卫、永宁卫、毕节卫、普安卫、普定卫、安南卫、安庄卫、平坝卫、威清卫等构成。包括今贵阳市、六盘水市、安顺市、毕节地区中东部及黔西南布依族苗族自治州、黔南州苗族侗族自治州的部分地域。

第二块地域由思南府、石阡府、思州府、铜仁府、乌罗府及镇远府位于辰沅普安大道以北地域构成。包括今铜仁地区全部，遵义市东部的务川、凤冈，黔东南苗族侗族自治州北部黄平、施秉、镇远等位于古辰沅普安大道以北地域。

第三块地域由新化府、黎平府、镇远府位于辰沅普安大道以南地域及隶于贵州都司的兴隆卫、黄平千户所等构成。包括今黔东南苗族侗族自治州东部的锦屏、黎平、从江等，黔东南苗族侗族自治州北部黄平、施秉、镇远等位于古辰沅普安大道以南地域。

第一块地域与第二块地域被直插贵州腹地的四川播州宣慰司分隔。第一块地域与第三块地域被隶属于四川都司的都匀卫分隔，而且今黔东南苗族侗族自治州西部地区的台江、剑河、雷山、丹寨、榕江等地为“苗疆腹地”，明王朝并未实际控制（据有关史料记载，该地区位于“黎平府以东，都匀府以西，镇远府以南”，“皆生苗地，广袤二三千里，户口十余万，不隶版图”[①]。清雍正年间大规模改土归流并创建“苗疆六厅”[②] 后，始将该区域纳入政府版籍）。尽管都匀卫改隶贵州都司的时间，学术界尚

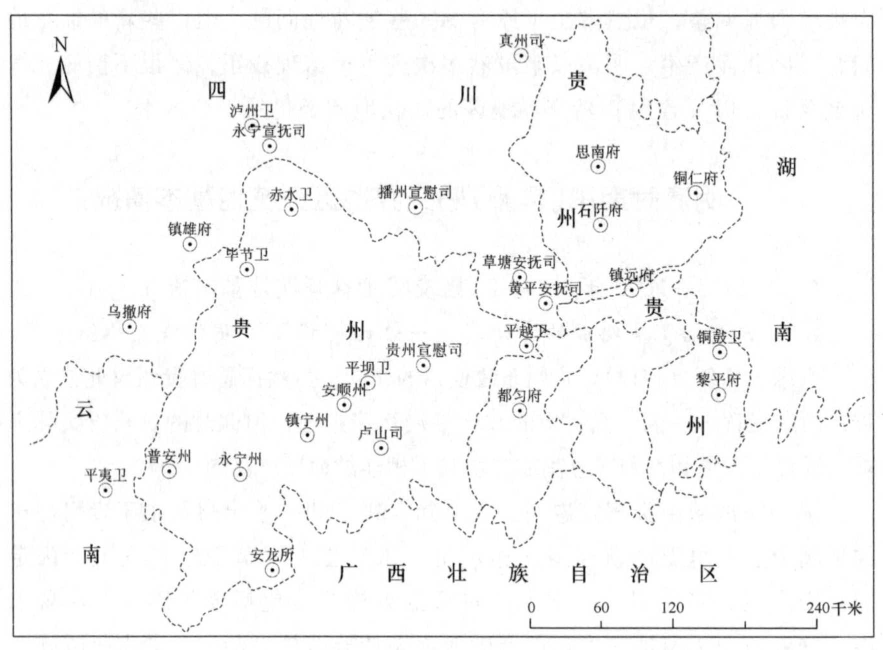

图 3—1　1413 年贵州政区图

① “生苗”是相对于“熟苗”而言的。从“生苗不籍有司，且无土司管辖”之记载可以看出，“生苗”指的是开化程度较低、尚未归顺政府的苗族等少数民族。参见贵州省文史研究馆校勘（民国）《贵州通志·前事志》（三），贵州人民出版社 1988 年版，第 196 页。

② “苗疆六厅”指的是古州、台拱、清江、都江、丹江、八寨。参见贵州省文史研究馆校勘（民国）《贵州通志·前事志》（四），贵州人民出版社 1991 年版，第 602 页。

有争议（后文再叙），但并不影响此处的基本结论。因为第一与第三块地域即使不被都匀卫分隔，也被“苗疆腹地”分隔。第二块地域与第三块地域被隶属于湖广都司并自东向西处于辰沅普安大道上的平溪卫、清浪卫、镇远卫、偏桥卫分隔。

上述政区分隔格局，在历史文献中也有不少反映。万历二十八年(1600)，在平定播州杨应龙叛乱后，川、湖、贵三省总督李化龙在上奏《播州善后事宜十二事》中就明确指出：播州“地邻三省”①。这里的“三省”显然指的是四川、贵州和湖广，《明实录·神宗万历实录》对此有更为完整的注解，即播州“所辖地界楚、蜀、黔三省间，延袤千里，田畴丰美”②。播州“地邻”四川和贵州很容易理解，可如何与湖广“地邻”呢？在《播州善后事宜十二事》中，李化龙紧接着做了如是说明：“然楚止偏桥路通一线”③。这里的“偏桥”显然指的是偏桥卫。结合偏桥、镇远、清浪、平溪四卫隶属于湖广都司的客观事实，播州“地界楚、蜀、黔三省间”就很容易理解了。若非如此，作为川、湖、贵三省总督，李化龙就犯了一个很大的错误。

明王朝为何要如此设置贵州的行政区划呢？是为了贯彻“犬牙交错”原则。一方面要利用新建的贵州省“扼西南之吭”，另一方面又不愿意让新建的贵州省过于强大而难以收拾。嘉靖二十六年（1547），巡按贵州御史萧端蒙在其奏言中就作了非常明确的说明：“贵州在国初，本三省远地也。至永乐十二年，始置都、部、按三司，以扼西南之吭。军民衙门，大抵皆分属三省，以示犬牙相制之意。”④

“犬牙交错”原则虽然可以避免地方割据势力的产生，但不利于地方经济社会的发展，极易产生管理冲突。“彼有可制之势而无其权，此有可制之权而无其势”⑤，播州杨应龙叛乱从很大程度上讲就是在这样的情况

---

① 贵州省文史研究馆校勘：（民国）《贵州通志·前事志》（二），贵州人民出版社 1987 年版，第 513 页。

② 《明实录·神宗万历实录》卷 354，贵州民族研究所编：《明实录·贵州资料辑录》，贵州人民出版社 1983 年版，第 1011 页。

③ 贵州省文史研究馆校勘：（民国）《贵州通志·前事志》（二），贵州人民出版社 1987 年版，第 513 页。

④ 同上书，第 298 页。

⑤ 贵州省文史研究馆校勘：（民国）《贵州通志·前事志》（四），贵州人民出版社 1991 年版，第 779 页。

下发生的（详见第六章）。正因为如此，在平定播州杨应龙叛乱后，川、湖、贵三省总督李化龙便主张“割播地以附黔”，并请“以楚之四卫，并割附之”①（早于成化二十三年，镇远知府周瑛就奏请将隶属于湖广的平溪、清浪、偏桥、镇远四卫改隶贵州，但由于违背了朝廷犬牙交错的统治思想，故未被采纳）。李化龙的这些主张均被明王朝采纳，万历二十九年（1601）三月，将播州分割为遵义、平越二军民府，遵义军民府隶四川，而平越军民府隶贵州；五月，又将镇远、偏桥、平溪、清浪四卫改隶贵州。② 平越军民府隶贵州，在一定程度上解决了贵州北部东西分离的问题；镇远、偏桥、平溪、清浪四卫改隶贵州，解决了贵州东部南北分离的问题。但十分遗憾的是，万历三十一年（1603）五月，镇远、偏桥、平溪、清浪四卫又还隶湖广③，贵州东部南北又被分离开来。直到清康雍年间，贵州东西南北分离的问题才得到完全解决。

由于没有注意到以上情况，谭其骧先生主编的《中国历史地图集》第7册所编绘的明代贵州地图就明显有误，最突出的表现就是将上述三块互不相连的地域连接了起来（见图3—2）。虽然“谭图”明代贵州地图反映的是明万历十年（1582）的贵州行政区划情况，与永乐十一年（1413）相距169年，但在这段时期内，除废除新化、乌罗二府④，新开程番（贵阳）、都匀二府⑤，并改一些土司为州、县⑥外，贵州的行政区

---

① 贵州省文史研究馆校勘：（民国）《贵州通志·前事志》（二），贵州人民出版社1987年版，第513页。

② 参见贵州省文史研究馆校勘（民国）《贵州通志·前事志》（二），贵州人民出版社1987年版，第526—527页。

③ 同上书，第534页。

④ 宣德九年（1434），新化府因地狭民稀被废，所辖湖耳、亮寨、欧阳、新化、中林验洞、龙里六蛮夷长官司及赤溪湳洞长官司全部并入黎平府。宣德五年（1430），乌罗府属答意、治古二长官司举兵反抗，招抚不从，于正统三年（1438）被革除，乌罗府也因“惟存三司，不足以立府”而被废，其所辖乌罗、平头著可二长官司改隶铜仁府、郎溪蛮夷长官司改隶思南府。

⑤ 成化十二年（1476），以原属贵州宣慰司的程番长官司地置程番府，并将所辖的程番、小程番、大龙番、小龙番、卧龙番、金石番、罗番、方番、洪番、韦番、卢番、上马桥、卢山十三长官司及金筑安抚司，木瓜、麻响、大华三长官司改隶程番府，隆庆三年（1569），将程番府更名为贵阳府。弘治七年（1494），开设都匀府，与都匀卫同城，领麻哈州、独山州、清平县及都匀、邦水、平浪、平洲六洞四长官司。

⑥ 正统六年（1441），因黎平府福禄永从土官李瑛绝嗣，改福禄永从长官司为永从县；正统九年（1444），改镇远府属施秉长官司为施秉县；弘治七年（1494），分别改都匀府属麻哈长官司、九名九姓独山州长官司、清平长官司及思南府属思印江长官司为麻哈州、独山州、清平县和印江县；弘治十一年（1498），将镇远府属镇远溪洞金容金达长官司改为镇远县。

划设置没有发生太多的变化，至万历二十八年（1600）平定播州杨应龙叛乱以前，川黔交界线也没有发生太大的变化。故将上述三块地域连接起来是明显错误的。

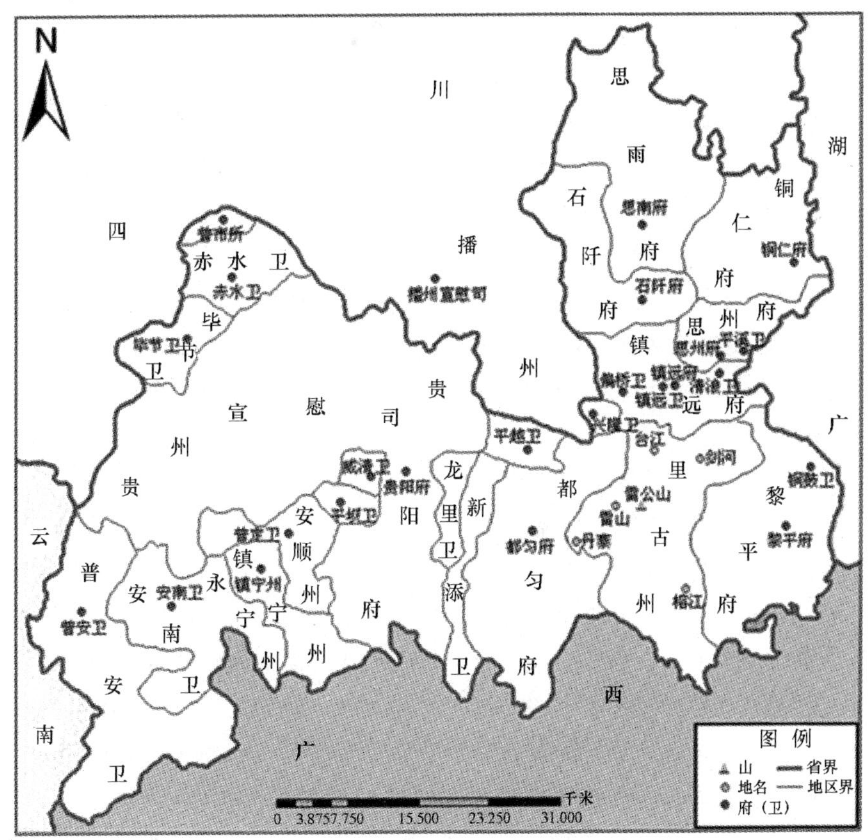

图 3—2　《中国历史地图集》中的明代贵州地图①

除此以外，“谭图”明代贵州地图还将以雷公山为中心包括台江、剑河、雷山、丹寨、榕江等地在内的广大地域命名为“里古州”并画入地图，这也是不妥的。因为这片地域世为“苗疆腹地”，素称“生苗地”、

① 谭其骧主编：《中国历史地图集》第7册，中国地图出版社1982年版，第80—81页。

“化外之地”或“生界”① 等，由于统治力量之不足，清雍正以前历代中央王朝都没有在这一区域建立有效统治。且据侯绍庄等的研究，“古州”有“里古州”与“外古州”之别，“里古州”即今榕江县城左近一带，而“外古州”即今黎平、从江、锦屏等县全部或一部。② 因此，将以雷公山为中心包括台江、剑河、雷山、丹寨、榕江等地在内的广大地域命名为“里古州”并画入明代贵州地图，也明显欠妥。

需要说明的是，由于文献中没有关于镇远、偏桥、平溪、清浪四卫辖地范围的记载，故四川之播州与湖广之偏桥“路通一线”只能是个大概，盼学界同仁作更深入的研究。

2. 典型个案：播州宣慰司、都匀卫、永宁卫

贵州布政使司初设时，不仅贵州省是由三大块插花地组成的，在川（含渝）黔交界地区，插花地现象也十分普遍。试以播州宣慰司、都匀卫和永宁卫为例，说明贵州布政使司初设时川（含渝）黔交界地区插花地问题的严重性。

(1) 播州宣慰司

洪武五年（1372），元播州宣慰使杨铿、同知罗琛、播州总管何婴、蛮夷总管郑瑚等归顺明王朝，“贡方物，纳元所授印符等，仍置播州宣慰使司”③。洪武七年（1374），置黄平安抚司；洪武十一年（1378），改黄平安抚司为黄平千户所。洪武十七年（1384），置草塘安抚司、余庆长官司、白泥长官司、瓮水长官司，改真州为真州长官司。永乐九年（1411），置重安长官司。④ 因此，永乐十一年（1413）贵州布政使司初设时，播州宣慰司领一安抚司（草塘安抚司）、五长官司（余庆长官司、白泥长官司、瓮水长官司、真州长官司、重安长官司）。其辖地相当于今贵州遵义、桐梓、正安、道真、绥阳、仁怀、习水、赤水及湄潭、余庆、瓮

① “生界”这一名称是从唐代沿袭下来的专门政治术语，指的是不仅朝廷不能直接管理，而且还没有土司代管的未开辟地段。参见罗康智、王继红编著《明史·贵州地理志考释》，贵州人民出版社2008年版，第6页。

② 参见侯绍庄《古州考》，《贵州文史丛刊》1983年第3期；廖耀南：《古州考略》，《贵州民族研究》1980年第3期。

③ 《明实录·太祖洪武实录》卷15，贵州民族研究所编：《明实录·贵州资料辑录》，贵州人民出版社1983年版，第5页。

④ 参见贵州省地方志编纂委员会编《贵州省志·地理志》上册，贵州人民出版社1985年版，第49页。

安、黄平等地。

显而易见，播州宣慰司是贵州布政使司初设时川（含渝）黔交界地区最大的一块插花地，其东南部已伸入今贵州黔东南苗族侗族自治州与黔南布依族苗族自治州部分地区。“北面的四川省如同一柄锋利的尖刀，向南一直插入贵州省的腹地，把遵义、瓮安、余庆等地据为己有。”① 至成化时期，其领地范围更扩展至今贵州黔东南苗族侗族自治州的凯里市。成化十三年（1477），“设四川安宁宣抚司并怀远、宣化二长官司，以二司隶安宁，属播州宣慰使司管辖”②；嘉靖元年（1522），改安宁宣抚司为凯里安抚司。

关于播州宣慰司与贵州布政使司交界地区的插花地情况，由于史料不足，我们虽然无法完全复原其全貌，但从一些零星史料中，我们亦可窥见其非同一般。

万历二十八年（1600），在平定播州杨应龙叛乱后，川、湖、贵三省总督李化龙在上奏《播州善后事宜十二事》中即言：播州“西南左逼水西，右接永宁，虽犬牙相搀，未能奇一，然画野分疆，亦自有相沿界址。惟是夷性互为雄长，强则侵凌，弱则减削，甚至有一地而甲乙互临，一人而齐楚兼事”③。《明实录·神宗万历实录》也有如是记载：“水西向侵播州，水烟、天旺及它瓯脱颇众。”④

（2）都匀卫

元置都云定云安抚司。洪武十三年（1380），“四川都云定云土酋夭金总等来归，上其故元所授安抚符印及山川形势之图”⑤，隶四川布政使司。洪武十六年（1383），更置都云、邦水、平浪、平洲六洞、九名九姓独山州、合江洲陈蒙烂土六长官司，均隶都云定云安抚司。洪武十九年（1386），改都云定云安抚司为都云安抚司，仍隶四川布政使司。洪武二

---

① 李晓杰：《体国经野——历代行政区划》，长春出版社2004年版，第171页。

② 《明实录·宪宗成化实录》卷162，贵州民族研究所编：《明实录·贵州资料辑录》，贵州人民出版社1983年版，第489页。

③ 贵州省文史研究馆校勘：（民国）《贵州通志·前事志》（二），贵州人民出版社1987年版，第518—519页。

④ 《明实录·神宗万历实录》卷358，贵州民族研究所编：《明实录·贵州资料辑录》，贵州人民出版社1983年版，第1018页。

⑤ 《明实录·太祖洪武实录》卷130，贵州民族研究所编：《明实录·贵州资料辑录》，贵州人民出版社1983年版，第19页。

十三年（1390），都云“所属苗蛮屡叛，都督何福讨平之，请置卫屯守”，[①] 遂改都云安抚司为都匀卫（因“云之为物，变化不一，改作匀字，取均匀为义”），并增置丰宁长官司。因此，至永乐十一年（1413），贵州布政使司初设时，都匀卫共领长官司七（都云、邦水、平浪、平洲六洞、九名九姓独山州、合江洲陈蒙烂土、丰宁），“仍隶四川布政司”[②]。其辖地范围大致相当于今贵州黔南布依族苗族自治州的都匀、平塘、三都、独山等地。

显而易见，贵州布政使司初设时，都匀卫是四川飞入贵州与广西之间的一块飞地。因其北部的平越卫、西部的新添卫均隶属于贵州都司，东部是“苗疆腹地”，南部是广西布政使司，被平越卫、新添卫、“苗疆腹地”和广西布政使司完全包围了起来，没有一线与隶属于四川布政使司的播州宣慰司相连。尽管播州宣慰司的辖地范围曾一度延伸至今黔东南苗族侗族自治州的凯里市，但也没有打通其与都匀卫的连接。直至永乐十七年（1419），明王朝将都匀卫改隶贵州都司后[③]，这一插花格局才得以最终解决。

（3）永宁卫

永宁即今四川叙永县，位于云、贵、川三省交界处。东与四川古蔺县相连，南与贵州毕节市交界，西与四川兴文县接壤，北与四川纳溪区毗邻；东北与四川合江县、贵州赤水县交界，东南与四川古蔺县毗邻，西南与云南镇雄县、威信县接壤，西北与四川兴文县相连。

永宁河的两大支流东门河、南门河在叙永县城交汇后向北注入长江。今叙永县城被永宁河分割为东城、西城两个部分。由于永宁河是历史上川盐入黔的四大口岸之一，被称为“永岸”，地处永宁河畔的叙永双城便具

① 《明实录·太祖洪武实录》卷205，贵州民族研究所编：《明实录·贵州资料辑录》，贵州人民出版社1983年版，第75页。

② 贵州省文史研究馆校勘：（民国）《贵州通志·前事志》（二），贵州人民出版社1987年版，第50页。

③ 关于都匀卫改隶贵州都司的时间，郭红、靳润成认为是洪武二十三年，而（民国）《贵州通志·前事志》《贵州省志·地理志》均认为是永乐十七年。本书采信后者。参见郭红、靳润成《中国行政区划通史·明代卷》，复旦大学出版社2007年版，第516—517页；贵州省文史研究馆校勘（民国）《贵州通志·前事志》（二），贵州人民出版社1987年版，第87页；贵州省地方志编纂委员会编《贵州省志·地理志》上册，贵州人民出版社1985年版，第52页。

有十分重要的地位，是川盐、滇铜和黔铅转运的重要码头与商贸集镇。[①]

洪武四年（1371），永宁土司归附，为扼控川滇驿道，明王朝于其地置永宁卫，隶成都都卫。[②] 洪武十五年（1382）改隶贵州都司，领五千户所。

洪武七年（1374），置永宁长官司，隶四川行省。洪武八年（1375），升永宁长官司为永宁宣抚司，领九姓长官司。[③]

可以看出，永宁一地不仅设置了卫而且建立了宣抚司。卫隶贵州，司隶四川。在同一地方既置卫又建司的做法在明代历史上并不少见，可卫与司分隶于不同行政区域的现象却不多见。由于卫、司分隶贵州、四川两省，便形成贵州布政使司初设时川（含渝）黔交界地区典型的又一插花地个案。永宁卫地在四川而归贵州都司管辖，永宁宣抚司属四川布政使司而辖及今贵州毕节、金沙北部。[④] 更为重要的是，永宁卫与永宁宣抚司同驻一城，并有“卫城”与“司城”之分，为后来“川贵同治”与“川贵分治”问题的产生埋下了祸根。[⑤]

康熙二十六年（1687），虽然将永宁卫及普市千户所合并为永宁县，但仍然隶属于贵州威宁府。直到雍正五年（1727），将永宁县改隶四川后，这一插花地问题才得以最终解决。

（二）1601—1726年川（含渝）黔交界地区插花地基本情况

1601—1726年，川（含渝）黔交界地区的插花地情况较为复杂，不仅因为在这段时期跨明清两个朝代，而且因为在这段时期内川（含渝）黔交界线先后做过两次大规模调整：一次是万历二十九年（1601），明王朝在平定播州杨应龙叛乱后，不仅将播州一分为二，而且将平越军民府拨

---

① 覃影：《边缘地带的“双城记”——清代叙永厅治的双城形态研究》，《西南民族大学学报》（人文社会科学版）2009年第11期。

② 《贵州省志·地理志》作“四川都司”，有误。因洪武八年（1375年）始改成都都卫为四川都司。参见郭红、靳润成《中国行政区划通史·明代卷》，复旦大学出版社2007年版，第416—417页。

③ 郭红、靳润成：《中国行政区划通史·明代卷》，复旦大学出版社2007年版，第118—119页。

④ 贵州省地方志编纂委员会编：《贵州省志·地理志》上册，贵州人民出版社1985年版，第52页。

⑤ 覃影：《边缘地带的“双城记”——清代叙永厅治的双城形态研究》，《西南民族大学学报》（人文社会科学版）2009年第11期。

隶贵州;一次是康熙五年(1666),将原隶四川的乌撒军民府改为威宁府并划隶贵州。下文将这一时期分成1601—1665年、1666—1726年两个阶段加以分析。

1. 1601—1665年的基本情况

万历二十九(1601),在平定播州杨应龙叛乱后,明政府将播州一分为二:关内的遵义军民府领遵义、桐梓、绥阳、仁怀四县和真安一州,关外的平越军民府领余庆、瓮安、湄潭三县和黄平一州("关内"、"关外"实际上以乌江为界,乌江以北为"关内",乌江以南为"关外")。这一提法除《明实录·神宗万历实录》有较为明确的记载外,郭子章《题设府州县疏》还有补充记载。《明实录·神宗万历实录》原文为:"命分播地为二郡,以关为界,关内属川,关外属黔,属川者曰遵义,属黔者曰平越。"郭子章《题设府州县疏》原文为:"至论建置大概,臣意自沙溪以至白泥,当以乌江为界,设一府于白泥坝。"① 遵义军民府隶四川布政使司,平越军民府隶贵州布政使司。这是永乐十一年(1413)贵州布政使司建立以来,川(含渝)黔交界线的第一次大调整。在此次大调整后,川(含渝)黔交界线中段发生了极为明显的变化,但东西两段并没有发生实质性的变化。调整后的川(含渝)黔交界线一直到康熙四年(1665)都没有发生大的变化。因此,这里着重讨论中段地区的插花地问题。关于东段地区的插花地情况民国时期有更为详细的资料记载(后文再叙),西段地区的情况前面已做了相应介绍,并且在后面的有关内容中还将做必要的分析。

平越军民府划隶贵州,较好地解决了贵州布政使司建立以来川(含渝)黔交界地区部分插花地问题,这主要表现在以下两个方面:

第一,将贵州东西两块地域连接了起来。如前所述,贵州布政使司初建时,贵州省之行政区域实际上由三块互不相连的地域构成,深插贵州腹地的四川播州宣慰司将贵州分割成东西两个部分。平越军民府划隶贵州后,贵州东西两块地域便被连接了起来。

第二,原播州宣慰司深插贵州腹地的问题得到了缓解。如前所述,贵

---

① 详见《明实录·神宗万历实录》卷358,贵州民族研究所编:《明实录·贵州资料辑录》,贵州人民出版社1983年版,第1017—1018页;贵州省文史研究馆校勘(民国)《贵州通志·前事志》(二),贵州人民出版社1987年版,第524—525页。

州布政使司初建时，四川播州宣慰司就像一柄锋利的尖刀直插贵州腹地，其领地范围曾一度延伸至今黔东南苗族侗族自治州的凯里市。平越军民府划隶贵州后，川（含渝）黔交界线就北退到了乌江一线，原播州宣慰司深插贵州腹地的问题得到了很大程度的缓解，原交界地区的一些插花地问题也得到了解决。

平越军民府划隶贵州后，原播州宣慰司深插贵州腹地的问题虽然得到了很大程度的缓解，但并未得到完全解决，因遵义军民府仍然南插至今贵州中部地区。

由于史料不足，我们虽然无法得知四川遵义军民府与贵州交界区域插花地的具体情况，但从相关文献记载中，也可窥见其普遍程度。雍正三年（1725）春三月癸丑，雍正皇帝即诏贵州划清地界，他在谕各省督抚时即言："从来两省交壤之地，其界址多有不清，云、贵、川、广等处为尤甚。间有一省之内，各州县地界亦有不清者。"① 该文献虽然反映的是雍正时期的情况，但由于雍正三年（1725）以前，川（含渝）黔交界线中段尚未有实质性的变化，故借此说明四川遵义军民府与贵州交界区域的插花地情况，是完全可行的。

2. 1666—1726 年的基本情况

康熙五年（1666），清政府将原隶四川的乌撒军民府改为威宁府并划隶贵州后，川（含渝）黔交界线西部发生了极为明显的变化，界线向西延伸至今贵州威宁彝族回族自治县与云南鲁甸县交界处。交界线西部虽然发生了极为明显的变化，但至今贵州赫章与云南镇雄交界以东，交界线均无大的变化。该状况一直持续到雍正四年（1726）。因此，这里侧重讨论乌撒区域的插花地问题。

康熙五年（1666），威宁府的辖地范围大致相当于今贵州威宁彝族回族自治县和赫章县。此前，该区域一直隶属于乌撒府，与乌蒙府②、芒部府③的关系十分密切。

元为乌撒乌蒙等处宣慰司。洪武十五年（1382），分置乌撒、乌蒙、

---

① 贵州省文史研究馆校勘：（民国）《贵州通志·前事志》（三），贵州人民出版社 1988 年版，第 178 页。

② 雍正五年（1727）改为昭通府。

③ 嘉靖五年（1526）改称镇雄军民府，万历三十六年（1609）改称镇雄府，雍正六年（1728）降府为州，隶昭通府。

芒部三府，隶云南布政使司。洪武十六年（1383），因乌撒、乌蒙、芒部“地近四川”，遂将乌撒府等改隶四川布政使司，“以云南所属乌撒、乌蒙、芒部三府隶四川布政使司”[①]。洪武十七年（1384），改乌撒、乌蒙、芒部为军民府。

关于乌撒军民府是否改隶贵州的问题，早在万历年间明政府就曾讨论过。

乌撒、乌蒙、芒部等地都地处乌蒙山区，不仅是一个较为完整的自然地理单元，也是一个较为完整的人文地理与历史地理单元。因为早在唐代，今彝族先民乌蛮等族人民就生活居住于此。[②]《明实录·太祖洪武实录》便有如此之记载：“东川、芒部诸夷，种类虽异，而其始皆出于啰啰，厥后子孙蕃衍，各立疆场，乃异其名曰东川、乌撒、乌蒙、芒部、禄肇、水西，无事则互起争端，有事则相为救援。”[③] 不仅如此，乌撒还是“滇蜀之咽喉”，“素称夷方重地”，具有十分重要的战略意义。为确保乌撒入蜀旧路的畅通及监控当地土司，明政府先后在该地区设置了永宁卫、乌撒卫、毕节卫、赤水卫和普市千户所等，这些卫所均隶属贵州都司。显而易见，在乌撒地域，明政府实行的是军政分管的犬牙相制政策，卫所属黔，“府则属蜀”[④]。如此之军政分管格局，实不利于统一军政步调。“蜀中有遥制之名而无其实，黔中有可制之势而无其权。”鉴于如此之不利格局，万历四十五年（1617），巡抚贵州御史杨鹤便奏请将乌撒军民府改隶贵州，并指出了改隶贵州的若干好处：“黔中之地便于控制，一便也。黔中之官有毕节道、有府厅、有迤西守备、有卫、有所，弹压不患无人，二便也。黔中驿递自任调停，三便也。钱粮马馆责之安效良，不敢不如期办纳，四便也。禁仇杀则仇杀便可禁，禁盗贼则盗贼可禁，军屯免于涂炭，

① 《明实录·太祖洪武实录》卷151，贵州民族研究所编：《明实录·贵州资料辑录》，贵州人民出版社1983年版，第37—38页。

② 王开队：《13—18世纪云贵川交界地区政区设置变化趋势研究》，《中国历史地理论丛》2009年第1期。

③ 《明实录·太祖洪武实录》卷192，贵州民族研究所编：《明实录·贵州资料辑录》，贵州人民出版社1983年版，第58页。

④ 《明实录·神宗万历实录》卷557，贵州民族研究所编：《明实录·贵州资料辑录》，贵州人民出版社1983年版，第1111页。

道路可使廓清，无所不便也。”[①] 但杨鹤的这一建议遭到了兵部的否决，主要有以下两点理由：其一，“乌撒为滇蜀咽喉，素称夷方重地，所设土府及卫犬牙相临，彼此牵制，祖宗立法固有深意”；其二，“事关两省，夷情舆论未审会同”。[②]

杨鹤和兵部孰是孰非，我们自不敢妄论。但康熙五年（1666）将乌撒改隶贵州，是今云、贵、川交界地区严重插花地问题（云南昭通地区东部向东越过乌蒙山插入贵州与四川之间，贵州毕节地区西部向西越过乌蒙山插入云南[③]）产生的起点。雍正五年（1727），将四川乌蒙、镇雄府改隶云南，标志着今云、贵、川交界地区严重的插花地问题的最后形成。将一较为完整的自然地理、人文地理与历史地理单元分割于几个不同的省，客观上是不利于当地经济社会发展的（后文再叙）。

（三）1727—1912 年川(含渝)黔交界地区插花地基本情况

雍正五至六年（1727—1728），清政府对川（含渝）黔交界线又作了一次大规模调整。不仅将原隶四川的乌蒙、镇雄府改隶云南，而且将原隶四川的遵义府改隶贵州，并将原隶贵州威宁府的永宁县改隶四川。经此次调整，川（含渝）黔交界线中段和西段都发生了极为明显的变化，不仅交界线中段北移至大娄山以北，而且今云、贵、川交界点以西贵州不再与四川接壤，川（含渝）黔交界线明显缩短。自此以后，川（含渝）黔交界线虽有细微调整，但都未发生大的变化。

1. 概况

雍正五至六年（1727—1728），在清政府再一次大规模调整贵州疆界后，今贵州疆域虽然基本底定，但在川（含渝）黔交界地区，插花地问题极为普遍。

嘉庆年间，玉屏知县张澍在其《续黔书》中，就对贵州插花地问题的严重性作了高度概括：“予稽查舆图，不独玉屏也，黔之州县皆然。有

---

① 《明实录·神宗万历实录》卷 556，贵州民族研究所编：《明实录·贵州资料辑录》，贵州人民出版社 1983 年版，第 1110 页。

② 《明实录·神宗万历实录》卷 557，贵州民族研究所编：《明实录·贵州资料辑录》，贵州人民出版社 1983 年版，第 1111 页。

③ 郭声波、王开队：《由虚到实：唐宋以来川云贵交界区犬牙相入政区格局的形成》，《江汉论坛》2008 年第 1 期。

所属乡村去治三四百里者，有城门之外即为邻属者，有此州之地并入他县，他县之地并入此州者。又有管辖之地，中多隔越，或距境一二百里，或隔三四州县，而地丁名粮亦隶于他县者。又有卫所之屯，与民地相连，浸久而迷其版籍者。”[①] 道光二十八年（1848），时任安顺知府的胡林翼将贵州境内的插花地归纳为以下三种情形：“如府厅州县治所在此，而所辖壤土乃隔越他界，或百里而遥，或数百里之外，即古所谓华离之地也；又如二壤本属一邑，中间为他境参错，仅有一线相连，即古所谓犬牙之地也；又如一线之地插入他境，既断而复续，已续而又绝，绵绵延延至百十里之遥，即古所谓瓯脱之地也。”[②] 光绪三十一年（1905），贵州巡抚林绍年在奏陈清理通省插花地面办理情形时也说：“黔省跬步皆山，辖境本较辽阔，又复插花悬绝，亘古未闻……往往同一山径，而山上山下为两属；同一街市，而街左街右划分两县。其一村镇而分隶数属者甚多……甚至桐梓县之撕鸡坳脱入遵义下江所得管辖，而桐梓古州则久已不知其有此地矣。其他参互交错，零星脱落，直若围棋而莫辨主、宾之属谁。”[③] 上述文献虽然没有直接反映川（含渝）黔交界地区的插花地情况，但不能把川（含渝）黔交界地区排除在外。

如果说上述文献还只是一些间接资料的话，下列文献则直观地反映了川（含渝）黔交界地区的插花地概况。

咸丰五年（1855），广西道监察御史伍辅祥在奏请划清黔蜀疆界时就明确指出：“窃以黔、蜀交界各县，类皆八九百里，山多田少，林深箐密，道路险峻，盗贼易于藏匿。又犬牙相错，缉捕为难。即如四川之綦江，贵州之桐梓、仁怀，该三县交界之处所，数十里之中本为綦界者，忽插入桐、仁一段；本为桐、仁界者，忽插入綦江一段。似此之类，不一而足。”[④] 同治年间的《援黔录》也有这样的记载：“乌江自威宁州西来，东北流至酉、秀，入川境。其南岸为贵筑、修文、开州、平越、瓮安、余

① （清）张澍：《续黔书》卷一，罗书勤、贾肇华、翁仲康、杨汉辉点校，黄永堂审校：《黔书·续黔书·黔记·黔语》，贵州人民出版社 1992 年版，第 142—143 页。

② 贵州省文史研究馆校勘：（民国）《贵州通志·前事志》（三），贵州人民出版社 1988 年版，第 489 页。

③ 贵州省文史研究馆校勘：（民国）《贵州通志·前事志》（四），贵州人民出版社 1991 年版，第 901 页。

④ 贵州省文史研究馆校勘：（民国）《贵州通志·前事志》（三），贵州人民出版社 1988 年版，第 611 页。

庆、石阡、思州诸府州县；其北岸为黔西、大定、遵义、仁怀、绥阳、湄潭、龙泉、正安、务川诸府州县。而蜀之永、泸、江、合、綦、南、涪、彭、秀、酉，实与犬牙相错。”[①] 显而易见，这一时期的川（含渝）黔交界地区，插花地确实极为普遍地存在着。

2. 典型个案：桐梓与綦江、南川交界地区

（民国）《桐梓县志》较为详细地记载了雍正以来贵州桐梓与四川綦江、南川交界地区的插花地情况，故将其作为一个典型个案，以深入说明雍正以来川（含渝）黔交界地区的插花地情况。

桐梓与綦江、南川交界地区之插花地，早在桐梓未改隶贵州之前就已极为广泛地存在着。“惟即全县计之，县城地势偏南，未能宅中，以故六、七两区地段，有与綦、南插花者，有瓯脱于綦、南界内者，如陈家坝、二磴岩、上青山、下青山、柏枝坝等处，比比皆然。”[②] 康熙年间，桐梓学者李晋与其子李诗的一段对白，更形象地反映了桐梓与綦江交界地区的插花地情况，具体如下：

> 康熙甲申秋，儿子诗自渝岁试归，问云：往经綦邑太公铺，见路旁巨石刻：“溱州界至此”五字。由綦邑过母渡，见有“桐梓界至此”石碣。问其居民，乃綦民、綦地也。间里许，问之，则桐民、桐地也。行数里，又为綦民、綦地。如是者至扶欢坝皆然。此何故？予曰：尔欲问綦、桐错壤之故耶？[③]

同治十二年（1873），桐梓知县凌彝铭对桐梓与綦江、南川交界地区的插花地作了深入调查，具体情况见表3—1。

桐梓知县凌彝铭“亲赴边界查勘”，虽然清理出了陈家坝、栈垭（二磴岩）、上坝、青羊市、藻水漕、石桥、九龙沟、上青山、下青山、娄黄坝、景星台11处插花地，但由于“地方花户虑后思前，总不肯从实指

---

① 贵州省文史研究馆校勘：（民国）《贵州通志·前事志》（四），贵州人民出版社1991年版，第218页。

② 犹海龙、侯树涛、赵元隽纂辑，张瑞琪、龙砺孚、李明方、夏永忠校点：（民国）《桐梓县志》1987年（内部发行），第38页。

③ 同上书，第39页。

说"①，遗漏自然不少。这从民国时期的档案材料及笔者的实地考察材料中也可以明显地看出来（详见后文有关部分）。尽管如此，桐梓知县凌彝铭清理出的11处插花地，已足以说明雍正以来川（含渝）黔交界地区插花地的普遍性与复杂性。

表3—1 清末桐梓县与綦江、南川县交界地区插花地概览

地名	隶属	基本情况	插花情况
陈家坝	桐梓县	在县治北，距城二百二十里，纵横十二三里不等，居民四百余家	瓯脱于綦江县境内
栈垭（二磴岩）	桐梓县	距城二百五十里，纵二十三四里，横三四里，五六里不等，居民三百五十余家	瓯脱于綦江县境内
上坝	桐梓县	在县北，距城二百四十里，纵七八里，十三四里，横二十五六里不等，居民五百余家	瓯脱于綦江县境内
青羊市	綦江县	纵横七八里	青羊市东街，有桐梓县属营基、学基十余家，田土十余亩，居民十余家，瓯脱于綦江县境内
藻水漕	桐梓县	距城三百三十里，毗连綦境，以白云寺山梁为界	綦江之柴井插入里许，石家湾欧脱里许
石桥	綦江县	纵横三四里	插入桐梓县干坝子、桃子荡一带
九龙沟	桐梓县	距城三百三十里，纵横四五里，居民三四十家	瓯脱于綦江县境内
上青山	桐梓县	纵横七八里，十四五里不等，居民五百余家。距城三百三十里	瓯脱于綦江县境内
下青山	桐梓县	纵二十四里，横四五里，居民四百余家。距城三百三十里	瓯脱于綦江县境内
娄黄坝	南川县	纵横三四里	插入桐梓县境内
景星台	桐梓县	纵七八里，十二三里不等，横二十三里，居民四百余家，距城三百二十里	瓯脱于南川县境内

资料来源：据犹海龙、侯树涛、赵元隽纂辑，张瑞琪、龙砺孚、李明方、夏永忠校点（民国）《桐梓县志》第40—42页内容统计。

① 犹海龙、侯树涛、赵元隽纂辑，张瑞琪、龙砺孚、李明方、夏永忠校点：（民国）《桐梓县志》1987年（内部发行），第42页。

二　民国时期川(含渝)黔交界地区插花地基本情况

民国时期，插花地同样极为广泛地存在于川（含渝）黔交界地区，以桐梓县与綦江县、习水县与綦江县交界地区最为突出。“就綦、桐交界而论，自天坪乡以迄桃子乡，全长不过二百余里，其间犬牙交错处处皆是。”① 插花地的广泛存在，给社会稳定、行政管理与人民群众的生活等都带来了极为严重的影响。为巩固统治地位，尽可能消除插花地所产生的种种不利影响，民国十九年（1930），国民政府颁布了《省市县勘界条例》②；民国二十三年（1934），国民政府又颁布了《县行政区域整理办法大纲》。③ 根据《省市县勘界条例》和《县行政区域整理办法大纲》，民国二十九年至三十五年（1940—1946），在内政部科长王政诗的主持下，贵州省政府视察员乔运亨、四川省政府民政厅股长慕开方，会同各有关地方政府代表，对川（含渝）黔交界地区的插花地情况进行了较为深入的会勘，留下了极为丰富的会勘档案材料，贵州省档案馆较为完整地保存了这些材料，为我们了解民国时期川（含渝）黔交界地区插花地的基本情况提供了较为详尽的资料。

（一）秀山县与松桃县交界地区

民国时期，关于秀山县与松桃县交界地区的插花地情况，档案材料中有两种不同的记载；一种是秀山县政府报告材料；另一种是松桃县政府报告材料。分别摘要如下。

1. 秀山县政府报告材料

民国三十一年（1942）八月，四川省政府在致贵州省政府的公函中，对川（含渝）黔交界地区的插花地情况有较为详细的说明（四川省政府曾向内政部汇报过，故在民国三十一年九月内政部致贵州省政府的公函

---

① 《勘川黔两省瓯插地区当经派本府民政科长刘家杰羊磴区长何绍尧等前往会勘在案》，《黔川两省关于省界问题的调整等报告》（1942—1949 年），贵州省档案馆，档案全宗：M8—1—3032。

② 《省市县勘界条例》，贵州省档案馆，档案全宗：M8—1—2875。

③ 《县行政区域整理办法大纲》，贵州省档案馆，档案全宗：M8—1—2875。

中，也有相同之内容。下同）。关于秀山县与松桃县交界地区的插花地情况，该公函提到了以下两个地方①（该公函实为四川各有关地方政府之汇报材料，故可视为四川各地方政府报告材料。下同）。

（1）洪安

洪安隶属松桃县，名义上为松桃县所有，实为一“三不管地方”。仅有房屋三间及一小块菜地。因当川湘大道，清时贵州松桃营借地设塘，遂有贵州塘之称。四川省百货总捐局曾设卡于此。该洪安三不管地方四周均系秀山县莪溶乡户籍，是一典型飞地。

（2）麻阳街

麻阳街隶属秀山县，系一深入插花地带，半绕松桃县城，仅西南一线与秀山县九江乡接壤。

2. 松桃县政府报告材料

民国三十二年（1943）十二月，贵州省第六区行政督察专员兼保安司令公署，在转呈松桃县政府的提案书中，也报告了松桃县与秀山县交界地区的插花地情况。该提案书指出：松桃县“因地介楚蜀界，连三省情形，至为复杂，故区域插花瓯脱犬牙交错至今犹然”。主要有以下两个地方：②

（1）秀山县九江乡，一面与该县邑梅衔接，三面插入松桃县境内，与松桃县县城墙接壤，确系插花。该乡管辖之云落屯、打石厂等地，距秀山县县城一百二十里，与松桃县县城毫无距离可言。

（2）松桃县甘龙乡管辖之关子门、大峰岑等处，距松桃县县城三百余里，距秀山县城不及百里。

两种报告材料既有相同之处，也有不同之处。相同之处在于两县政府都确认秀山县之九江乡有插花地插入松桃县境内。不同之处有以下两点：第一，在秀山县插入松桃县境内的插花地方面，秀山县政府的报告材料认为有九江乡的麻阳街，而松桃县政府的报告材料认为有九江乡的云落屯、

① 《四川省政府咨》（民国三十一年八月），《内政部、四川、贵州省府关于黔川两省瓯脱插花报告和批复》（中华民国二十九年十二月十日起、三十二年十二月十九日止），贵州省档案馆，档案全宗：M8—1—3030；《内政部公函》（民国三十一年九月），《黔川两省关于省界问题的调整等报告》（1942—1949 年），贵州省档案馆，档案全宗：M8—1—3032。

② 《贵州省第六行政督察区行政会议提案书（松桃县政府提）》《黔川两省关于省界问题的调整等报告》（1942—1949 年），贵州省档案馆，档案全宗：M8—1—3032。

打石厂等地。第二，在松桃县插入秀山县境内的插花地方面，秀山县政府的报告材料认为有迓驾乡的洪安（贵州塘），而松桃县政府的报告材料认为有甘龙乡之关子门、大峰岑等处。

民国三十四年（1945）九月十四日，在内政部委员王政诗的主持下，四川省政府委员慕开方，贵州省政府委员乔运亨，贵州省松桃县长杨之先，四川省秀山县长彭述信，松桃临参会议长涂莘斋，贵州松桃县政府民政科长喻谦，贵州松桃县政府教育科长傅定涛，四川秀山县党部书记长吴继言，四川秀山县临参会议长熊绍韩，秀山县临参会参议员刘仲良，秀山县地方士绅杨恩贵、王良知，经实地会勘后，在秀山县党部大礼堂召开专题会议，就秀山县与松桃县交界地区的插花地情况达成了共识。[①] 民国三十五年（1946）三月二十日，内政部在致贵州省政府的公函中，也提及了此次会勘及会议情况。[②] 经此次会勘及会议讨论，川黔双方认为上述各地都是插花地。

（二）沿河县与酉阳县、彭水县交界地区

1. 沿河县与酉阳县交界地区

关于沿河县与酉阳县交界地区的插花地情况，民国三十一年（1942）八月，四川省政府在致贵州省政府的公函中提到了以下一些地方：[③]

（1）黑獭堡

黑獭堡为川黔共管之一市。地居乌江大河北岸，距小河口五里。贵州省认为是酉阳县插入沿河县的一块插花地，但四川省予以否认。理由如下：清乾隆初，酉阳州牧耿恭寿、思南府尹张芳，以此地为川黔门户，协议于场中划分管辖，中有鸿沟尚存，川黔各领其半。场以北沿乌江大河抵龚滩属酉阳，场以南迤行抵沿河属思南，原刊石碑今毁，基址

---

① 《会勘四川省秀山县与贵州省松桃县经界会议纪录》，《黔川两省关于省界问题的调整等报告》（1942—1949 年），贵州省档案馆，档案全宗：M8—1—3032。

② 《内政部公函》（民国三十五年三月），《黔川两省关于省界问题的调整等报告》（1942—1949 年），贵州省档案馆，档案全宗：M8—1—3032。

③ 《四川省政府咨》（民国三十一年八月），《内政部、四川、贵州省府关于黔川两省瓯脱插花报告和批复》（中华民国二十九年十二月十日起、三十二年十二月十九日止），贵州省档案馆，档案全宗：M8—1—3030；《内政部公函》（民国三十一年九月），《黔川两省关于省界问题的调整等报告》（1942—1949 年），贵州省档案馆，档案全宗：M8—1—3032。

尚可考询。

（2）大溪头、童子园、壶带嘴、李家坪

大溪头、童子园、壶带嘴、李家坪隶属酉阳县，地居乌江大河西岸。贵州省认为属于酉阳县插入沿河县之插花地，但四川省也予以否认。理由如下：大溪头、童子园、壶带嘴、李家坪与河东之大院子、芭蕉溪、大石沱，均系对河而居（河东北属川、河西南属黔），迤南30里即为沿河县城。原案谓为三面乡村属沿河，不知指何村而言？且显然有河为界，对岸而居，指东为西，不无误解。

（3）光门岩、茍元坨

光门岩、茍元坨隶属酉阳县，在黑獭堡之北十余里。贵州省认为属于酉阳县插入沿河县之插花地，但四川省也予以否认。理由如下：光门岩、茍元坨世为李、冉、田、陈诸族所居，历年以来均能安分守法，且多明理之士。原议称为作奸犯科，视为逋逃之薮，不知究何根据？

（4）大院子、铁垆堡、后坪坝

大院子、铁垆堡、后坪坝隶属酉阳县。大院子距酉阳城120里；铁垆堡、后坪坝等地属酉阳后坪乡，幅员80里，人口计有16838丁口，有场市5处，乡公所设在溪口场，距酉阳县城百四十里。贵州省认为属于酉阳县插入沿河县之插花地，但四川省也予以否认，认为该地区历年相安无事，亦非管理不便。

（5）六道界

六道界隶属沿河县。跨河，而东插入酉境，位于后坪乡之西，地跷瘠，不生五谷，背临乌江大河，周环七八里，有茅屋数椽。据酉阳县志载，咸丰四年，黔人胡黑二据此作乱，酉阳州牧凌树棠参将、李渐洪督兵往剿，全部殉难，地遂入黔，菜园坝亦因此更名为铁垆堡（因贼所据地名一口刀）。系沿河县插入酉阳县之插花地。

民国三十四年（1945）九月四日，在内政部委员王政诗的主持下，贵州省政府委员乔运亨、四川省政府委员慕开方、四川省第八区专署科长李光炳、贵州省沿河县政府代表袁代英、沿河县洪渡区长田景万、四川省彭水县政府指导员王书祺、彭水县复兴乡长郑弘毅、四川省酉阳县政府科长陈懋初、酉阳县第四区区长吴明峰、酉阳县龚滩镇镇长唐建勋、酉阳县党部委员石赋中、沿河县绅耆代表张小崖，经实地会勘后，在酉阳龚滩区署礼堂召开专题会议，就沿河县与彭水、酉阳两县交界地区的插花地情况达成了共识。[①] 民国三十五年（1946）三月二十日，内政部在致贵州省政府的公函中，也提及了此次会勘及会议情况。[②] 经此次会勘及会议讨论，川黔双方只承认黑獭堡和六道界为沿河县与酉阳县交界地区插花地。

2. 沿河县与彭水县交界地区

民国三十四年（1945）九月四日，在酉阳县龚滩区署礼堂召开的专题会议上（上有所述）提出的关于沿河县与彭水县交界地区的插花地主要有以下两个地方：[③]

（1）沿河县之苏家坝插入彭水县；

（2）沿河县之羊角堡、圭溪、四塘溪等插入彭水县。

（三）彭水县与务川县交界地区

民国时期，彭水县与务川县交界地区的插花地相对较少。民国三十一年（1942）八月，在四川省政府致贵州省政府的公函中所提到的关于彭水县与务川县交界地区的插花地只有一处，即务川县属苏家坝脱入彭水境内。[④]

（四）南川县与桐梓县交界地区

民国时期，南川县与桐梓县交界地区的插花地也相对较少。民国三十一年（1942）八月，在四川省政府致贵州省政府的公函中，提到的关于南川县与桐梓县交界地区的插花地主要有以下一些。[⑤]

---

① 《会勘贵州省沿河县与四川省彭水、酉阳两县插花、飞地会议纪录》《黔川两省关于省界问题的调整等报告》（1942—1949年），贵州省档案馆，档案全宗：M8—1—3032。

② 《内政部公函》（民国三十五年三月）《黔川两省关于省界问题的调整等报告》（1942—1949年），贵州省档案馆，档案全宗：M8—1—3032。

③ 《内政部公函》（民国三十五年三月）、《会勘贵州省沿河县与四川省彭水、酉阳两县插花、飞地会议纪录》，《黔川两省关于省界问题的调整等报告》（1942—1949年），贵州省档案馆，档案全宗：M8—1—3032。

④ 《四川省政府咨》（民国三十一年八月）、《内政部、四川、贵州省府关于黔川两省瓯脱插花报告和批复》（中华民国二十九年十二月十日起、三十二年十二月十九日止），贵州省档案馆，档案全宗：M8—1—3030；《内政部公函》（民国三十一年九月）、《黔川两省关于省界问题的调整等报告》（1942—1949年），贵州省档案馆，档案全宗：M8—1—3032。

⑤ 同上。

1. 桐梓县插入南川县境内的插花地

桐梓县桃子乡属范家山，插入南川县石莲乡第七八两保境内，共计九十余户。

2. 南川县插入桐梓县境内插花地

南川县插入桐梓县境内的插花地主要有二：一是南川县腰子乡所属之溪源飞入桐属天桥乡境内；二是南川县之沙坝与桐梓县之景星台互相交插。

民国三十四年（1946）七月三日，在内政部科长王政诗的主持下，贵州省政府代表乔运亨、四川省政府民政厅股长慕开方、南川县长邱挺生、南川县政府指导员陈光福、南川县参议员张广翘、南川县党部监察委员章香墀、南川县万威乡长黄增辉、南川县石莲乡长杨文华、南川县腰子乡长傅之铭、桐梓代表刘家杰、桐梓羊磴区长何绍尧等，经实地会勘后，在四川省綦江县建设乡公所召开专题会议，确认了上述插花地情况。①

（五）綦江县与桐梓县交界地区

民国时期，关于綦江县与桐梓县交界地区的插花地情况至为复杂，档案材料中有三种不同的记载：第一种是綦江县政府报告材料；第二种是桐梓县政府报告材料；第三种是内政部公函材料。分别摘要如下。

1. 綦江县政府报告材料

民国三十一年（1942）八月，在四川省政府致贵州省政府的公函中提到的关于綦江县与桐梓县交界地区的插花地主要有以下一些：②

（1）綦江县插入桐梓县境内的插花地

綦江县插入桐梓县境内的插花地主要有：

①木瓜坝（青羊镇旧编第六十七保第八、九、十甲）；

②石桥（蒲河镇特编保第一、二、三甲）；

③扶欢镇旧编第五十八保地段。

---

① 《会勘四川省綦江县、南川县、贵州省桐梓县插花飞地谈话会记录》、《黔川两省关于省界问题的调整等报告》（1942—1949年），贵州省档案馆，档案全宗：M8—1—3032。

② 《四川省政府咨》（民国三十一年八月）、《内政部、四川、贵州省府关于黔川两省瓯脱插花报告和批复》（中华民国二十九年十二月十日起、三十二年十二月十九日止），贵州省档案馆，档案全宗：M8—1—3030；《内政部公函》（民国三十一年九月）、《黔川两省关于省界问题的调整等报告》（1942—1949年），贵州省档案馆，档案全宗：M8—1—3032。

（2）桐梓县插入綦江县境内的插花地

桐梓县插入綦江县境内的插花地主要有：

①青羊镇场背后后街一带；

②青羊镇罗家湾；

③永丰乡庙树坝范家山；

④扶欢镇青岩乡，又名二磴岩；

⑤扶欢镇石龙坝；

⑥扶欢镇沟里头；

⑦扶欢镇李家湾；

⑧扶欢镇乌龟洞、马桑沟等处。

2. 桐梓县政府报告材料

在贵州省档案馆保存的民国时期川黔插花地会勘档案材料中，桐梓县政府的报告材料有四则，按时间先后顺序摘要叙述如下。

（1）材料一

民国三十一年（1942）十月二日，据桐梓县县长李紫珊呈报，桐梓县羊磴区"回龙乡之高台子起至桃子乡之二郎狭止，约长八十余公里，与綦属之旱渡乡、赶水乡、东溪镇、扶欢乡、青阳乡、蒲河乡至南川之万盛乡止，其间地形犬牙交错、插花瓯脱甚多"。具体情形如下：[①]

①桃子乡之范家山、青山等地完全插入川境；

②居仁乡之一、二、三、四保及陈家坝完全插入川境；

③兴隆镇之刘罗坪完全插入川境；

④綦属之青阳乡、扶欢乡及旱渡乡之官田寺等地，全属插入本区属境。

（2）材料二

民国三十四年（1945）六月，桐梓县政府民政科长刘家杰、羊磴区长何绍尧会同内政部科长王政诗、川省民政厅股长慕开方、黔省府视察员乔运亨、綦江县政府地政科长袁蜀、东溪区署区长黄仲宣等，对桐梓与綦江两县交界地区的插花地进行了实地会勘。桐梓县代理县长沈旦详细呈报

① 《为准綦江县政府函请派员查勘川黔两省边县经界瓯脱插花经过情形祈鉴核备查由》，《黔川两省关于省界问题的调整等报告》（1942—1949年），贵州省档案馆，档案全宗：M8—1—3032。

了此次会勘结果。具体如下：①

甲、桐地飞入川境者

（子）居仁乡飞入綦江县境内者，全乡共计六保；

（丑）兴隆镇所属刘罗坪，二磴岩之第十及第十一两保、第七保之冷水圿及第十二之李家湾，均飞入綦境；

（寅）天桥乡第五保所属之千总坟、易家湾、官店（即桐梓街）共约二甲、第二保所属寺坪一甲、第八保所属之石灰湾一甲，均飞入綦属青年乡；

（卯）桃子乡所属庙树坝之第七保、范家山之第八保飞入南川、綦江两县交界之处；

（辰）桃子乡所属乾河沟约二甲飞入綦属建设乡境内。

乙、川地飞入桐境者

（子）綦江县旱渡乡第四保所属石龙站飞入桐属回龙乡；

（丑）綦属青年乡所属第六保之木瓜坝约三甲、所属第十保之罗家湾二甲飞入桐属天桥乡；

（寅）綦属蒲河乡第八保所属之石桥约三甲飞入桐属桃子乡。

（3）材料三

民国三十四年（1945）八月十三日，桐梓县代理县长沈旦转呈兴隆镇镇民代表会称："本镇地属桐梓，位居黔北。四至界址：东连本县之天桥乡，南接县属之回龙乡，西接綦江之旱渡及扶欢乡，北邻綦江之青年乡。所辖地区均相连接，无地飞入川界。本镇毗连之旱渡及扶欢两乡，除旱渡之界为完整外，连接扶欢之地犬牙交错，不无参差不齐之处。"具体情形如下：②

第一，本镇伸出扶欢之第十保及第十一保（二磴岩、插旗山）较远，然犹连接本镇第七、九两保地面。

① 《桐梓县政府呈》（民国三十四年七月），《黔川两省关于省界问题的调整等报告》（1942—1949 年），贵州省档案馆，档案全宗：M8—1—3032。

② 同上。

第二，扶欢乡伸入本镇之地面为第十四保及第四保。该二保地区，东连本镇第一保之关口，距本镇镇公所所在地仅二里；南接本镇第十二保地区，相连三分之二以上；西、北两方连接本镇八、九两保地区之全部。以第十二保及七、九三保地形而论，该二保地面全包入本镇辖境之内。该二保距扶欢竟达八里之远。……再有该第四保第八甲地面全部飞入本镇第七保境内，四围无尺寸可接该乡之属地。

第三，本镇第十二保地，连接居仁乡之五、六两保，连接之处毗邻扶欢乡之第十保。

(4) 材料四

民国三十五年（1946）九月，桐梓县居仁乡公民代表江巨观、李时雍、李品臣、蒋焱廷、古焱成、吴永昌、黎时雨、杨国才，在给各级政府机关的报告中，概要说明了居仁乡的插花地情况："查我川黔两省，门户相连，凹凸飞花；犬牙交错，相沿既久，管理因之……至我居仁乡数保面积，管辖原属贵州，地势穹远插花，嵌入四川界内，距离桐梓县府途程达二百华里有奇。"①

在桐梓县政府的四种报告材料中，材料一、三、四反映的都只是桐梓县与綦江县交界局部地区的插花地情况，唯材料二反映的是整体情况。故在后面的比较分析中，我们采信材料二。

3. 内政部公函材料

民国三十四年（1945）七月八日，在内政部科长王政诗的主持下，贵州省政府视察员乔运亨、四川省政府民政厅股长慕开方、桐梓县政府民政科长刘家杰、桐梓县羊磴区长何绍尧、綦江县政府地政科长袁蜀、綦江县东溪区长黄仲宣，经实地会勘后，在綦江东溪区署召开专题会议，就綦江县与桐梓县交界地区的插花地情况达成了共识。② 民国三十五年（1946）三月二十日，内政部在致贵州省政府的公函中，也提及了此次会

① 《黔川两省关于省界问题的调整等报告》（1942—1949 年），贵州省档案馆，档案全宗：M8—1—3032。

② 《会勘四川綦江县、南川县、贵州桐梓县插花、飞地会议纪录》，《黔川两省关于省界问题的调整等报告》（1942—1949 年），贵州省档案馆，档案全宗：M8—1—3032。

勘及会议情况。[①] 经此次会勘及会议讨论，綦江县与桐梓县交界地区的插花地主要有：

①桐梓县居仁乡（共六保）飞入綦江县境内；

②綦江县藻渡乡第四保龙石坮飞入桐梓县回龙乡境内；

③桐梓县兴隆镇之刘罗坪第十及十一两保，包括二磴岩全部、第七保冷水坮、十二保李家湾全部，飞入綦江县境内；

④桐梓县天桥乡之千总坟、易家湾、官店（即桐梓街）约二甲、又寺坪一甲、石灰湾一甲，飞入綦江县青年乡境内；

⑤綦江县青年乡之木瓜坝三甲、罗家湾二甲飞入桐梓县天桥乡境内；

⑥綦江县蒲河乡之石家湾约三甲飞入桐梓县桃子乡境内；

⑦桐梓县桃子乡之乾河沟约二甲飞入綦江县建设乡境内；

⑧綦江县青年乡突入桐梓县境内；

⑨上坝、上畹、厂林、底下，地形互插双方。

显而易见，民国时期綦江县与桐梓县交界地区的插花地情况非常复杂，上述三种材料所述情况均有不同程度的出入（见表3—2），桐梓县政府汇报材料二与内政部公函材料也不例外（二者实际上为同一次会勘及同一次会议之结果）。在严重的地方保护主义思想影响下，綦江县政府与桐梓县政府的报告材料均难脱“避重就轻”之嫌。由于内政部公函材料“避重就轻”的嫌疑要小得多，因此，民国时期綦江县与桐梓县交界地区的插花地情况，当以内政部公函材料更为可靠一些。

表3—2　　　　**民国时期綦江县与桐梓县交界地区插花地概览**

资料来源	綦江县插入桐梓县境内插花地	桐梓县插入綦江县境内插花地
民国三十一年（1942）綦江县政府报告材料	①木瓜坝（青羊镇旧编第六十七保第八、九、十甲） ②石桥（蒲河镇特编保第一、二、三甲） ③扶欢镇旧编第五十八保地段	①青羊镇场背后后街一带 ②青羊镇罗家湾 ③永丰乡庙树坝范家山 ④扶欢镇青岩乡，又名二磴岩 ⑤扶欢镇石龙坝 ⑥扶欢镇沟里头 ⑦扶欢镇李家湾 ⑧扶欢镇乌龟洞、马桑沟等处

① 《内政部公函》（民国三十五年三月），《黔川两省关于省界问题的调整等报告》（1942—1949年），贵州省档案馆，档案全宗：M8—1—3032。

续表

资料来源	綦江县插入桐梓县境内插花地	桐梓县插入綦江县境内插花地
民国三十四年（1945）桐梓县政府报告材料	①早渡乡第四保所属石龙站飞入桐属回龙乡 ②青年乡所属第六保之木瓜坝约三甲、所属第十保之罗家湾二甲飞入桐属天桥乡 ③蒲河乡第八保所属之石桥约三甲飞入桐属桃子乡	①居仁乡飞入綦江县境内者，全乡共计六保 ②兴隆镇所属刘罗坪，二磴岩之第十及第十一两保、第七保之冷水坮及第十二之李家湾，均飞入綦境 ③天桥乡第五保所属之千总坟、易家湾、官店（即桐梓街）共约二甲、第二保所属寺坪一甲、第八保所属之石灰湾一甲，均飞入綦属青年乡 ④桃子乡所属庙树坝之第七保、范家山之第八保飞入南川、綦江两县交界之处 ⑤桃子乡所属乾河沟约二甲飞入綦属建设乡境内
民国三十五年（1946）内政部公函材料	①藻渡乡第四保龙石坮飞入桐梓县回龙乡境内 ②青年乡之木瓜坝三甲、罗家湾二甲飞入桐梓县天桥乡境内 ③蒲河乡之石家湾约三甲飞入桐梓县桃子乡境内 ④青年乡突入桐梓县境内 ⑤上坝、上畹、厂林、底下，地形互插双方	①居仁乡（共六保）飞入綦江县境内 ②兴隆镇之刘罗坪第十及十一两保，包括二磴岩全部、第七保冷水坮、十二保李家湾全部，飞入綦江县境内 ③天桥乡之千总坟、易家湾、官店（即桐梓街）约二甲、又寺坪一甲、石灰湾一甲，飞入綦江县青年乡境内 ④桃子乡之乾河沟约二甲飞入綦江县建设乡境内

资料来源：《内政部、四川、贵州省府关于黔川两省瓯脱插花报告和批复》（中华民国二十九年十二月十日起、三十二年十二月十九日止），贵州省档案馆，档案全宗：M8—1—3030；《黔川两省关于省界问题的调整等报告》（1942—1949 年），贵州省档案馆，档案全宗：M8—1—3032。

（六）习水县与綦江县、江津县交界地区

民国时期，习水县与綦江、江津两县交界地区的插花地情况同样非常复杂，可大致分为整体情况与局部情况两个方面。

1. 整体情况

就整体情况来看，习水县第四区（今习水县坭坝乡、寨坝镇）完全插入綦江与江津两县之间（见图 3—3），是习水县与綦江、江津两县交界地区最大的一块插花地。据民国三十年（1941）十一月二十九日习水县县长彭如刚呈称，该区“地势狭长，纵约一百六十华里，横约二三十里，

计五联保、三十四小保，约共四千零八户、人口二万一千八百五十九名”①。

2. 局部情况

就局部情况来看，由于习水县第四区在历史上曾长期隶属于仁怀县丁山里②，“因距县城远约五百里，人民纳税、诉讼，往返不便，兼以边远团保黑暗事多，故就近往津、綦冒名纳粮，遂致逐渐变归津、綦管理”，故“与川属江津、綦江两县交界地段，插花甚多”，“实有同一坐房而分属川黔两省共管者”。据民国三十年（1941）十一月二十九日习水县县长彭如刚呈称，该区域局部插花地情况具体如下（见图3—3）：③

（1）綦江县插入习水县境内的插花地

习水县与綦江县交界地带“插花瓯突甚多”，主要有：

①石色沟、撕栗坪、金竹垭三处、约共七八十户；

②老罗坎约共二三十户；

③过江楼约一百六七十户；

④芭蕉寨约一百七八十户。

（2）江津县插入习水县境内的插花地

习水县与江津县交界地带“插花地虽少”，但也不可避免地存在着，如东胜场距两路口区公所仅200公尺，“复杂难治”。

（3）三县交汇点

三角场为两河交汇，是津、綦、习三县的交界终点，但河嘴小场又属綦江，而于场后岩则属习水，凌乱不堪。

上述插花地情况为习水县政府单方之汇报材料，虽然不敢贸然怀疑其真实性，但至少是不完整的，因其只字未提习水县插入綦江、江津两县境内的插花地情况。

民国三十四年（1945）七月十二日，在内政部科长王政诗的主持下，贵州省政府视察员乔运亨、四川省政府民政厅股长慕开方、习水县温水区

① 《据习水县政府呈该县第四区与四川插飞边界略图转祈鉴核施行示遵由》、《黔川两省关于省界问题的调整等报告》（1942—1949年），贵州省档案馆，档案全宗：M8—1—3032。

② 仁怀县始置于北宋大观三年（1109），其辖地包括今仁怀、习水、赤水三县市的大部分地区。乾隆三年（1738），析仁怀县为遵义分府（今赤水前身）和仁怀县；民国三年（1914），再析仁怀县为温水分县（今习水县前身）和仁怀县。至此，丁山里始由习水县管辖。

③ 《据习水县政府呈该县第四区与四川插飞边界略图转祈鉴核施行示遵由》、《黔川两省关于省界问题的调整等报告》（1942—1949年），贵州省档案馆，档案全宗：M8—1—3032。

署区长张洪达、綦江县地政科长袁蜀、綦江县东溪区长黄仲宣，经实地会勘后，在习水县温水区署召开专题会议，就习水县与綦江县交界地区的插花地情况达成了共识。①民国三十五年（1946）三月二十日，内政部在致贵州省政府的公函中，也提及了此次会勘及会议情况。②经此次会勘及会议讨论，习水县与綦江县交界地区的插花地主要有：

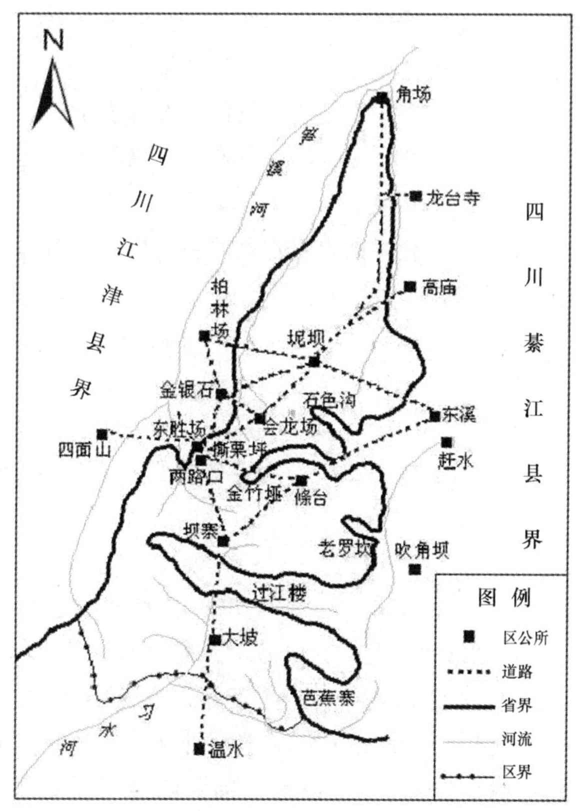

图3—3　民国时期习水县与綦江、江津两县交界地区插花地略图

资料来源：《据习水县政府呈该县第四区与四川插飞边界略图转祈鉴核施行示遵由》，《黔川两省关于省界问题的调整等报告》（1942—1949年），贵州省档案馆，档案全宗：M8—1—3032。

① 《会勘四川綦江县、贵州习水县插花、飞地会议纪录》，《黔川两省关于省界问题的调整等报告》（1942—1949年），贵州省档案馆，档案全宗：M8—1—3032。

② 《内政部公函》（民国三十五年三月），《黔川两省关于省界问题的调整等报告》（1942—1949年），贵州省档案馆，档案全宗：M8—1—3032。

第一，飞地。

①綦江县东溪镇之金竹垭、杨桐观、文家堡、兴隆湾、乌龟头、金家湾、撕栗坪七处，飞入习水县境内。

②綦江县石壕乡之过江楼飞入习水县境内。

第二，插花地。

①习水县条台乡所属之石桥塝插入綦江县东溪镇境内（上至官府殿，下至石桥塝南）。

②綦江县石壕乡之四合头插入习水大波乡境内。

③习水县大波乡之岩窝、坮上插入綦江县石壕乡境内。

④芭蕉寨附近之马家箐、南湾子、彭赵坟、湾塘堠、龙潭寺、大寨子及垭口一带，乱山合沓、界限不明。

⑤綦江县石壕乡之龙盘溪插入习水寨坝乡境内，又习水县大波乡之凤凰庄插入綦江石壕乡境内。

鉴于上述插花地为川黔双方之共识，我们自然不应轻易怀疑其真实性。

三　新中国成立以来川（含渝）黔交界地区插花地基本情况

（一）概况

民国时期，为清理拨正川（含渝）黔交界地区插花地，国民政府虽然作过较为深入的实地会勘工作，但由于种种因素的影响，其清理拨正工作很不彻底。新中国成立以来，为有利于地方经济社会的发展，党和政府对川（含渝）黔交界线曾做出适当调整，但也没有对插花地进行彻底的清理拨正工作。1996—2002 年，根据《国务院关于开展勘定省、县两级行政区域界线工作有关问题的通知》《国务院办公厅关于抓紧做好勘界工作维护边界地区稳定的通知》等文件精神，贵州省、四川省和重庆市人民政府联合进行了全面的边界勘定工作，第一次彻底明确了贵州与四川、重庆边界线，“基本上解决了引发大量争议并长期困扰各地的行政区域界线不清问题”[①]。但遗憾的是，由于这次勘界工作“不是重新调整行政区

① 民政部等：《关于加强行政区域界线管理工作的意见》，《中华人民共和国国务院公报》2005 年第 32 期。

划”，只是“以行政区域管辖的现状为基础，依照有关规定明确行政区域界线走向的位置，即核定法定线、勘定习惯线、解决争议线”[①]，故没有进行全面彻底的插花地清理工作。因此，新中国成立以来，关于川（含渝）黔交界地区的插花地情况，迄今为止还没有全面系统的统计材料。

20世纪80年代以前，党和政府虽然对川（含渝）黔交界线作过适当调整，但对插花地的基本格局没有产生实质性的影响。因此，新中国成立以来，贵州与四川、重庆交界地区的插花地情况几乎没有发生变化。

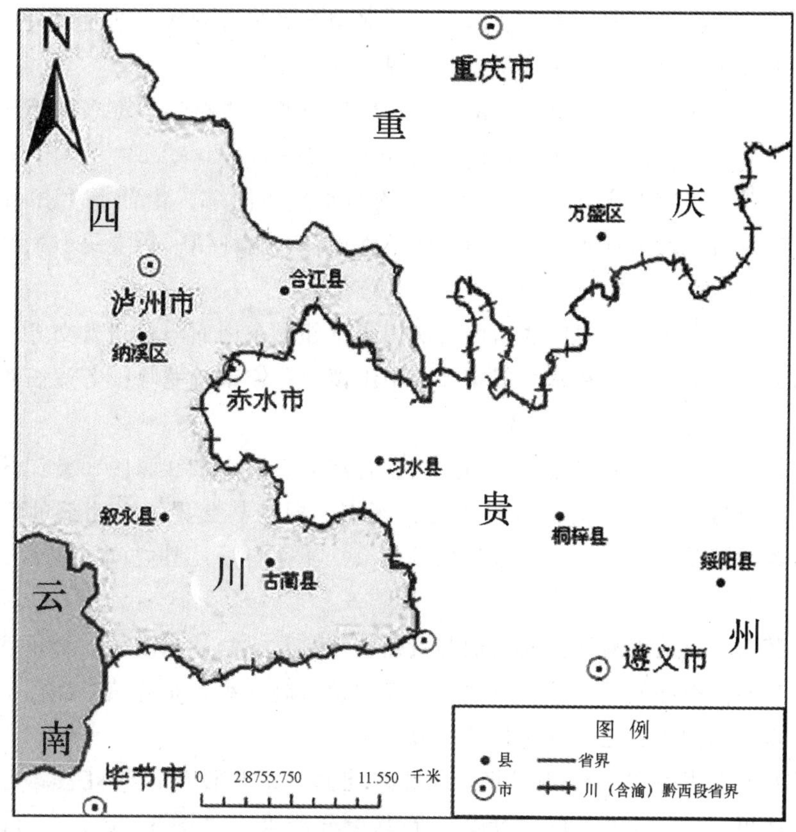

图3—4　贵州与四川、重庆交界线西段

① 国务院《关于开展勘定省、县两级行政区域界线工作有关问题的通知》，《中华人民共和国国务院公报》1996年第25期。

从当前任何一张中国行政区划图上都可以看出，贵州与四川、重庆交界线上的犬牙交错现象非常严重，插花地很多。现将其分为西段、东段概述于后。

1. 交界线西段

贵州与四川、重庆交界线西段（从贵州、四川、云南三省交汇点起至贵州省桐梓县与重庆市南川区东交汇点止，见图 3—4）极不规整，犬牙交错现象十分严重，插花地几乎无处不在。突出地表现在以下一些地区：

其一，四川省古蔺县东、南、北三面均与贵州省毗邻，唯西部与四川省叙永县接壤，完全插入贵州省内（见图 3—5）。

其二，贵州省赤水市西、南、北三面均与四川省毗邻，唯东南面与贵州省习水县接壤，完全插入四川省内（见图 3—6）。

其三，四川省合江县东、北两面均与重庆市毗邻，南面与贵州省交界，唯西面与四川省接壤。东南角的天堂坝乡、自怀镇、福宝镇、先滩镇等深插贵州省与重庆市之间（见图 3—7）。

其四，重庆市江津区西南面与四川省毗邻，东南面与贵州省交界。东南角的四面山镇、柏林镇、傅家镇、中山镇、蔡家镇、龙吟镇等深插四川省与贵州省之间（见图 3—8）。

其五，贵州省习水县北面与四川省合江县、重庆市江津区、綦江县毗邻，南面与四川省古蔺县、贵州省仁怀市、桐梓县交界。东北部的坭坝乡、寨坝镇及大坡乡的一部分深插重庆市江津区与綦江县之间（见图 3—9）。

其六，重庆市綦江县西南面与贵州省习水县毗邻，东南面与贵州省桐梓县交界。南部的石壕镇、打通镇、安稳镇、赶水镇、东溪镇等深插贵州省习水县和桐梓县之间（见图 3—10）。

其七，贵州省桐梓县西北、北和东北面分别与重庆市綦江县、万盛区、南川区毗邻，其间的犬牙交错问题十分严重（见图 3—10、3—11），插花地很多。如桐梓县天坪乡茶林村盐井河村民组，面积约 1200 亩，距边界线 4 千米左右；又如万盛区景星乡石门村的斑竹林垭口，面积约 5—6 亩，周围都是贵州省桐梓县羊磴镇羊井村的方竹林。[①]

---

① 桐梓县档案局。

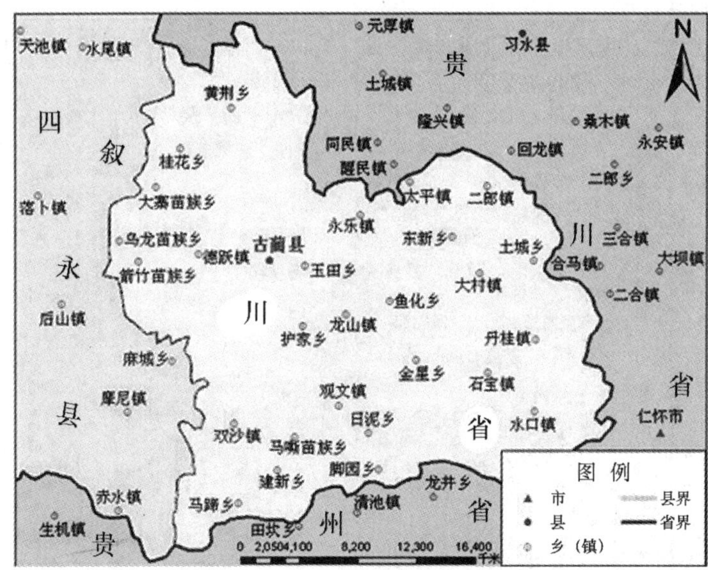

图 3—5　四川省古蔺县地图

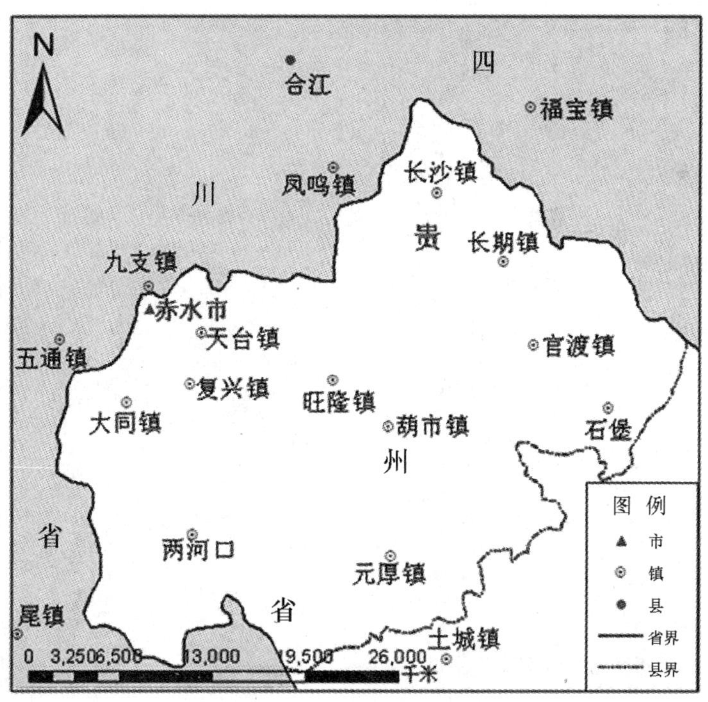

图 3—6　贵州省赤水市地图

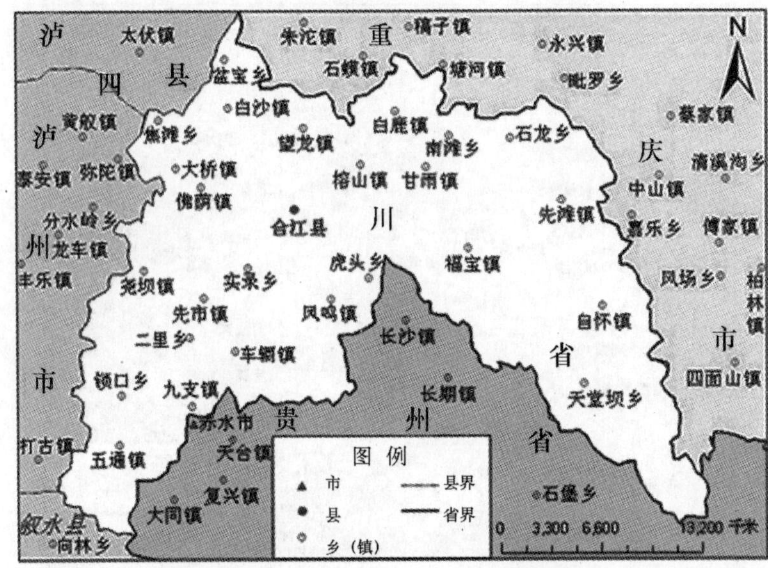

图 3—7 四川省合江县地图

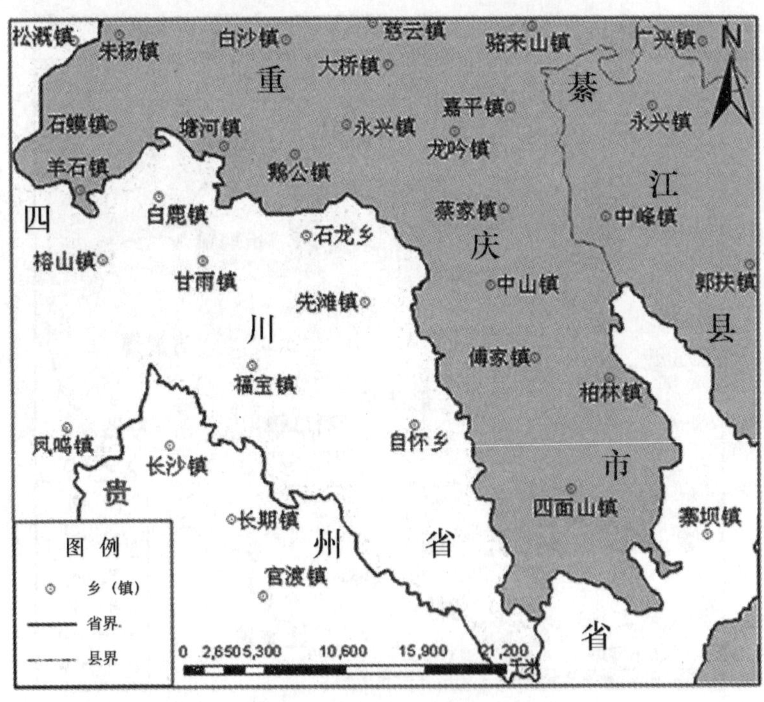

图 3—8 重庆市江津区地图

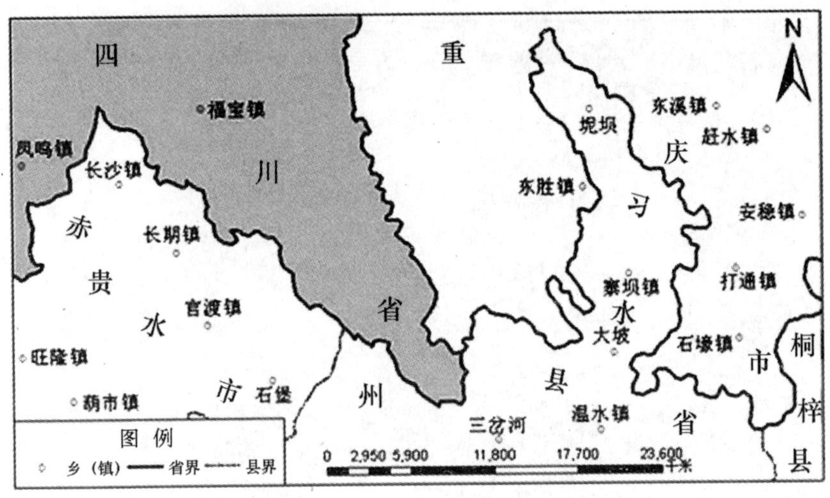

图 3—9　贵州省习水县地图

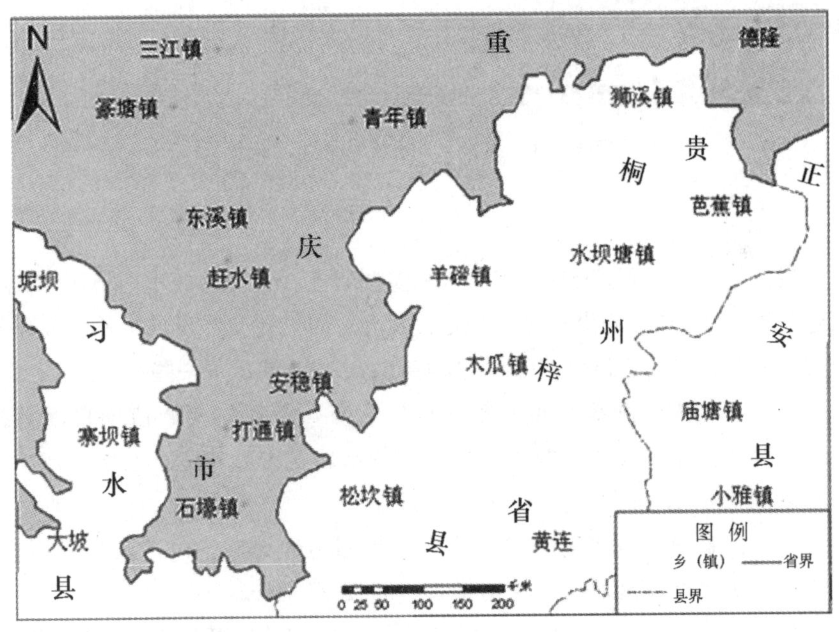

图 3—10　贵州省桐梓县地图

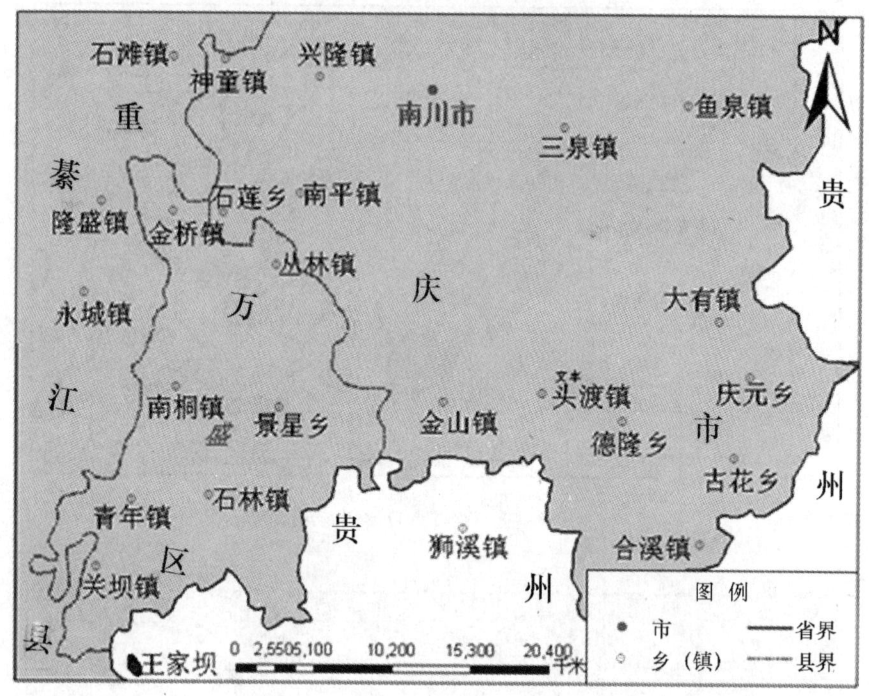

图 3—11 重庆市万盛区、南川区地图

2. 交界线东段

贵州与四川、重庆交界线东段（从贵州省桐梓县与重庆市南川区东交界点起至贵州、重庆、湖南三省、市交汇点止）的犬牙交错现象虽然没有西段严重（见图 3—12），但也不可避免地存在着，主要有以下一些地区：

其一，重庆市彭水苗族土家族自治县南与务川仡佬族苗族自治县接壤，该县西南角的大垭乡插入务川仡佬族苗族自治县和道真仡佬族苗族自治县之间（见图 3—13）。

其二，贵州省沿河土家族自治县西北部延伸太远，包括该县塘坪乡、塘坝乡、新景乡、洪渡镇、客田镇等（见图 3—14）。

其三，重庆市酉阳土家族苗族自治县西南部的南腰界乡明显插入松桃苗族自治县与沿河土家族自治县之间（见图 3—15）。

其四，贵州省松桃苗族自治县东北角的迓驾镇明显插入重庆市秀山土家族苗族自治县与湖南省花垣县之间，西北角的瓦溪乡、甘龙镇明显插入秀山土家族苗族自治县内（见图 3—16）。

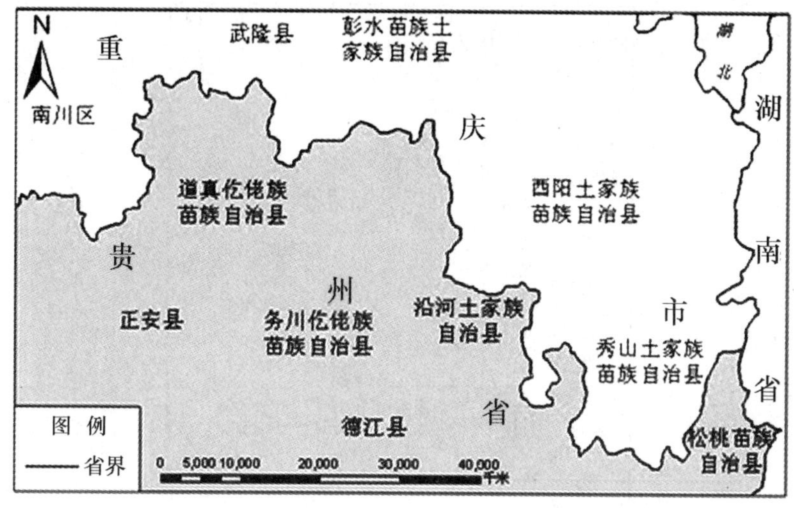

图 3—12　贵州与四川、重庆交界线东段

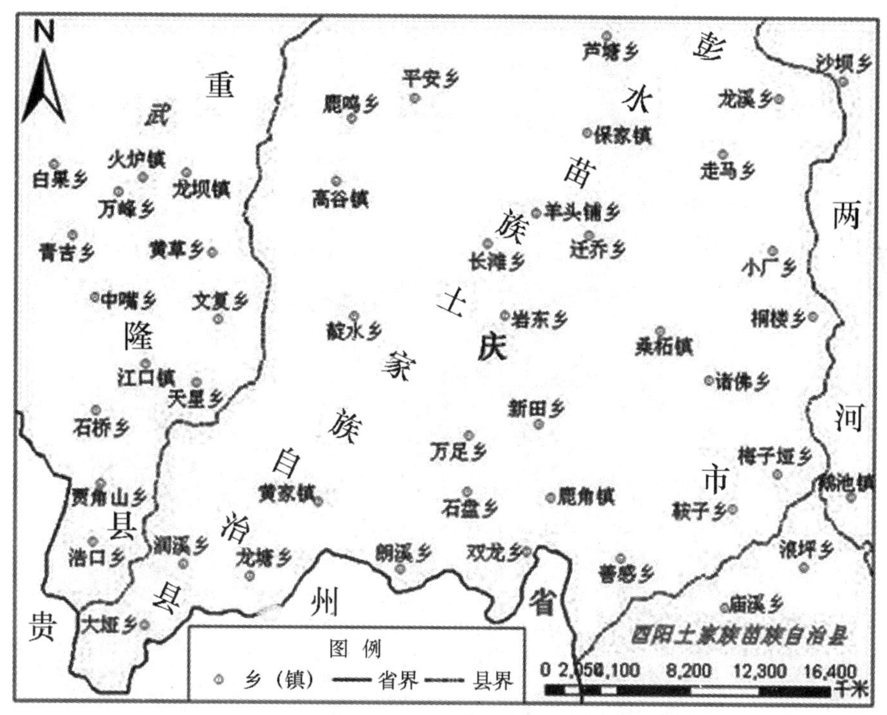

图 3—13　重庆市彭水苗族土家族自治县地图

图 3—14　贵州省沿河土家族自治县地图

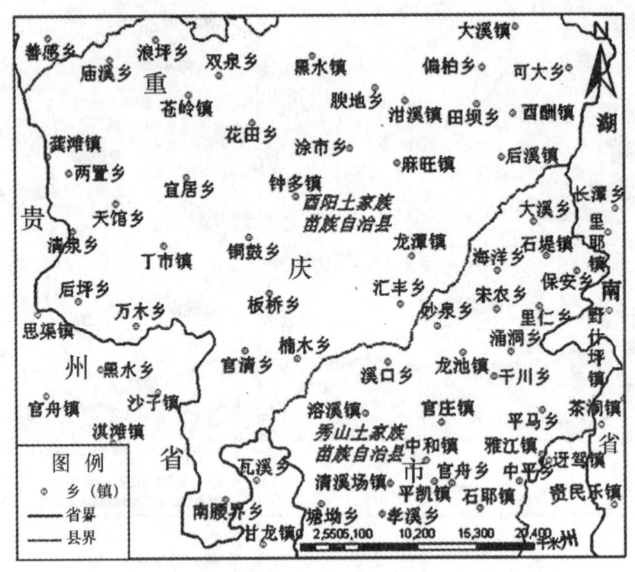

图 3—15　重庆市酉阳土家族苗族自治县地图

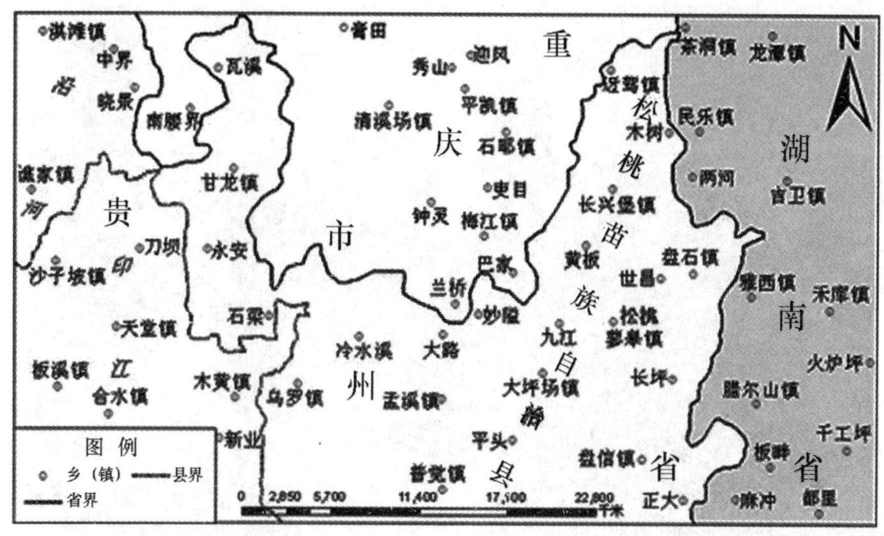

图 3—16　贵州省松桃苗族自治县地图

（二）典型个案

为深入研究贵州与四川、重庆交界一线的插花地问题，2010 年 7—8 月，笔者偕两名硕士研究生，历时近半个月，沿贵州桐梓、习水、赤水、仁怀与重庆、四川交界一线作了较为深入的田野考察。兹将我们调查了解到的主要情况陈述于下。

1. 离奇的“三截街”——桐梓县坡渡镇

2010 年 7 月 29 日清晨，我们从贵阳乘车出发，在行程近 5 个小时后，到达了桐梓县城。我们先后到桐梓县档案局（方志办）、民政局查阅相关资料并与有关人员座谈。据档案局（方志办）几位负责人介绍，该县坡渡镇插花地很多，有很强的典型性与代表性。

2010 年 7 月 30 日，我们冒着酷暑从桐梓县城驱车前往坡渡镇。过綦江县赶水镇后，尽管山高坡陡、道路异常崎岖狭窄，但这是出入坡渡镇的唯一通道。在行驶 120 公里、耗时约 3 个小时后，我们到达了坡渡镇人民政府所在地。在 40℃ 高温的天气下，镇人民政府办公室姚伟主任热情地接待了我们，并与我们进行了深入的座谈（见图 3—17）。

图 3—17　在桐梓县坡渡镇座谈（中为姚伟主任）

据姚主任介绍，桐梓县坡渡镇位于桐梓县西北端。东邻羊磴镇，南接木瓜镇，西面与重庆市綦江县赶水镇相邻，北面与重庆市万盛区关坝镇、青年镇和石林镇接壤。2009 年，全镇总人口 24641 人，其中，男 13122 人、女 11519 人。辖坡渡、田垭、林紫、高粱、酒店、高台、木人台 7 个行政村，67 个村民组。全镇地域面积 112.2 平方公里。境内最高海拔 1420 米（林紫村白洋坪），最低海拔 312 米（羊磴河出境处），处于贵州高原向四川盆地过渡地带，属低中山丘陵河谷地貌。[①] 坡渡镇人民政府驻地坡渡河距桐梓县城 120 公里，距重庆市区 160 公里，距綦江县城 120 公里，距万盛区政府所在地 50 公里，是桐梓县北面五镇进出重庆市的枢纽。镇内无大型企业支撑，农民经济收入主要来源于种植、养殖业和打工，属典型的纯农业乡镇。该镇插花地很多，主要如下：

（1）重庆市綦江县赶水镇马龙村龙石台组飞入坡渡镇坡渡村境内（镇政府所在地），面积约五六百亩（见图 3—18）。

---

① 贵州省桐梓县地方志编纂委员会编：《桐梓县志》（上），方志出版社 1997 年版，第 82 页。

（2）重庆市石林镇一飞地飞入林紫村九里湾组，面积约二三十亩，为林地（见图 3—18）。

（3）重庆市一飞地飞入林紫村桶匠屋基，面积约二三百亩，为林地（见图 3—18）。

（4）坡渡镇酒店村金竹窝组插入赶水镇官田村，三面被官田村包围。

（5）坡渡镇有四五十亩林地飞入重庆市万盛区青年镇猪巷境内。

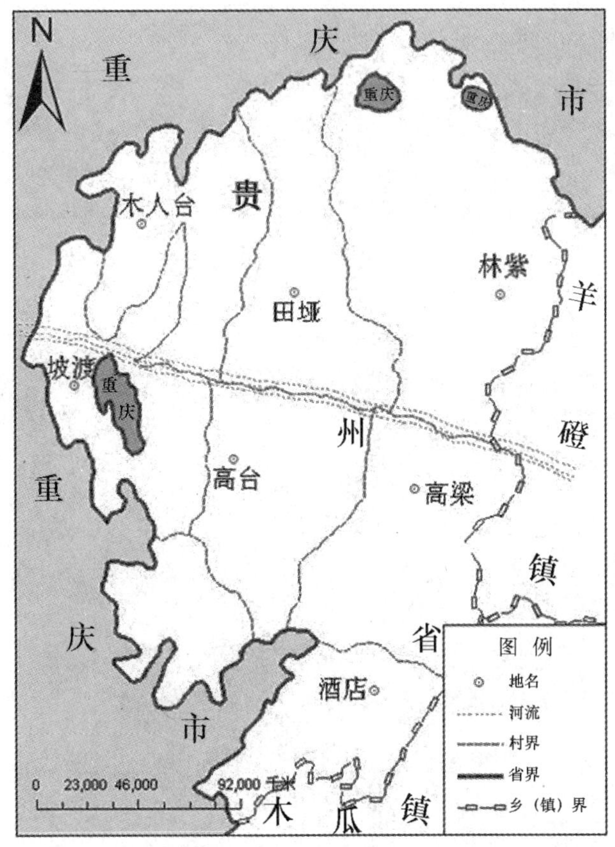

图 3—18　桐梓县坡渡镇地图

在听完姚主任介绍后，我们来到了坡渡镇街上，对重庆市赶水镇马龙村龙石台组飞入坡渡镇坡渡村的具体情况进行了实地考察。

该镇只有一条街，而这条街被飞入的重庆市赶水镇马龙村龙石台组分割成六截，其中三截属贵州、三截属重庆，被当地人称为“三截街”。

图 3—19　桐梓县坡渡镇“三截街”中的第一截

图 3—20　桐梓县坡渡镇“三截街”中的第二截

图 3—19 为“三截街”中的第一截。图中远处泥巴路部分属贵州，近处水泥路部分属重庆。

图 3—20 为“三截街”中的第二截。水泥埂是分界线，水泥埂左边属贵州、右边属重庆。

图 3—21 为坡渡镇“三截街”中的第三截。图中紧靠砖墙的巷道是分界线，左边属重庆、右边属贵州。红色砖墙上挂的是綦江县《赶水镇中心卫生院服务承诺》(见图 3—22)。

图 3—21　桐梓县坡渡镇“三截街”中的第三截

图 3—22　綦江县赶水镇中心卫生院服务承诺

更为有趣的是，坡渡镇人民政府办公楼也是紧邻贵州与重庆交界线修建的。图 3—23 是坡渡镇人民政府办公楼，图 3—24 是坡渡镇人民政府办公楼背后的堡坎，该堡坎就是贵州与重庆的交界线。

图 3—23 桐梓县坡渡镇人民政府办公楼

图 3—24 桐梓县坡渡镇人民政府办公楼背后的堡坎

2. “深插重庆的匕首”——习水县坭坝乡、寨坝镇

在基本完成了桐梓县插花地的考察任务后，2010 年 7 月 31 日清晨，我们从桐梓县城出发前往习水县，途经桐梓县娄山关镇、楚米镇、大河镇、新站镇、夜郎镇和习水县仙源镇、温水镇、良村镇后，我们到达了东皇镇（习水县城。下同）。我们先后到习水县档案局（方志办）、民政局查阅资料并与相关人员座谈。民政局办公室同志让我们复印了非常宝贵的资料，但十分遗憾的是，局长知晓此事后，恐生“枝节”，没让我们把资料带走。为深入了解习水县的插花地情况，我们决定到坭坝乡、寨坝镇考察。

从前面的陈述中可以看出，自清雍正年间川黔（含渝）交界线初步底定开始，习水县坭坝乡、寨坝镇就是川黔（含渝）交界线上最典型的插花地之一。雍正以来，尤其是民国末年虽然对该地区的插花地情况作过较为深入的实地会勘与清理拨正工作，但由于种种因素的制约，清理拨正很不彻底（后文再叙）。因此，直到现在为止，习水县坭坝乡、寨坝镇仍然是贵州与四川、重庆交界线上最典型的插花地之一，仍然可大致分为整体情况与局部情况两个方面。

就整体情况来看，该区域东西宽约 10 公里（平均数），南北长约 50 公里，东、西、北三面均与重庆市毗邻，唯南面与习水县大坡乡接壤，就像一把匕首深插重庆市境内（见图 3—25）。

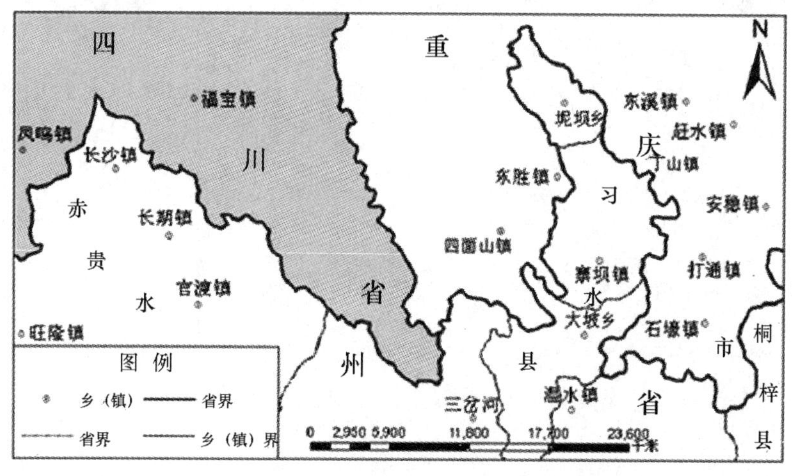

图 3—25　习水县坭坝乡、寨坝镇区位图

就局部情况来看，该区域插花地更为复杂，分坭坝乡、寨坝镇叙述于下。

(1) 坭坝乡

2010年8月1日清晨，在坭坝乡人民政府周德华乡长的亲自陪同下，我们驱车从习水县城出发前往坭坝乡。途经习水县东皇镇、良村镇、温水镇、大坡乡和寨坝镇后，汽车先后进入了重庆市江津区东胜镇和柏林镇境内（这是前往坭坝乡的唯一通道，见图3—26、图3—27），到达坭坝乡人民政府驻地后，周乡长立即主持召开了座谈会（见图3—28）。出席座谈会的有该乡党委副书记王盛伟、林业站站长穆尚举、林业站技术人员万清洪、国土所所长赵正河、办公室秘书范乾胜等（周德华和万清洪曾参加1996年的全面勘界工作，对坭坝乡边界的插花地情况非常熟悉）。

图3—26 江津区柏林镇进入习水县坭坝乡之公路（桥为交界线）

图 3—27　江津区柏林镇与习水县坭坝乡之交界线（桥下水沟为交界线）

图 3—28　在习水县坭坝乡座谈（左四为周德华乡长）

图 3—29　在习水县坭坝乡考察

据周乡长等介绍，习水县坭坝乡位于习水县东北端，东、西、北三面均与重庆市毗邻（东邻重庆市綦江县丁山镇、东溪镇、郭扶镇、中峰镇，北靠重庆市江津区蔡家镇，西接重庆市江津区柏林镇、傅家镇），只有南面与习水县寨坝镇接壤（见图 3—25），与重庆市交界线长达 60—70 公里（与江津多以清溪沟河为界，与綦江一半以河流为界、一半以山脊为界）。该乡处于贵州高原向四川盆地的过渡地带，平均海拔 920 米，森林覆盖率达 71.6%。东西宽约 8 公里（平均数），南北长约 20 公里，总面积 79.6 平方公里。辖 5 个行政村，一个街道居委会，有 4136 户、17117 人。乡政府驻地距綦江县城 64 公里、江津城区 108 公里、习水县城 106 公里。毗邻重庆市丁山湖市级风景区、四面山国家级风景区和中峰男根圣地风景区，与国家投资建设的綦江县中峰镇蟠龙大型水电站库区接壤，是贵州省离重庆市中心城区最近的乡镇。该乡插花地很多，主要如下：

①该乡飞龙山村有一块田地飞入綦江县郭扶镇平泉村境内，面积约 3 亩左右。

②綦江县郭扶镇有约 70—80 亩的一块林地飞入该乡大河沟村境内，该乡也有一块林地飞入郭扶镇境内。

③有一农户家中，一半人口在重庆入户、一半人口在坭坝乡入户。

座谈会结束后，我们做了实地考察（见图 3—29）。

（2）寨坝镇

2010 年 8 月 1 日下午，在完成了对坭坝乡插花地的考察任务后，我们来到了寨坝镇，徐生德镇长等热情地接待了我们，并与我们进行了深入的座谈（见图 3—30）。

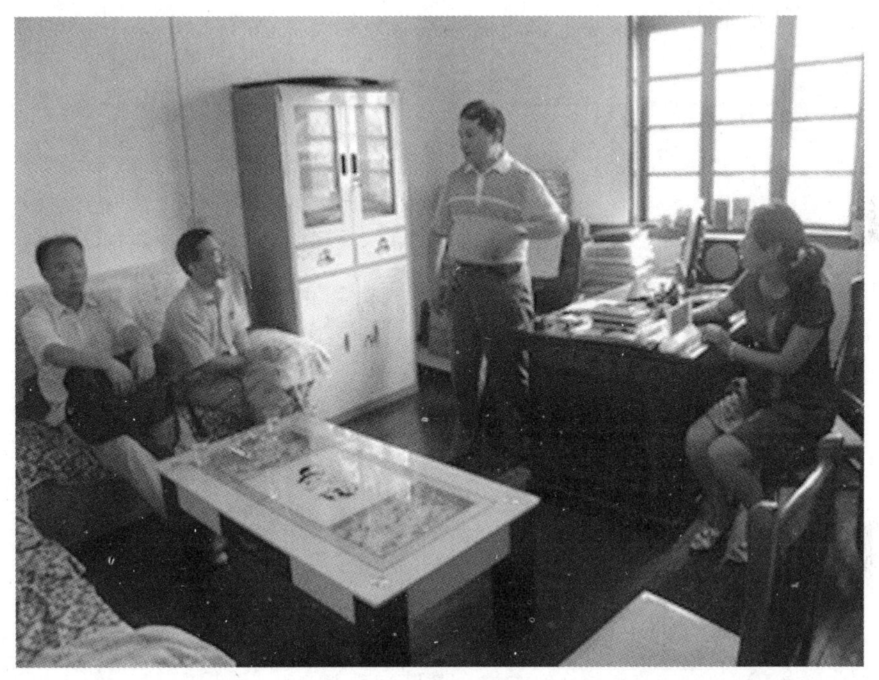

图 3—30　在习水县寨坝镇座谈（右二为徐生德镇长）

据徐镇长等介绍，寨坝镇位于习水县东北面，东邻綦江打通镇、丁山镇，西界江津四面山镇、东胜镇，北与习水县坭坝乡接壤，南与习水县大坡乡相连，处于重庆市丁山湖和四面山两大著名风景区之间（见图 3—31）。该镇平均海拔 1060 米，处于贵州高原向四川盆地过渡地带，是赤水河流域与綦江河流域的交界地区，凤凰村下厂河为两流域之分水岭。该镇面积 164.3 平方公里，辖 13 个村、1 个居委会、86 个村民组、7804 户、28522 人。镇人民政府驻地距綦江县城 68 公里，距江津城区 109 公里，距习水县城 67 公里。该镇插花地十分普遍，比较有代表性的有（见图

3—31）：

①该镇西面的灵仙河村有几十亩地飞入江津四面山镇境内。

②该镇西面的友谊村有170亩地飞入江津东胜镇境内，东胜镇也有一个水库在友谊村境内。

③綦江打通镇有40—50亩地飞入该镇西南部的新池村境内。

④该镇东面的三联村插入綦江县境内。

⑤该镇东面条台村的上溶村民组插入綦江县丁山镇境内。

⑥江津四面山镇桥头上之东南角插入该镇与大坡乡之间。

图3—31　习水县寨坝镇地图

3. 难分彼此的城镇——赤水市与合江县九支镇

在完成了对习水县插花地的考察任务后，2010年8月2日，我们从习水县城出发前往赤水市。途经习水县东皇镇、民化乡、土城镇和赤水市元厚镇、葫市镇、丙安乡、复兴区后，我们到达了赤水市城区。尽管已是晚上8时许，但当地气温仍然在40℃以上，市政府肖副主任很热情地接待了我们。当天恰逢赤水丹霞地貌成功申报世界自然遗产，整个市区一片欢腾。

2010 年 8 月 3 日，我们先后到赤水市民政局、档案局（方志办）、国土局查阅相关资料并与有关人员座谈（见图 3—32、图 3—33）。据有关档案资料记载及赤水市民政局原局长汪伯林（曾兼任赤水市勘界办主任，被国务院授予勘界先进个人荣誉称号）等的介绍，赤水市与四川省古蔺县、叙永县、合江县交界地带插花地虽然较少，但也不可避免地存在着。主要有以下几处：①

①长河扁水库是赤水市投资建设的，但库容部分跨赤水、合江两县市，为骑线（跨边界线）水库。

②赤水市天台镇龙塘有一块林地飞入合江县境内。

③赤水市石伞坪、上厂飞入古蔺县黄荆乡境内。

图 3—32　在赤水市民政局座谈（左一为原局长汪伯林）

① 赤水市勘界领导小组办公室：《关于勘定省级行政区域界线的工作总结》，赤水市民政局档案资料。

图 3—33 在赤水市档案局座谈

座谈结束后，我们来到了与赤水市仅一河之隔的四川省合江县九支镇进行实地考察。

赤水市是贵州省的一大经济重镇，图 3—34 是赤水市城区。未到过赤水的人肯定会认为，河两岸都是赤水市城区。其实不然，只有呈半岛状的河对岸部分才是真正的赤水市城区，沿河而建的河这边的部分是四川省合江县的九支镇，九支镇与赤水市的分界线是赤水河主航道中心线。贵州、四川两个界碑分置于赤水河大桥两头，一头为贵州界碑，另一头为四川界碑（见图 3—35、图 3—36）。

尽管九支镇不是严格意义上的插花地，但由于与赤水市（完全插入四川省境内，前已有述）关系极为密切，并对赤水市的发展产生了较为严重的影响（后文再叙），故也将其作为贵州与四川、重庆交界线上的一个典型插花地个案。

图 3—34　赤水市城区

图 3—35　位于赤水河桥头的贵州界碑

图 3—36　位于赤水河桥头的四川界碑

4. 犬牙交错的村庄——元木岩村与九坝村

在完成了对赤水市插花地基本情况的考察任务后，2010 年 8 月 4 日清晨，我们从赤水市出发前往仁怀市。途经赤水市复兴区、丙安乡、葫市镇、元厚镇后，进入习水县土城镇、马临工业区、习酒镇；途经仁怀市沙滩乡、合马镇、二合镇、茅台镇后，抵达仁怀市城区——中枢镇。当日下午，我们先后到仁怀市民政局、档案局（方志办）查阅相关资料并与有关人员座谈。

为较深入地了解仁怀市与四川交界线上的插花地情况，8 月 5 日上午，在仁怀市机要局穆昌亮局长的陪同下，我们来到了元木岩村与九坝村交界处进行实地考察。

元木岩村与九坝村是连为一体的两个自然村寨，图 3—37 左边是九坝村，右边是元木岩村。九坝村隶属于四川省古蔺县水口镇，而元木岩村隶属于贵州省仁怀市茅台镇。图中公路为两村之分界线，也是贵州省与四川省的交界线，界碑竖于公路右侧。

从表面看来，两个村寨的界限极为分明，似无插花地存在，其实不然。在与当地村民进行详细交谈后获知，这里的犬牙交错现象十分严重，有以下两点为证：

图 3—37　仁怀市茅台镇元木岩村与古蔺县水口镇九坝村之交界线

图 3—38　古蔺县水口镇九坝村插入仁怀市茅台镇元木岩村之农田

图 3—39　正在修建的跨川黔省界的房屋

其一，图 3—38 为界碑右侧之情况。屋顶有人之民房属仁怀市茅台镇元木岩村，可不远处公路坎下的一片农田却属古蔺县水口镇九坝村。

其二，图 3—39 为古蔺县水口镇九坝村一村民正在修建的民房，地基已基本完工。基脚隐约可见的石碑为川黔两省界碑，界碑左侧属贵州、右侧属四川（左侧之土地为该村民置换而得）。房屋建好以后则明显跨越川黔两省。

第四章　明清以来川（含渝）黔交界地区插花地产生的原因

关于插花地产生的原因，学者们多有论述（详见本书第一章），但远非全面系统。早在道光二十八年（1848）十一月，安顺府知府胡林翼便将贵州插花地产生的原因归纳为以下三点："一因乎明之卫所，一因于元明之土司，一因于剿抚蛮苗所得之土田。"[①] 胡林翼虽然是最早较为系统地研究贵州插花地产生原因的，但其结论的局限性十分明显，主要表现在以下两个方面：其一，他所归纳的只是表面原因，没有对这些原因作更深入的分析；其二，归纳总结得不够全面，因为土地的自由买卖、陪嫁、过继、赠与和土地主人的迁居等都是插花地产生的渊源。尽管如此，胡林翼这一论断还是得到了当时及后来不少贵州地方官吏的广泛认可，光绪十一年（1885），贵州巡抚李用清仍认为"所论至为明切"[②]。直到光绪三十一年（1905），贵州巡抚林绍年才作了补充，认为贵州插花地产生的原因除"卫、所，土司及剿抚蛮苗"外，还有陪嫁、过继、迁居等。"殆昔年苗属庄田因陪嫁、过继、迁居等事而业随带往者，致参错如此之甚。"[③] 林绍年虽然对贵州插花地产生的原因作了补充，但仍然有很强的局限性，不仅没有作深入分析，而且补充得也不完整，因为理论与实际都充分证明，不少插花地都是上述原因无法解释的，犬牙交错与山川形便的政区划分原则、土地私有制下"地随人走"的土地管理政策等都是插花地产生的根源。在《明清贵州插花地研究》一文中，马琦、韩昭庆、孙涛认为："贵

① 贵州省文史研究馆校勘：（民国）《贵州通志·前事志》（三），贵州人民出版社 1988 年版，第 489 页。

② 贵州省文史研究馆校勘：（民国）《贵州通志·前事志》（四），贵州人民出版社 1991 年版，第 779 页。

③ 同上书，第 892 页。

州插花地众多与其政区设置的方式有关，贵州府、县政区或在原卫所屯田之地，或在土司所辖领地，或在剿抚土著居民聚居地上设置，由于卫所、土司及土著聚落自身的分散错杂的特点，从而导致贵州插花地的产生。”①该文所做的结论与胡林翼的观点大体相当，没有新的突破。在《历史时期西南“插花”初探》一文中，笔者曾将插花地产生的原因归纳为“是历代中央王朝统治方略与封建土地私有制相结合的产物”②。现在看来，这一结论仍有一定的局限性。因为明清以来川（含渝）黔交界地区插花地产生的原因非常复杂，每一块插花地都有其产生的具体原因，或者说，每一块插花地产生的具体原因都未必完全相同，有的可能是单一因素作用的结果，有的则是多种因素共同作用的结果。我们在实地调查中还发现，一部分插花地产生的具体原因，甚至连当地人也说不清楚。尽管如此，但从文献资料记载与历史和现实生活中的一些实际情况来看，笔者认为，插花地产生的原因主要有以下一些：一是犬牙交错的政区划分原则；二是山川形便的政区划分原则；三是明代的卫所；四是元明之土司；五是土地私有制下“地随人走”的土地管理政策；六是贵州特殊的自然地理环境。下文将对之加以逐一分析。

一 犬牙交错的政区划分原则

（一）犬牙交错原则的基本内涵

犬牙交错（或犬牙相制、犬牙相入）原则是中国历史上划分行政区域的一条基本原则，是与山川形便原则相对应的。其基本内涵就是基于统治者的需要，人为地打破自然地理区域，使行政区的界线如同犬牙一般相互交错。③

传统观点认为，为避免地方割据势力的产生，元代开始使用犬牙交错原则划分行政区域。而据吴宏岐、周振鹤等的研究，犬牙交错原则早在秦代就已开始使用，元代只不过将其运用至极致而已。在《西汉行政区划

① 马琦、韩昭庆、孙涛：《明清贵州插花地研究》，《复旦学报》（社会科学版）2010年第6期。

② 杨斌：《历史时期西南“插花”初探》，《西南师范大学学报》（哲学社会科学版）1999年第1期。

③ 李晓杰：《体国经野——历代行政区划》，长春出版社2004年版，第126页。

中的“犬牙相制”现象》一文中，吴宏岐指出：“‘犬牙相制’的政区划分方法始见于秦时的长沙郡，至汉初则广为采用，由各诸侯王封地间的‘犬牙相制’进而发展到中央直辖郡与各诸侯国间的‘犬牙相临’，其制度日益完善。元明清三代省界划分中的‘犬牙相入’现象，不过是承袭秦汉旧制有所变通而已，谈不上有多少发明创造。”[①] 在《中国行政区划通史》中，周振鹤进一步指出：“元代是犬牙相错原则发生转折性变化的时期。无论是作为高层政区的行省，还是降为统县政区的路，犬牙相错原则都走向了极端。”[②] 以致元代没有一个行省能够拥有完整的地理形胜区域。[③] 明代虽然将元朝以犬牙交错方式划分的行省界线大都废除，但又形成了新的犬牙相入形势。[④]

犬牙交错原则的运用与插花地的产生有密不可分的关系。因为运用犬牙交错原则划分行政区划，必然会导致政区边界的犬牙交错。

（二）犬牙交错原则在川(含渝)黔交界地区的运用

明清以来，川（含渝）黔交界地区之所以存在极为严重的插花地问题，在很大程度上是运用犬牙交错原则的必然结果。

贵州虽然“地瘠民贫”[⑤]，但具有极其重要的战略意义，是湖广入云南，四川通两广的必经之地。“无黔，则粤蜀之臂可把，而滇楚之吭得扼矣”，“黔治则有与之俱治者，黔乱则有与之俱乱者”[⑥]。同治十年(1871)，山西道监察御史张沄即言：“楚、黔接壤，黔治则楚治，黔乱则楚先受其患，楚敝而西南数大省因之交敝。”[⑦] 光绪三十一年（1905年），贵州巡抚林绍年亦言：“黔本苗疆，民贫由于地瘠，盗匪滋多，夷情尤

---

① 吴宏岐：《西汉行政区划中的“犬牙相制”现象》，《中国历史地理论丛》1998年第1期。

② 周振鹤、李晓杰：《中国行政区划通史》（总论、先秦卷），复旦大学出版社2009年版，第93页。

③ 李晓杰：《体国经野——历代行政区划》，长春出版社2004年版，第152页。

④ 同上书，第169页。

⑤ 贵州省文史研究馆校勘：（民国）《贵州通志·前事志》（三），贵州人民出版社1988年版，第90页。

⑥（清）田雯：《黔书序》，罗书勤、贾肇华、翁仲康、杨汉辉点校，黄永堂审校：《黔书·续黔书·黔记·黔语》，贵州人民出版社1992年版，第3页。

⑦ 贵州省文史研究馆校勘：（民国）《贵州通志·前事志》（四），贵州人民出版社1991年版，第541页。

悍。雍正、乾隆间，屡酿边患，均蒙特简重臣督治，驭之以严。盖以毗连四省，一或不靖，悉为牵动，祸尤先中于川、湘。”①

由于贵州所具有的如此重要的战略意义，明王朝在奠定其统治基础后，即高度重视对贵州的经营。为了加强对西南地区的控制，确保辰沅普安大道和乌撒入蜀旧路的畅通，洪武十五年（1382）即建立了贵州都指挥使司，永乐十一年（1413）又建立了贵州承宣布政使司。贵州承宣布政使司的建立，标志着贵州自此始为一省。

从表面看来，思南宣慰使田宗鼎与思州宣慰使田琛因争沙坑地而举兵相攻，是明王朝建立贵州省的主要原因，其实不然。因为早在永乐十一年（1413）以前，明王朝便在今贵州省境内设置了大量卫所，并建立了贵州都指挥使司，建立贵州省是迟早的事。田宗鼎与田琛举兵相攻，只不过为明王朝建立贵州省提供了绝佳机会。

为何建立贵州省？对此明王朝是经过深思熟虑的。一方面要利用新建的贵州省“扼西南之吭”，另一方面又不愿意让新建的贵州省过于强大而难以收拾。于是，“犬牙交错”的政区划分原则便再一次得到了极致运用。对此，嘉靖二十六年（1547），巡按贵州御史萧端蒙在其奏言中就作了非常明确的说明：“贵州在国初，本三省远地也。至永乐十二年，始置都、部、按三司，以扼西南之吭。军民衙门，大抵皆分属三省，以示犬牙相制之意。”②

犬牙交错原则运用于川（含渝）黔交界地区的典型案例十分普遍。万历二十八年（1600），川、湖、贵三省总督李化龙所奏的《播州善后事宜十二事》，就充分体现了明王朝的犬牙交错思想，“夫蜀无借于播，黔瘠壤也，若乘此时而割播地以附黔，则于蜀无损，于黔有裨……但尽属之黔，则地方千里，诸凡缔造，劳费尚多，亦黔所不能堪。因议设为二府，分隶黔蜀，庶建邦启土，各自经营，成聚成都，指顾可就”③。李化龙这一建议被明王朝采纳后，将播州一分为二，平越军民府隶贵州，而遵义军民府仍隶四川。一方面增强了贵州的实力，另一方面又不放弃对贵州的监

---

① 贵州省文史研究馆校勘：（民国）《贵州通志·前事志》（四），贵州人民出版社1991年版，第907页。

② 贵州省文史研究馆校勘：（民国）《贵州通志·前事志》（二），贵州人民出版社1987年版，第298页。

③ 同上书，第513页。

控。康熙五年（1666）将原隶四川的乌撒府改隶贵州，雍正五年（1727）又将原隶四川的乌蒙、镇雄二府改隶云南，实际上都是犬牙交错思想在川（含渝）黔交界地区的运用。

为避免犬牙交错的政区格局所带来的种种不利影响，不少贵州地方官吏均向朝廷提出过划拨建议，但由于违背了朝廷犬牙交错的统治思想，这些建议均未被采纳。如成化二十三年（1487），镇远知府周瑛就奏请将隶属于湖广的平溪、清浪、偏桥、镇远四卫改隶贵州，理由如下："正统十四年，本府地方苗贼生发，民兵不能独制。而四边卫以属湖广，非申报各上司不敢擅动……遂致贼势滋蔓，攻城陷堡，杀戮人民……将平、清、偏、镇四边卫割属贵州，庶几父子兄弟相为一家，手足腹心相为一体，缓急调度，不致掣肘，地方便益。"[①] 但未被采纳。万历四十五年（1617），巡抚贵州的御史杨鹤也奏请将隶属于四川的乌撒军民府改隶贵州，并指出了改隶贵州的若干好处，但杨鹤这一建议遭到了兵部的否决，其主要原因之一就是"乌撒为滇蜀咽喉，素称夷方重地，所设土府及卫犬牙相临，彼此牵制，祖宗立法固有深意"[②]。

由于较为广泛地运用了犬牙交错的行政区域划分原则，川（含渝）黔交界地区大量插花地便因此而产生。

早在贵州省建立之初，隶属于四川省的播州宣慰司就如同一柄锋利的尖刀直插贵州省腹地，而且贵州省被播州宣慰司、都匀卫和地处辰沅普安大道上的平溪卫、清浪卫、镇远卫、偏桥卫等分割成三块互不相连的地域，隶属于贵州都司的永宁卫也向北深入四川省境内，"地处播州宣慰司境内的黄平守御千户所及一度存在的重安守御千户所却隶贵州都司"[③] ……如此一些插花地的产生都是运用犬牙交错原则的必然结果。万历二十九年（1601）平定播州杨应龙叛乱后所设立的遵义军民府仍隶四川，康雍年间云南、四川、贵州三省交界区域极为严重的插花地问题的形成等，同样是运用犬牙交错原则的必然结果。

---

① 贵州省文史研究馆校勘：（民国）《贵州通志·前事志》（二），贵州人民出版社1987年版，第202页。

② 《明实录·神宗万历实录》卷557，贵州民族研究所编《明实录·贵州资料辑录》，贵州人民出版社1983年版，第1111页。

③ 郭红、靳润成：《中国行政区划通史·明代卷》，复旦大学出版社2007年版，第503页。

二 山川形便的政区划分原则

（一）山川形便原则的基本内涵

山川形便原则是中国历史上划分行政区域的另一条基本原则，是对应于犬牙交错原则的。其基本内涵就是以天然高山、大河作为行政区划分的边界，使行政区与自然地理区域相一致。①

山川形便原则虽然是唐初才正式提出来的，“然天下初定，权置州郡颇多。太宗元年，始命并省，又因山川形便，分天下为十道”②，但它早在先秦时期就已运用于我国的行政区域划分。春秋战国时期，列国之间的边界已以山川作为标志。《尚书·禹贡》所假想的“九州”也是以山川形便作为政区边界的。秦始皇一统天下后，分天下为36郡，同样是以山川形便作为政区划界的基本依据的。③ 为避免地方割据势力的产生，元代开始虽然主要运用犬牙交错原则，并将其极端化，但山川形便原则也没有被完全废止。

用山川形便原则划分行政区划，也会在一定程度上产生插花地。主要依据如下：

第一，天下迂回曲折的山川极为普遍，以迂回曲折的山川作为行政区划边界，必然会造成行政区划的犬牙交错。

第二，并非所有的山川都千古不易，随着河流的改道、山脉的位移，部分插花地也会因此而产生。

（二）山川形便原则在川（含渝）黔交界地区的运用

明清以来，运用山川形便原则划分川（含渝）黔两省边界的典型事例并不少见，部分插花地便因此而产生。

永乐十一年（1413）贵州建省，川（含渝）黔交界线初步形成。如前所述，在川（含渝）黔交界线形成之初，为达到川黔两省相互扼控之

---

① 李晓杰：《体国经野——历代行政区划》，长春出版社2004年版，第126页；周振鹤、李晓杰：《中国行政区划通史》（总论、先秦卷），复旦大学出版社2009年版，第87页。

② （宋）欧阳修：《新唐书·地理志》，清乾隆武英殿刻本。

③ 周振鹤、李晓杰：《中国行政区划通史》（总论、先秦卷），复旦大学出版社2009年版，第87页。

目的，明王朝虽然主要运用犬牙交错的政区划分原则，但在川（含渝）黔部分交界区域，仍可窥见山川形便原则的踪影。如思南府沿河祐溪司与四川酉阳宣抚司就主要以乌江为界，这一边界格局至今尚存。万历二十九（1601），平定播州杨应龙叛乱后，明王朝在划分遵义军民府与平越军民府边界时，也主要以乌江为界，“至论建置大概，臣意自沙溪以至白泥，当以乌江为界，设一府于白泥坝”①，乌江以南为平越军民府，乌江以北为遵义军民府。雍正八年（1730），大宪委勘赤水河流域四川、贵州两省边界时，也确定以赤水河为界，“前清雍正八年，川黔两省大宪委勘，以赤水河大江上自斑鸠井河源下至合江县合大江，河南归黔，河北归川”②，这一边界格局也延续至今。

由于运用山川形便原则划分行政区域，川（含渝）黔交界地区部分插花地便因此而产生。如四川古蔺与贵州赤水等地出现极为严重的犬牙交错现象，与赤水河的迂回曲折就有着密不可分的关系；我们在实地调查中也发现，贵州习水与重庆綦江、江津也多以河沟、道路和山脉垂直中心线为界，由于河沟、道路和山脉的迂回曲折，不少插花地就不可避免地产生了。

三　明代的卫所

（一）基本情况

如前所述，由于贵州具有十分重要的战略意义，朱元璋在奠定其统治基础后，即着手经营贵州。面对贵州土司林立的格局，朱元璋一方面对土司进行归并和改置，另一方面遍设卫所、屯驻重兵，以加强对土司的监控和确保辰沅普安大道与乌撒入蜀旧路的畅通。“国初开创西南境土，乃设平溪、清浪、偏桥、镇远四边卫，以控蛮夷，以通西南道路。”③ 终明一代，明王朝共在今贵州境内设置了32个卫所（包括永宁卫），其中卫29

① 贵州省文史研究馆校勘：（民国）《贵州通志·前事志》（二），贵州人民出版社1987年版，第524—525页。

② 《专员清源案奉》、《内政部、四川、贵州省府关于黔川两省瓯脱插花报告和批复》（中华民国二十九年十二月十日起、三十二年十二月十九日止），贵州省档案馆，档案全宗：M8—1—3030。

③ 贵州省文史研究馆校勘：（民国）《贵州通志·前事志》（二），贵州人民出版社1987年版，第200页。

个、直隶千户所3个（包括天柱千户所）[①]。在32个卫所中，属于洪武年间设置的就有27个。这些卫所主要分布于辰沅普安大道与乌撒入蜀旧路上。

明代的卫所是军农、军政合一的军事组织。卫所官兵“三分戍守，七分下屯”，由政府配给耕牛、农具和种子，就地开垦耕种，屯田以自给。“无事则分兵驻守，有警则合并剿捕”[②]，“聚则为兵，散则为农，不妨农事”[③]。不仅如此，卫所官兵还要注入军籍，世代相袭，父死子继。“云南、贵州、四川都司属卫军职士官及湖广边卫今征调军职士官，如有老疾亡故，子侄应袭替”。[④] 每一军户都有一名“正军”，户下还有一名“军余”帮助料理生活。为使军士“有亲属相依之势，有生理相安之心”，还规定所有“正军”及“军余”都必须携妻室前往。据有关学者统计，仅明初移入贵州的军屯人口就不下七八十万人。[⑤] 足见明代的卫所屯田规模。

明代的卫所不仅是军农合一的军事组织，而且都有自己的辖地，相当一部分卫所甚至还下辖一定数量的土司。如贵州卫辖程番、方番、韦番、大龙、小龙、卧龙、金石、罗番、小程番、洪番、卢番、卢山、上马桥十三长官司；普定卫除辖安顺、镇宁、永宁三州外，还辖西堡、宁谷、十二营、康佐、顶营、募役六长官司；平越卫辖麻哈、杨义、乐平三长官司；新添卫辖新添、小平伐、把平、丹平、丹行、羊场六长官司；都匀卫领都匀、邦水、平浪、平州六洞、九名九姓独山州、合江洲陈蒙烂土、丰宁七长官司（详见本书第二章表2—2）。卫所俨然就是一级地方行政区划。因此，明代的卫所还是军政合一的军事组织，是明代“极具特色的非正式

① 参见杨斌《红灯·警钟——贵州人口增长的错位》，贵州民族出版社2002年版，第60—61页；贵州省地方志编纂委员会编《贵州省志·地理志》上册，贵州人民出版社1985年版，第57—58页。

② 《明实录·太祖洪武实录》卷146，贵州民族研究所编：《明实录·贵州资料辑录》，贵州人民出版社1983年版，第32页。

③ 《明实录·太宗永乐实录》卷100，贵州民族研究所编：《明实录·贵州资料辑录》，贵州人民出版社1983年版，第152页。

④ 《明实录·英宗正统实录》卷75，贵州民族研究所编：《明实录·贵州资料辑录》，贵州人民出版社1983年版，第278页。

⑤ 《贵州六百年经济史》编辑委员会：《贵州六百年经济史》，贵州人民出版社1998年版，第67页。

政区”。[①]

关于明代卫所的屯田事实与准政区性质，《明实录》中也随处可见。如永乐十七年（1419），贵州都司普安卫奏言：“本卫山多田少，不足军士屯种，且舟楫不通，别无馈运，准令召商中纳盐粮以给军士。”[②] 宣德八年（1433），偏桥卫奏：“本卫有高坡石洞，近两崖浮石崩坠，阻塞河道四十余丈，军民舟行不通。乞令本处长官司俟农隙时与本卫并力，去其拥塞，以便军民。”[③] 宣德十年（1435），贵州诸卫言：“其屯所山多田少，地瘠水冷，刀耕火种，子粒秕细，鲜有收获，乞减其税。”[④] 正统六年（1441），尚书王骥奏：“窃见贵州等二十卫所，屯田池塘共九十五万七千六百余亩，所收子粒足给军实，而屯田之法久废，徒存虚名。良田为官豪所占，子粒所收百不及一，贫穷军士无寸地可耕，妻子冻馁，人不聊生，诚为可虑。”[⑤]

（二）卫所与川（含渝）黔交界地区插花地

明清以来，川（含渝）黔交界地区插花地的大量产生，与明代的卫所设置有密不可分的关系。

尽管卫所屯田一般都有指定区域，即不会引起争议的土地，如没收的元代官僚土地，卫所四周的无主荒地等[⑥]，但在集中连片、可耕土地资源极为有限的喀斯特地貌环境下，“屯田亦有星散四出之地”[⑦]。宣德十年（1435），铜鼓卫百户陈复的奏言就说明了这一问题。“本卫并五开等卫，自永乐年间至今，于辰州宣庆、武冈等处立堡屯种，余粮就彼收贮，所积

---

① 郭红、靳润成：《中国行政区划通史·明代卷》，复旦大学出版社2007年版，第1页。

② 《明实录·太宗永乐实录》卷114，贵州民族研究所编：《明实录·贵州资料辑录》，贵州人民出版社1983年版，第155页。

③ 《明实录·宣宗宣德实录》卷99，贵州民族研究所编：《明实录·贵州资料辑录》，贵州人民出版社1983年版，第231页。

④ 《明实录·英宗正统实录》卷1，贵州民族研究所编：《明实录·贵州资料辑录》，贵州人民出版社1983年版，第245页。

⑤ 《明实录·英宗正统实录》卷80，贵州民族研究所编：《明实录·贵州资料辑录》，贵州人民出版社1983年版，第283页。

⑥ 《贵州六百年经济史》编辑委员会：《贵州六百年经济史》，贵州人民出版社1998年版，第34页。

⑦ 贵州省文史研究馆校勘：（民国）《贵州通志·前事志》（三），贵州人民出版社1988年版，第489页。

稻谷，岁久陈腐，支销不尽，乞敕该部移文湖广军卫有司，但有灾伤之处，各就近侍屯仓所储，不分军民，验口支借，秋成还官。”① 铜鼓、五开卫均在今贵州境内，而辰州在今湖南境内，这一奏言说明，铜鼓、五开等卫的屯田已延伸到了辰州境内。而明代的卫所又是“以屯田为实壤”的，大量插花地便由此产生。清王朝建立后，虽然将卫所逐一改置为州县，但“徒取其城市相近者即并为一邑，未暇一一清厘”②，这些插花地也由此传承下来。

由于史料不足，川（含渝）黔交界地区到底有多少插花地是因明代卫所而产生的？我们虽然无法具体知晓，但如前所述的永宁卫即是一典型个案。

四　元、明之土司

（一）基本情况

国家社会科学基金2012年重大招标项目“中国土司制度史料编纂整理与研究”首席专家李世愉认为，土司是元、明、清政府在云、贵、川、桂等省任命的世袭地方官，而土司制度是对元、明、清在西南等地所推行的以土司治土民这一地方行政管理制度的概括。③ 土司制度实际上是土官制度的继承和发展，与羁縻制度一脉相承，均为实现“以夷治夷”、“分而治之”的目的。④ 故有学者认为：“土司制度是封建王朝在少数民族地区，特别是西南少数民族地区实施的一种羁縻统治的政治制度。”⑤ 土司制度始于元，盛于明，而衰于清。

元王朝建立以后，为加强对西南少数民族地区的控制，达到“以夷治夷”、“分而治之”的目的，在包括今贵州地域在内的西南地区遍行土

---

① 《明实录·英宗正统实录》卷7，贵州民族研究所编：《明实录·贵州资料辑录》，贵州人民出版社1983年版，第247页。

② 贵州省文史研究馆校勘：（民国）《贵州通志·前事志》（三），贵州人民出版社1988年版，第489页。

③ 李世愉：《土司制度基本概念辨析》，《云南师范大学学报》（哲学社会科学版）2014年第1期。

④ 侯绍庄、史继忠、翁家烈：《贵州古代民族关系史》，贵州民族出版社1991年版，第233页。

⑤ 邓辉：《略论土家族地区土司制度的实质》，《恩施师专学报》1984年第1期。

司制度，将土司分为宣慰、宣抚、安抚、长官及蛮夷长官等级别，但元代的土司制度极不完备，主要表现在以下几个方面：其一，土、流混杂；其二，土司虽有一定品级，但设置较为混乱；其三，土司的隶属关系及结合时有变动，名号也累有重复；其四，土司承袭、授职、征调、赋役、朝觐诸事，均无明确规定。①

明王朝建立以后，不仅将数以百计的土司进行了归并和改置，而且完善了土司制度，具体表现在以下几个方面：第一，土、流分治而不相混。不仅将土官纳入国家统一官制，而且将土、流截然分开，自成体系。第二，文武相维，比于中土。土司有文职、武职之分，文职属吏部验封司，武职属兵部武选司。第三，以官品分尊卑之等差。土司官品有从三品到从九品 14 个等级。第四，土司地位较高，与王朝关系较密。无论大小土司都由朝廷直接任命，并亲自赴京受职。第五，承袭有制，并有阴阳信符。土司承袭之权由中央掌握，没有朝命不得承袭。第六，“教化为先”，不入学者不听保袭。第七，额以赋税，定朝觐、进贡之法。第八，定征调之法以驭土军。显而易见，明王朝从政治、军事、经济、文化、思想各方面将土司纳入了国家统一制度，使其成为中央王朝统治少数民族地区的重要工具。②

尽管元代的土司与明代的土司在制度层面上有诸多的不同，但至少有以下几点是完全相同的：其一，无论大小土司都有极为明确的领地范围，是今贵州境内正式地方行政区划。其二，土司领地均可承袭。其三，土司有一定的政治、经济、军事实力，有相对独立的自主权。

（二）土司与川(含渝)黔交界地区插花地

明清以来，川（含渝）黔交界地区插花地的大量产生，与元明之土司同样有着密不可分的关系。

各土司虽然都有极为明确的领地范围，但由于土司有一定的政治、经济、军事实力，并有相对独立的自主权，彼此之间的征战、侵夺十分频繁，故疆界极不稳定，常随实力的增减而有赢缩，大量插花地便因此

---

① 参见《贵州通史》编委会《远古至元代的贵州》，当代中国出版社 2002 年版，第 453—454 页。

② 参见《贵州通史》编委会《明代的贵州》，当代中国出版社 2002 年版，第 50—54 页。

而产生。及至改土归流并创建府州县时，则将其所有领地都归并于相关府州县，这些插花地便因此传承下来。早在道光二十八年（1848），安顺知府胡林翼在分析贵州插花地产生的原因时，就明确指出了这一问题。“土司之壤或承自唐宋，或创于元明，历世既久，彼此侵夺，本非画一之规。及其献土也，则举其所有而归之于州县，不暇一一为之分析。”①

关于川（含渝）黔交界地区土司相互侵夺领地的客观事实及因此而产生的一些插花地，历史文献中均有不少记载。如（嘉靖）《思南府志》即载：“弘治间，四川酉阳宣抚司争沿河司地，地为所侵当道，议设藩篱以限之，乃迁板桥司治于思渠。”②《明实录·神宗万历实录》亦载：“水西向侵播州，水烟、天旺及它瓯脱颇众。”③ 万历二十八年（1600），在平定播州杨应龙叛乱后，川、湖、贵三省总督李化龙在上奏《播州善后事宜十二事》中亦言：播州“接连三省，县卫各有疆界，无容混淆。西南左逼水西，右接永宁，虽犬牙相搀，未能奇一，然画野分疆，亦自有相沿界址。惟是夷性互为雄长，强则侵凌，弱则减削，甚至有一地而甲乙互临，一人而齐楚兼事。如儒溪、沙溪、烟水、天旺，皆播州五十四里之数，见有黄册可考。辑麻山、李博垭、仁怀、石宝、瓮平等处，亦皆播州世业。只缘先年杨氏中衰时，曾为永宁、水西侵占。后应龙当事，治兵相攻，恢复故业，各边目又已任其粮马，两下支持”④。

五　土地私有制下“地随人走”的土地管理政策

土地私有制与“地随人走”的土地管理政策，都是明清以来川（含渝）黔交界地区插花地产生的重要根源，但二者的关系极为复杂。

---

① 贵州省文史研究馆校勘：（民国）《贵州通志·前事志》（三），贵州人民出版社 1988 年版，第 489 页。

② 田秋：（嘉靖）《思南府志》，思南县志编纂委员会办公室：（嘉靖、道光、民国）《思南府、县志》（点校本），1991 年（内部发行），第 6 页。

③ 《明实录·神宗万历实录》卷 358，贵州民族研究所编：《明实录·贵州资料辑录》，贵州人民出版社 1983 年版，第 1018 页。

④ 贵州省文史研究馆校勘：（民国）《贵州通志·前事志》（二），贵州人民出版社 1987 年版，第 518—519 页。

（一）土地私有制

1. 土地私有制的形成

中国传统社会的土地制度，经历了从国有到私有的过程。西周时期，全国土地均为周天子所有，由于周天子代表的是整个国家，故其土地所有制有很强的国有性质。《诗经·小雅·北山》所言的“溥天之下，莫非王土”，便是对当时土地国有属性的概括。[①] 李埏在《三论中国封建土地国有制》一文中也明确提出“王有就是国有”的观点。[②] 周天子虽然对全国土地享有最高所有权，但这只是名义上的，因为他要通过分封制将大部分土地分封给诸侯，诸侯又以采邑形式将一部分土地分封给卿大夫，卿大夫再将一部分土地分封给士。据此，有学者对西周的土地国有性质提出了质疑，认为“不是完全的公有制，也不是完全的私有制”，因为“在互不从属的贵族之间，土地具有排它的私有性质，在相互从属的等级贵族之间(如天子与诸侯、诸侯与所属的卿大夫)，则共同享有土地的所有权”[③]。这一观点事实上是较为偏颇的，因为诸侯、卿大夫、士都只有土地的使用权而没有所有权，非经王室特许，是不得随意买卖转让的。[④] 即便“互不从属”贵族之间的受封地有很强的“排他”性，也只是使用权上的排他性，而非所有权上的排他性。

西周中晚期以后，随着生产力的不断发展，一些奴隶主贵族开始在“公田”之外驱迫奴隶开垦荒地，所获得的收入不必向上一级奴隶主缴纳贡税。由于这样的田地实际上为这些奴隶主私有的，故被称为“私田”。春秋以来，由于铁器与牛耕技术的逐步推广，这样的“私田”开垦得越来越多，产量也不断提高，而“公田”却由于“民不肯尽力”而处于瘫痪状态。随着王室势力的逐渐衰微，日益豪富起来的奴隶主们便将原来分得的“公田”据为私有[⑤]，诸侯之间、诸侯与卿大夫之间、大夫与大夫之

---

① 陈锋：《中国古代的土地制度与田赋征收》，《清华大学学报》（哲学社会科学版）2007年第4期。

② 李埏：《三论中国封建土地国有制》，《思想战线》1996年第1期。

③ 魏天安：《从模糊到明晰：中国古代土地产权制度之变迁》，《中国农史》2003年第4期。

④ 十院校《中国古代史》编写组：《中国古代史》（上），福建人民出版社1985年版，第94页。

⑤ 史继忠、侯绍庄：《中国封建社会结构研究》，云南大学出版社1992年版，第28页。

间争田夺地的现象也屡见不鲜。面对井田制崩溃和土地私有制出现的客观事实，战国初期，各诸侯国纷纷变革生产关系，以适应新的形势，尤其是秦国商鞅的“开阡陌封疆”，不仅废除了井田制，而且允许土地买卖，从法律层面对土地私有制进行了确认。秦始皇统一六国后，于前216年颁布了“使黔首自实田”的法令，标志着在全国范围内承认了私有土地的合法性。[①] 虽然土地私有制的确立并不意味着土地国有制的消亡，但从秦汉至新中国成立前，土地私有制都居于主导地位。虽然历代封建帝王都把全国土地视为封建国家所有，但历代封建国家所能直接掌握控制的土地数量极为有限，在社会耕地总量中，至多占1/7到1/6，大量社会耕地都掌握在大土地私有者和农民个体所有者手中。[②]

2. 土地私有制与川（含渝）黔交界地区的插花地

土地私有制一经确立，土地就成了个人的私有财产。于是，土地不仅可以自由买卖，而且可以陪嫁、过继、赠与和交换等。如此种种，都会导致插花地的产生。下文试以买卖和陪嫁为例进行分析。

(1) 买卖

在以农立国的传统社会，土地是一切财富中最可靠的保证，是物质利益的基础和体现。当土地为国家所有时，个人对土地的渴求被压抑着。土地一经私有，个人对财富的渴求便首先表现为对土地所有权的追求。[③] 为了拥有土地所有权，生活于传统社会的人们都不遗余力地购置田产，土地买卖十分兴盛。一部中国封建社会史在很大程度上就是一部土地买卖与土地兼并史，因为自秦汉而民国的任何一个历史阶段，不仅存在着土地买卖与土地兼并，而且几乎所有的社会矛盾与阶级斗争都因土地而发生。

秦汉以来，关于土地买卖与兼并的纪录，历史文献中屡见不鲜。《汉书·食货志》即有如此之记载：“至秦则不然，用商鞅之法，改帝王之制，除井田，民得卖买，富者田连阡陌，贫者亡立锥之地。”[④] 杜佑《通典》亦载：“诸庶人有身死家贫无以供葬者，听卖永业田。即流移者，亦如之。乐迁就宽乡者，并听卖口分（卖充住宅、邸店、碾硙者，虽非乐

---

① 陈锋：《中国古代的土地制度与田赋征收》，《清华大学学报》（哲学社会科学版）2007年第4期。

② 史继忠、侯绍庄：《中国封建社会结构研究》，云南大学出版社1992年版，第89页。

③ 杨宗亮：《中国封建土地私有制问题散论》，《西昌师专学报》1996年第4期。

④ 《汉书》卷24《食货志》，清乾隆武英殿刻本。

迁，亦听私卖)。诸买地者不得过本制，虽居狭乡，亦听依宽制。其卖者，不得更请。凡卖买即须经所部官司申牒，年终彼此除附。若无文牒辄卖买，财没不追，地还本主……其官人永业田及赐田，欲卖及贴赁者，皆不在禁限。"[①] 中唐颁布两税法后，土地所有权转移更快，出现了"有钱则买，无钱则卖"，"贫富无定势，田宅无定主"[②] 的情况。

中国历史上的土地买卖不仅十分普遍，而且没有地域限制。查阅中国历史上的任何一部法典，都没有关于土地买卖的地域限制，也就是说，只要有实力，全国范围内的土地都可以购买。于是，"地权被分割得十分零散，单个地主占有的土地，在空间上往往十分分散，很难集中形成一个整片"[③]。在"地随人走"的土地管理政策下，如果出现了跨行政区域的土地买卖现象，或因土地买卖而导致了行政区域的犬牙交错，插花地就必然会产生。

因土地买卖而产生的插花地，在包括川（含渝）黔交界地区在内的西南各省（市、区）交界区域都十分普遍。如据记者调查，贵州省天柱县地湖乡之所以飞入湖南省境内，就是因为历史上贵州人到湖南买地置业所致，70 多岁的地湖乡村民吴得盛家中至今仍然保存着六张旧地契，分别出自"清咸丰十一年四月十四日"、"大清同治十三年三月十五日"、"清同治七年十月初六日"、"中华民国三十三年三月二十三日"等不同年代，其中一份写着"立卖田契人朱荣杰今因要钱用度，出让岩屋头水田处大小二丘，载税二亩三分三厘五"[④]。又据《华西都市报》报道，四川省广元市朝天区转斗乡蒿底村三社周围都是陕西省的行政村社，完全处于陕西境内。究其原因，大约有两种不同的说法。一种说法为：蒿底村三社及周围的土地三国时期都属四川省，后来把周围的土地卖给了陕西人，但拴马的地方没有卖出去，蒿底村因此成为飞地；另一种说法为：蒿底村是杨家的老祖宗在明末清初花银子买下的。[⑤] 这两种说法孰是孰非虽然无法考证，但有一点是可以肯定的，即买卖土地所致。我们在桐梓县坡渡镇，

① 杜佑：《通典·食货·田制》，清咸丰九年武英殿刻本。

② 《宋史》卷 250《石守信传》，清乾隆武英殿刻本。

③ 史继忠、侯绍庄：《中国封建社会结构研究》，云南大学出版社 1992 年版，第 39 页。

④ 邹容：《湘黔交界处：一片"飞地"》，《潇湘晨报》2006 年 6 月 9 日。

⑤ 《广元有块"飞地"在陕西，14 户人手机天天在漫游》，《华西都市报》2011 年 10 月 16 日。

习水县坭坝乡、寨坝镇考察，当地人虽然无法准确告知大量飞地的具体来源，但完全可以肯定的是，其中的一部分与历史时期土地的自由买卖有密不可分的关系。

(2) 陪嫁

传统意义上的“嫁”有明显的性别指向，特指女人出嫁。本书这里的“嫁”不仅包括女人出嫁，也包括男人上门，即入赘。陪嫁则指出嫁或入赘时的陪送物。

在传统中国社会，无论出嫁还是入赘，都应有相应的陪送物。由于土地是个人的私有财产，陪送土地（包括田地、林地等）便在所难免，尤其是大户人家，陪送的土地数量往往十分惊人。在“地随人走”的土地管理政策下，陪送的土地一旦跨越行政区域，或导致行政区域犬牙交错，就必然会产生插花地。

因土地陪嫁而产生的插花地，在包括川（含渝）黔交界地区在内的西南各省（市、区）交界区域同样十分普遍。据记者调查，四川省武胜县清平镇境内，有属于重庆市合川区古楼镇天子村的5社和6社，共有人口680多人，占地面积1.17平方公里。从合川区燕窝镇到合川区古楼镇天子村的5社和6社，要穿越四川省武胜县的万隆、新学、龙门等5个镇。更为有趣的是，在重庆市合川区古楼镇天子村的5社和6社中，有约3亩的耕地属于四川省武胜县清平镇，由此形成飞地中的飞地。其制造者——武胜县清平镇一大队5队居民、82岁的易中富，清楚地解释了其产生的根源：他原是合川人，他家有自己的耕地（新中国成立后，被界定为中农），1947年左右，他以上门女婿的身份“嫁”到武胜，有约3亩的耕地随之带到武胜，直至今日仍由他耕种，其权属归武胜清平镇。[①] 笔者老家——贵州省思南县鹦鹉溪镇大溪口村蔡家坝组有一块大约二三十亩的田地远在数公里以外，跨越了五个村寨，究其原因即为笔者的外曾祖母出嫁时（清朝末年）陪嫁过来的。

在土地私有制下，不仅土地的自由买卖和陪嫁会导致插花地的产生，土地的过继、赠与、交换和土地主人的迁居等也会导致插花地的产生，这里就不一一赘述了。

可以看出，土地私有制的广泛存在是插花地产生的一个重要根源。当

---

① 韩毅：《川渝“飞地”之谜》，《重庆晚报》2007年6月16日。

然，由于种种因素的影响，土地私有制并不广泛存在于川（含渝）黔交界地区的每一个角落。据有关学者研究，明清时期，在云南、贵州、四川三省毗连的水西等地，由于彝族人民长期生活居住于此，实际实行的是“则溪制度”。在这种制度下，这里的土地都属宣慰所有，宣慰自占一片后，将其余的土地分给十二宗亲，构成十三则溪，各则溪又将土地分给各部，各部再将土地分给祃裔，祃裔再将土地分给奕续。所有受封者都只有土地占有权，而没有土地所有权，不能买卖或转让封地。因此，这种土地制度实际上为封建领主下的大土地所有制。[①] 正因为如此，无论历史上还是当前，与其他地区做比较，这里的插花地都相对较少。这从另一个侧面又证明了土地私有制与插花地的内在联系。

（二）“地随人走”的土地管理政策

1. 基本含义

“地随人走”土地管理政策的基本含义为：人定居于哪一个行政区域，其所拥有或耕种的土地即隶属于该行政区域。

尽管我们查找不到关于“地随人走”的土地管理政策的任何文献与文件依据，但无论几千年的封建社会还是新中国，实际上执行的都是这样的管理政策。

2. “地随人走”的土地管理政策与川（含渝）黔交界地区的插花地

“地随人走”的土地管理政策虽然避免了行政管理上的人地分离，却成为插花地产生的又一重要根源。主要表现在以下两个方面：

其一，地与人分处于不同的行政区域。

其二，地与人虽处于同一行政区域，但产生了行政区域的犬牙交错。

“地随人走”的土地管理政策是插花地产生的一个重要根源，已得到了历史地理学者的广泛认可。如傅辉在《河南插花地个案研究（1368—1953年）》一文中就明确指出：“插花地清理工作步履维艰的根本原因在于户籍和地籍的分离，传统的户籍制度，使插花地居民不得就地入籍……事实证明，将户籍、地籍、教育等社会因素综合考虑，是解决插花地问题

---

① 参见史继忠、侯绍庄《中国封建社会结构研究》，云南大学出版社1992年版，第443—459页。

的关键所在”①。鲁西奇、林昌丈在《飞地：孤悬在外的领土》一文中也指出：“户籍与其实际居住地和耕作田地的分离，也是造成飞地的原因之一。”② 这些结论与本书的说法虽然不一致，但基本内涵完全相同。

明清以来，川（含渝）黔交界地区到底有多少插花地是因为“地随人走”的土地管理政策而产生的？由于资料不足，虽然不得其详，但必不会少，我们在实地调查中就发现了不少这样的情况（后文再叙）。

（三）土地私有制与“地随人走”的土地管理政策

从以上分析可以看出，土地私有制与“地随人走”的土地管理政策虽然都是插花地产生的重要根源，但二者关系极为复杂（见图4—1）。

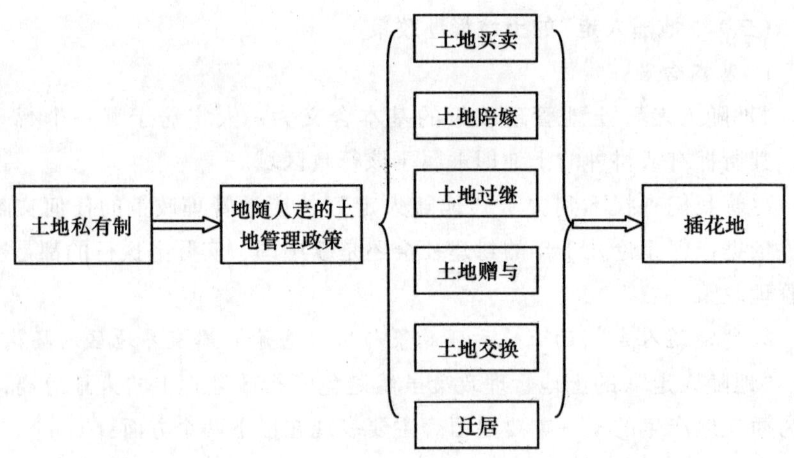

图4—1 土地私有制与“地随人走”土地管理政策的关系

土地私有制虽然是插花地产生的一个重要根源，但只有与“地随人走”的土地管理政策相结合，才能产生插花地。没有“地随人走”的土地管理政策，即便存在土地私有制，也不可能产生插花地。但不能据此否认土地私有制对插花地的重要影响，因为在“地随人走”的土地管理政策下，如果没有土地私有制，插花地就会少得多，上述水西之“则溪制

① 傅辉：《河南插花地个案研究（1368—1953年）》，《历史地理》第19辑，上海人民出版社2003年版，第47页。

② 鲁西奇、林昌丈：《飞地：孤悬在外的领土》，《地图》2009年第4期。

度”就是一个明证。

“地随人走”的土地管理政策虽然是土地私有制与插花地之间的一个中间环节，但其本身又是插花地产生的一个重要根源。因为即便不存在土地私有制，只要存在“地随人走”的土地管理政策，插花地同样会产生。我们在实地调查中就发现了不少这样的情况。如重庆市綦江县郭扶镇有约70—80亩的一块林地飞入贵州省习水县坭坝乡大河沟村境内（前已有述），究其原因即为郭扶镇的一位男青年入赘到习水县坭坝乡大河沟村时带过来的。习水县坭坝乡有一块林地飞入綦江县郭扶镇境内，其原因即为迁居产生。习水县寨坝镇友谊村有170亩飞地在綦江县东胜镇境内，东胜镇也有一个水库在友谊村境内，其原因是东胜镇交换寨坝镇土地修水库所致。如此一些插花地都是在新中国成立后产生的，此时尽管已废除了土地私有制，但“地随人走”的土地管理政策依然存在。

综上所述，土地私有制与“地随人走”的土地管理政策都是插花地产生的重要根源。从导致插花地产生这一角度看，“地随人走”的土地管理政策可以单独存在，但土地私有制必须与“地随人走”的土地管理政策相结合才能导致插花地的产生。

六　贵州特殊的自然地理环境

（一）贵州自然地理环境概述

贵州位于中国西南部，东经103°36′至109°35′之间，北纬24°37′至29°13′之间，是一个隆起于四川盆地和广西丘陵之间的亚热带高原山区，是全国唯一的不沿边、不沿海，又没有平原支撑的地区。其自然环境特征主要表现在以下几个方面：①

第一，山地多、平地少，石头多、耕地少。“开门见山”是贵州地理面貌的真实写照。在贵州的土地总面积中，丘陵占10%，河谷盆地和山间盆地（贵州俗称坝子）占3%，而山地面积竟占了全省土地总面积的87%。全省有大小坝子无数，但超过5000亩的只有101个，超过万亩的不足20个。而且贵州是最典型的喀斯特地区，碳酸盐类岩石广泛分布，

① 参见杨斌《农村男性弱势群体的婚姻边缘化问题研究——以贵州为例》，中国社会科学出版社2010年版，第157—159页。

岩石的出露面积就占了全省土地总面积的61.9%。在这样的情况下，贵州的耕地面积十分有限，有“八山一水一分田”之称。2006年，贵州人均耕地面积仅有0.67亩，已低于联合国粮农组织规定的人均0.8亩的警戒线。①

第二，山高坡陡，土壤层薄，耕地质量差。贵州高原山高谷深，加上河流下切较深，整个高原被切割得支离破碎，致使山峦叠障，岭谷相间，相对高度在几百米以上的比比皆是。全省平均海拔1110米，在500米以下的地面占全省总面积的4.57%，在500—1500米之间的地面占78.96%，在1500米以上的地面占16.47%。全省平均坡度值为17.78°，坡度在6°以下的平缓地仅占全省总面积的13.5%，而在15°以上的陡坡占59.65%，在25°以上的占21.23%。② 由于山高坡陡，加上特殊的喀斯特地貌，土壤层非常瘠薄，许多生态环境破坏严重的地方，稍遇大雨即将土壤冲刷殆尽，留下寸草不生的石头。正因为如此，在国务院2007年确定的100个石漠化综合治理试点县中，贵州就有55个。

第三，田高水低，灌溉困难。贵州有十分丰富的水资源。全省水资源总量为1035亿立方米，占全国总水量的3.80%，居全国各省、市、自治区的第9位；每平方公里土地的水产量为58.76万立方米，是全国平均数的2.1倍，居全国各省、市、自治区的第4位；全省河流长于10公里或流域面积大于20平方公里的有984条。尽管贵州的水资源如此丰富，农业生产却往往不得其用。因为山高坡陡，河床较低，田土往往高于河床甚远，很多时候即使田土开裂，也只能眼睁睁地看着河水白白流淌，绝大部分山区田地都为“望天田”、“望天土”。

第四，自然灾害严重。由于地面崎岖、地貌复杂，贵州天气多变，灾害性天气频繁，有所谓“天无三日晴”之称，旱、涝、风、雹、低温、绵雨、凌冻时有发生。据统计，在过去的2000多年里，全国约发生大水灾1600多次，大旱灾1300多次。③ 从公元前27年至1949年，贵州共发生各种自然灾害1910次，其中，地震174次、山崩地陷34次、水灾569

---

① 贵州省人民政府发展研究中心、贵州省人民政府研究室：《经济蓝皮书·2007·贵州经济形势分析与预测》，贵州人民出版社2007年版，第261页。

② 贵州师范大学地理研究所、贵州省农业资源区划办公室：《贵州省地表自然形态信息数据量测研究》，贵州科技出版社2000年版，第3页。

③ 胡焕庸、张善余：《中国人口地理》（上），华东师范大学出版社1984年版。

次、雹灾316次、旱灾394次、虫灾83次、饥荒200次、病疫140次。而在1304年以前只有2次，显然是统计不全。如果将其排除在外，则1304—1949年贵州共发生各种自然灾害1908次，平均每年大约2.96次，是全国平均数的2.35倍。[①] 在各种自然灾害中，水灾、旱灾是最主要的，往往是山上旱灾、山下水灾。据有关学者对贵州新中国成立前近200年的旱情分析，基本规律是“三年一小旱，五年一中旱，十年一大旱”[②]。

第五，交通运输困难。因为李白的诗句：“蜀道难，难于上青天”，世人皆知四川交通困难，殊不知黔道比蜀道更难。如果说“蜀道难”的话，也仅限于四川与外省的交通，在四川盆地内，却是道路纵横、四通八达的。而贵州，由于特殊的自然地理环境，地表极为起伏崎岖，有所谓“地无三里平”之称，不仅与外省的交通非常困难，就是省内各地的交往也十分困难，往往是“这山喊、那山应，要见面、需半天”。

（二）贵州自然地理环境与川(含渝)黔交界地区的插花地

明清以来，川（含渝）黔交界地区极为严重的插花地问题与特殊的自然地理环境也有密不可分的关系。

在特殊的喀斯特地貌下，贵州耕地资源不仅极为有限，而且十分分散。康熙二十九年（1690），徐嘉炎在给贵州巡抚田雯《黔书》所做的序中即言：“其地尺寸皆山，欲求所谓平原旷野者，积数十里而不得袤丈。”[③]（民国）《贵州通志·前事志》也有如此之记载：“黔省土地或岩畔，或溪涧，随其形势，零星开挖。”[④] 康熙四十六年（1707），贵州巡抚陈诜亦言：“黔省田地，俱在层冈峻岭，土性寒凉，收成瘠薄，人工牛种，难于他省。”[⑤] 由于耕地资源极为有限并十分分散，下至各家各户、各自然村寨，上至各县乃至贵州与各省交界地区，都极难确保耕地的整齐划一，零星四出之地比比皆是，相当一部分插花地便因此而产生，而且政

---

① 《贵州历代自然灾害年表》，贵州人民出版社1982年版。

② 贵州师范大学地理研究所、贵州省农业资源区划办公室：《贵州省地表自然形态信息数据量测研究》，贵州科技出版社2000年版，第3页。

③ （清）田雯：《黔书·序》，罗书勤、贾肇华、翁仲康、杨汉辉点校，黄永堂审校：《黔书·续黔书·黔记·黔语》，贵州人民出版社1992年版，第3页

④ 贵州省文史研究馆校勘：（民国）《贵州通志·前事志》（三），贵州人民出版社1988年版，第91页。

⑤ 同上书，第161页。

区层级越低，插花地问题越为严重。

在川（含渝）黔交界地区，到底有多少插花地因此而产生？由于缺乏相关统计资料，自然不得其详，但我们在实地调查中发现了不少这样的典型个案，如四川省古蔺县水口镇九坝村与贵州省仁怀市茅台镇元木岩村交界线两侧的部分插花地就是在这样的情况下产生的（详见本书第三章）。

可以看出，川（含渝）黔交界地区插花地产生的原因非常复杂，犬牙交错的政区划分原则、山川形便的政区划分原则、明代的卫所、元明之土司、土地私有制、“地随人走”的土地管理政策、贵州特殊的自然地理环境等都是川（含渝）黔交界地区插花地产生的根源。有的插花地可能是单一因素作用的结果，有的插花地则是多种因素共同作用的结果。

第五章　明清以来川（含渝）黔交界地区插花地的影响

关于插花地所产生的影响，学术界也多有讨论，并形成了两种截然不同的观点（详见本书第一章）。当下一些成功的“飞地经济”个案是持肯定意见学者的最强有力依据。这种意见事实上是极为偏颇的。因为插花地是行政区域划分所产生的各种犬牙交错之地，而“飞地经济”是指两个互相独立的，经济有一定落差的行政地区（飞出地与飞入地）打破原有行政区划限制，通过跨空间的行政管理和经济开发，实现两地资源互补、经济协调发展的一种区域经济合作模式。[①] 尽管“飞地”是插花地的一种特殊类型，但插花地与“飞地经济”这两个概念有着本质的区别。插花地强调的是土地的所有权，而“飞地经济”强调的是土地的经营权。一些地区的“飞地经济”虽然成功了，但并没有因为成功而改变土地的行政隶属关系。

如前所述，犬牙交错原则是中国历史上划分行政区域的一条基本原则，采用这一政区划分原则的根本目的是避免地方割据势力的产生。不少学者据此对犬牙交错原则的政治合理性予以确认。如刘君德、靳润成、周克瑜认为：“有利于削弱地方经济实力，防止在政治上出现地方割据的分裂局面，有利于中央政府的集权统治。”[②] 周振鹤认为：“由于山川形便原则是促成地方割据的一个重要因素，因此从秦代开始，统治者便有意识地采用犬牙交错的原则与之相抗衡。”[③] 浦

---

① 曾伟、陈政宇：《集中连片特困山区“飞地经济”发展对策研究——以湖北五峰土家族自治县为例》，《湖北大学学报》（哲学社会科学版）2014 年第 1 期。

② 刘君德、靳润成、周克瑜：《中国政区地理》，科学出版社 1999 年版，第 58 页。

③ 周振鹤、李晓杰：《中国行政区划通史》（总论、先秦卷），复旦大学出版社 2009 年版，第 87—88 页。

善新认为:“犬牙交错的省界划分方式,有效地避免了分裂割据。”[①]这一结论同样有很大的局限性。因为造成地方割据的因素很多,中国历史上也没有哪一个朝代由于运用了犬牙交错的政区划分原则而长治久安,民国时期照样出现了严重的军阀割据,更何况犬牙交错的政区划分原则是不少插花地产生的根源。因此,对插花地的政治合理性也不能给予过高估计。

道光二十八年(1848),安顺知府胡林翼便指出,插花地的流弊“百出而不穷”[②],“吏治不饬,民隐不通,盗风不靖,均是故也”[③]。这里我们侧重分析其对行政管理、社会稳定、经济发展及人民群众的生活所带来的严重影响。

一 对行政管理的影响

行政管理(administration management)是内涵外延都极为丰富的一个概念,指的是运用国家权力管理社会事务。插花地的广泛存在对行政管理是极为不利的,主要表现在以下几个方面:其一,既易形成管理空白又易产生管理冲突;其二,不利于提高行政管理效率;其三,不利于降低行政管理成本。

(一)容易产生管理冲突与管理空白

插花地的广泛存在极易导致管理冲突。虽然插花地都有较为明确的行政主体[④],但由于与其他行政区域犬牙交错或“华离”于其他行政区域境内,导致同一地域几个互不从属的行政主体同时出现的情况十分普遍,“往往同一山径,而山上山下为两属;同一街市,而街左街右划分两县;

① 浦善新:《中国行政区划改革研究》,商务印书馆2006年版,第53页。

② 贵州省文史研究馆校勘:(民国)《贵州通志·前事志》(三),贵州人民出版社1988年版,第489页。

③ 贵州省文史研究馆校勘:(民国)《贵州通志·前事志》(四),贵州人民出版社1991年版,第600页。

④ 行政主体是指享有行政职权,以其名义行使行政职权并独立承担责任的组织。中国当前的行政主体包括国家行政机关和法律、法规授权的组织。这里的行政主体主要指的是地方政府。在某一特定地域内,互不从属的行政主体有且应当只有一个,否则便会带来管理上的极度混乱。

其一村镇而分隶数属者甚多"[①]，甚有"同一坐房而分属川黔两省共管者"[②]。由于分隶于不同的行政主体，规章制度、行动步调等都极难统一，"彼有可制之势而无其权，此有可制之权而无其势"[③]，"纵有留心民瘼之良吏，亦限于闻见而莫可如何"[④]，管理冲突自然不可避免。

嘉靖二十六年（1547），巡按贵州御史萧端蒙便将贵州与西南诸省疆土参错所带来的不利影响归纳为"七难"："边情夷患，动必牵连，约会则不及，独任则不了，此制驭之难。两省之间，牵制文法，意见不同，谋猷互易，此体统之难。武弁夷酋，动分彼此，名虽兼制，不受约束，此任使之难。纷争奏诉，必经会勘，文移往返，壅滞积年，此勘断之难。贵州年粮岁额，川、湖连年拖欠，动以万计，此催征之难。每遇有警，调用军夷，或托他故，动相妨病，此调度之难。铃属既别，期会自疏，地方事情，多不互报，此经略之难。"[⑤] 如此"七难"实际上都是管理冲突在插花地的具体表现。(嘉靖)《贵州通志》也有如此之记载："以贵州之建置言之，方其始也，犬牙之相制，土流之兼设，岂曰不善？而要其终，乃至势隔而不通，法泥而难行，宣慰使司枉附郭之名为乌撒等卫，复他人之境，迤东诸郡则无兵可守，迤西诸州则无民可亲，此其尤所当讲者也。"[⑥] 雍正三年（1725）春三月癸丑，雍正皇帝在诏贵州划清地界时更一针见血地指出了插花地管理冲突的实质："每遇命盗等事，则相互推诿，矿厂盐茶等有利之事，则互相争竞。"[⑦]

关于川（含渝）黔交界地区插花地管理冲突的典型事例，历史文献中多有记载。早在正统十四年（1449），由于"频发征伐云南，供米、供

---

① 贵州省文史研究馆校勘：(民国)《贵州通志·前事志》(四)，贵州人民出版社 1991 年版，第 901 页。

② 《据习水县政府呈该县第四区与四川插飞边界略图转祈鉴核施行示遵由》，《黔川两省关于省界问题的调整等报告》(1942—1949 年)，贵州省档案馆，档案全宗：M8—1—3032。

③ 贵州省文史研究馆校勘：(民国)《贵州通志·前事志》(四)，贵州人民出版社 1991 年版，第 779 页。

④ 贵州省文史研究馆校勘：(民国)《贵州通志·前事志》(三)，贵州人民出版社 1988 年版，第 490 页。

⑤ 贵州省文史研究馆校勘：(民国)《贵州通志·前事志》(二)，贵州人民出版社 1987 年版，第 298—299 页。

⑥ (嘉靖)《贵州通志》卷 1，《中国地方志集成》，四川出版集团、巴蜀书社 2006 年版。

⑦ 贵州省文史研究馆校勘：(民国)《贵州通志·前事志》(三)，贵州人民出版社 1988 年版，第 178 页。

役不胜其苦"，"生、熟苗互争田土，有司受其贿赂，判与不公"，"边将及有司剥削侵凌"[①] 等原因，镇远府发生了苗族等族人民的反抗斗争。平溪、清浪、偏桥、镇远四卫虽毗邻镇远，却因为隶属湖广，"非申报各上司不敢擅动"，"文书往返动经数月"[②]，坐视反抗规模越来越大，反抗队伍最后发展到20多万人，"西至贵州龙里卫，东至湖广沅州卫，北至湖广武罔州，南至四川播州地界，夷众不下二十余万"[③]。万历年间，播州宣慰司杨应龙有反叛苗头时，川、贵大员同样面临着管理上的极大冲突，"在蜀者谓应龙无可勘之罪，在黔者谓蜀有私昵应龙之心"[④]，由于错失征剿良机，致使杨应龙叛乱终究发生。正德年间，"芒部毋响等寨苗贼数越后等箐处烧劫"之原因，也是由于"毕节等卫地属贵州，而该道守巡兵备等官俱属四川，事干两省，彼此推诿"[⑤] 所致。万历二十五年（1597），永宁宣抚司"各起夷兵烧劫杀掳永、赤二卫，普、糜二所地方甚酷"，可因该二卫、二所均隶贵州，四川都司张神武、镇宁永宁参将周敦吉竟"坐视不救，顾杖请兵者以死"[⑥]。民国三十年（1941），习水县县长彭如刚亦呈称：在习水与綦江、江津交界地段，由于"插花甚多、居民庞杂，往往推行政令，维持治安，阻碍殊多"[⑦]。

关于川（含渝）黔交界地区插花地管理冲突的典型事例，现实生活中亦屡见不鲜。如贵州省桐梓县坡渡镇原本十分完整的一条街，被飞入的重庆市綦江县赶水镇马龙村分割成六截，三截属贵州、三截属重庆，当地人称之为三截街（详见本书第三章）。在如此之插花格局下，不仅规章制度无法统一，行动步调也无法确保一致，管理冲突时有发生。由于办公场

---

① 《明实录·英宗正统实录》卷185，贵州民族研究所编：《明实录·贵州资料辑录》，贵州人民出版社1983年版，第323页。

② 贵州省文史研究馆校勘：（民国）《贵州通志·前事志》（二），贵州人民出版社1987年版，第202页。

③ 《明实录·英宗正统实录》卷181，贵州民族研究所编：《明实录·贵州资料辑录》，贵州人民出版社1983年版，第321页。

④ 《明史》卷312《四川土司传二·播州宣慰司》。

⑤ 《明实录·世宗嘉靖实录》卷9，贵州民族研究所编：《明实录·贵州资料辑录》，贵州人民出版社1983年版，第693页。

⑥ 《明实录·神宗万历实录》卷474，贵州民族研究所编：《明实录·贵州资料辑录》，贵州人民出版社1983年版，第1084页。

⑦ 《据习水县政府呈该县第四区与四川插飞边界略图转祈鉴核施行示遵由》《黔川两省关于省界问题的调整等报告》（1942—1949年），贵州省档案馆，档案全宗：M8—1—3032。

地不足，坡渡镇人民政府拟在办公楼左侧修建一栋新办公楼，可由于挖土机后面的土地均属重庆，扩建工程只能在极其狭窄的地域空间内进行，不敢跨越交界线半步（见图5—1）。又如贵州省赤水市与四川省合江县九支镇原本是密不可分的一个城市（详见本书第三章），可由于隶属于不同的行政主体，在城市规划、建设与管理等方面都很难协调一致。在旅游热的拉动下，赤水市的发展前景虽然看好，但由于人口较为密集、地域空间有限，城市发展自然受到了很大的限制；而九支镇虽然地域空间广阔，但由于经济总量有限，发展后劲又明显不足。在这样的情况下，为吸引赤水资金，九支镇的房价总比赤水市要低得多，形成了较为严重的恶性竞争局面。这对当地的城市发展是极为不利的。由于依托赤水市发展，九支镇的繁华程度虽然不亚于赤水市城区，但由于只是合江县的一个乡镇，其街容、街貌与街道秩序都不如赤水市（见图5—2、5—3），加之政策措施不能统一，对赤水市的城市管理自然是一个极为严峻的挑战。据当地人介绍，每当赤水市整脏治乱、打黄扫非时，不法人员就往九支跑，赤水市只能望河兴叹。赤水河是该流域十分重要的一条交通运输孔道，加大河道整治力度有不可低估的意义，可由于河两岸分属两个不同的省，挤占河道的现象十分严重。

图5—1　桐梓县坡渡镇人民政府办公楼扩建工程

图 5—2　合江县九支镇大街景象

图 5—3　赤水市容

插花地的广泛存在，不仅极易导致管理冲突，而且容易产生管理空白。由于插花地一般都距治所较远，“多悬于数百里之外”[①]，在交通极为闭塞的情况下，各行政主体均感“鞭长莫及”，或“历数年而不见一官”[②]，或“以其窎远之故，施政亦苦难周”[③]，管理空白由此产生。如民国时期秀山与松桃交界处的洪安（亦称贵州塘），名义上属松桃管辖，实际为一“三不管地方”[④]。清末桐梓古州，“则久已不知其有此地矣”[⑤]。

（二）不利于提高行政管理效率

行政管理效率指的是完成行政管理事宜的速度和质量。由于行政管理效率对执政有极为重要的影响，故提高行政管理效率是任何时代都十分关注的。影响行政管理效率的因素固然很多，但不能忽视插花地的重要影响，主要表现在以下几个方面：

其一，插花地的广泛存在不利于地方官熟知地情民俗。熟知地情民俗是行政的基础，因为地情民俗不熟，就不可能做出正确的决策。诚如贵州巡抚林绍年所言：“窃维地方无论繁简，苟为耳目所难周，政令所不及，虽良吏弗能治。”[⑥] 由于插花地一般都远离治所，在交通、通信等条件极差的情况下，地方官往往不愿亲力亲为，“历数年而不见一官”，也不可能在第一时间内知晓所发生的一切事故，自然无法熟知插花地的具体情况。清中叶以来，不少贵州地方官都已明确地指出了这一问题，如道光二十八年（1848），安顺知府胡林翼在奏请拨正境内插花地时即言：“肘腋

---

① 贵州省文史研究馆校勘：(民国)《贵州通志·前事志》(四)，贵州人民出版社 1991 年版，第 779 页。

② 贵州省文史研究馆校勘：(民国)《贵州通志·前事志》(三)，贵州人民出版社 1988 年版，第 490 页。

③ 《沿彭酉三县边区公民代表冉友兰等建议书》《黔川两省关于省界问题的调整等报告》(1942—1949 年)，贵州省档案馆，档案全宗：M8—1—3032。

④ 《四川省政府咨》(民国三十一年八月)，《内政部、四川、贵州省府关于黔川两省瓯脱插花报告和批复》(中华民国二十九年十二月十日起、三十二年十二月十九日止)，贵州省档案馆，档案全宗：M8—1—3030；《内政部公函》(民国三十一年九月)，《黔川两省关于省界问题的调整等报告》(1942—1949 年)，贵州省档案馆，档案全宗：M8—1—3032。

⑤ 贵州省文史研究馆校勘：(民国)《贵州通志·前事志》(四)，贵州人民出版社 1991 年版，第 901 页。

⑥ 同上。

之下皆他境之民，卧榻之旁悉他人之地。其所应教诲者、应整饬者、应修明者、应捕逐者，皆在数百里之外……乃所亲者在远，而所不亲者在近，纵有留心民瘼之良吏，亦限于闻见而莫可如何……平日之耳目不习，即临时之呼应不灵。户口厄塞非其所知，乡约寨头非其所辖"①。同治十一年(1872)，留黔补用道员曾纪凤亦言："往往附城田土非我所属，而所属乃在他境之外……而牧令声教既阻于重关之外，又或不行于卧榻之旁。"②光绪十一年（1885），贵州巡抚李用清在奏酌拟清理插花章程时也言："州县为亲民之官，有插花则所亲者不相近而相远。州县为治事之官，有插花则所治者不在此而在彼。"③ 在如此之情况下，行政管理效率自难提高。

其二，插花地的广泛存在不利于规章制度与政令之统一。若干理论与实践都充分证明，统一规章制度与政令是提高行政管理效率的重要举措，但规章制度与政令的统一是以行政主体的统一为前提条件的。由于常常从属于几个不同的行政主体，统一插花地的规章制度与政令自然有相当大的难度，行政管理效率自然难以提高。如此之典型事例前有所述，在后面的有关个案分析中还将作更为深入的介绍。

其三，插花地的广泛存在容易产生管理冲突和管理空白。管理冲突与管理空白的存在，本身就是行政管理效率不高的重要表现。如前所述的若干典型事例，都可以充分证明这一问题。

（三）不利于降低行政管理成本

降低行政管理成本是行政管理的又一终极目标。插花地的广泛存在对降低行政管理成本也是极为不利的。下文试以交通成本、机会成本为例加以分析。

第一，交通成本。由于远离治所数百里以上，不少插花地的交通成本都极为惊人。据有关学者统计，内蒙古阿拉善左旗因离首府呼和浩特近千

---

① 贵州省文史研究馆校勘：（民国）《贵州通志·前事志》（三），贵州人民出版社 1988 年版，第 490 页。

② 贵州省文史研究馆校勘：（民国）《贵州通志·前事志》（四），贵州人民出版社 1991 年版，第 600 页。

③ 同上书，第 779 页。

公里，每年仅到呼和浩特办事的差旅费就占其财政收入的大半。[①] 关于川（含渝）黔交界地区插花地的交通成本虽然没有完整、全面的统计数据，但从与其治所的距离看，必不会少。如贵州省桐梓县坡渡镇距桐梓县城在120 公里以上，由桐梓县城至坡渡镇，须绕道重庆市綦江县赶水镇，行程需 3 小时左右；又如习水县坭坝乡距习水县城也在 100 公里以上，从习水县城至坭坝乡，也须绕道重庆市江津区东胜镇和柏林镇，行程也在 3 小时以上。

第二，机会成本。机会成本的基本内涵为一种资源（如资金或劳力等）用于本项目而放弃用于其他机会时所遭受的损失。机会成本在行政管理中同样存在，指的是行政人员因处理一件事而放弃处理另外一件事所遭受的损失。插花地的广泛存在对降低行政管理的机会成本也是极为不利的。因为插花地一般都远离治所，地方官员耗费在路途上的时间相当惊人。在赤水市进行调研时，赤水市民政局原局长汪伯林同志就告诉我们，在交通条件尚未改善之前，他们到遵义、贵阳出一趟差，至少需要 5 天以上，花在路途上的时间往往是办事时间的若干倍。机会成本极其昂贵。

二　对社会稳定的影响

插花地的广泛存在对社会的和谐与稳定也会带来极为严重的影响，因为插花地不仅是土匪、盗贼之理想窟宅，还是不少纠纷的策源地。下文将对之加以逐一分析。

（一）土匪、盗贼横行

如前所述，插花地虽然都有较为明确的行政主体，但由于与其他行政区域犬牙交错或“华离”于其他行政区域境内，常常面临“彼有可制之势而无其权，此有可制之权而无其势”[②] 的局面。由于统治力量薄弱，管理极为松懈，甚至存在着不少管理空白，土匪、盗贼无不视插花地为理想窟宅。土匪、盗贼横行，对社会的稳定与和谐自然会带来极为严重的

① 侯景新、蒲善新、肖金成：《行政区划与区域管理》，中国人民大学出版社 2006 年版，第 125 页。

② 贵州省文史研究馆校勘：(民国)《贵州通志・前事志》(四)，贵州人民出版社 1991 年版，第 779 页。

影响。

关于插花地与土匪、盗贼横行的关系，不少贵州地方官吏都做过总结。嘉庆年间，玉屏知县张澍在其《续黔书》中即言："遇有审讯案件，提拘不至，则曰我某县籍也。及于某县有犯，则又曰我某县籍也。盗贼之越货御人，有司者捕之，辄欻忽往来，莫可踪迹，适足以薮奸诲逋，虽有保甲，不能行也。甚则越佃占水，讼牒不已，至于争斗杀伤事变，胡可胜言。"① 道光二十八年（1848），安顺知府胡林翼在奏请拨正境内插花地时更明确指出：由于"纠察之所不及，摘发苦于所难"，"盗贼成群结党，必在插花之地"②。光绪十一年（1885），贵州巡抚李用清在奏酌拟清理插花章程时进一步指出："黔省藏垢纳污大半在插花之地，外来游勇会匪伺隙而动。"③ 光绪三十一年（1905），贵州巡抚林绍年甚至认为："苗疆之难治，非种族之不齐，实经界之不正也。"④

关于川（含渝）黔交界地区因插花地而产生的土匪、盗贼情况，历史文献中亦多有记载。咸丰五年（1855），广西道监察御史伍辅祥在奏请划清黔、蜀疆界时，即对四川綦江与贵州桐梓、仁怀交界区域因插花地而产生的盗贼情况作了如下描述："从前遇有盗窃之案，綦往捕则窜入桐，桐往捕则窜入綦。迨用公文会拿，而贼已远扬无踪矣。"⑤ 民国三十年（1941），习水县县长彭如刚又对贵州习水与四川綦江交界地区因插花地而产生的匪盗情况作了如是陈述："与綦江交界插花瓯突甚多，向来纠纷亦大，尤以治安关系极重，盖边境交通不便，文化低落，綦属插花保甲，复因循敷衍，遂至奸邪匪类易于潜匿，扰害邻区，威胁公路，打劫汽车，屡见迭出，故历年继续不断筹划剿匪，均为此也。"⑥ 在贵州沿河与四川酉阳、彭水交界地区，因行政区域的犬牙交错而产生的匪患更烈。"附近

---

① （清）张澍：《续黔书》卷1，罗书勤、贾肇华、翁仲康、杨汉辉点校，黄永堂审校：《黔书·续黔书·黔记·黔语》，贵州人民出版社1992年版，第143页。

② 贵州省文史研究馆校勘：（民国）《贵州通志·前事志》（三），贵州人民出版社1988年版，第490页。

③ 贵州省文史研究馆校勘：（民国）《贵州通志·前事志》（四），贵州人民出版社1991年版，第779页。

④ 同上书，第892页。

⑤ 贵州省文史研究馆校勘：（民国）《贵州通志·前事志》（三），贵州人民出版社1988年版，第611—612页。

⑥ 《据习水县政府呈该县第四区与四川插飞边界略图转祈鉴核施行示遵由》，《黔川两省关于省界问题的调整等报告》（1942—1949年），贵州省档案馆，档案全宗：M8—1—3032。

乡镇，匪风甚炽，民不聊生”①，“在时局不宁之际，军阀土匪无不企图盘据龚滩为根据”，“渊薮戕官劫城，重大事变无时无之”②。为加强治理，民国二年（1913），曾割婺川县东北之洪渡、客田、后坪、茅天等地置后坪县，然从民国十五年至二十七年（1926—1938），便有四任县长被当地土匪杀害③，“八年之内，即四见于后坪”④。民国三十年（1941），撤销后坪县后，将洪渡、客田、后坪、茅天等地并入沿河县，因“距离更觉遥远，管理愈感难周”，不到一年便有“匪首高应泮勾结暴民，围攻洪渡区署，抢劫赋谷之巨变发生”⑤。

（二）纠纷策源地

插花地虽然都有较为明确的行政主体，但客观存在的犬牙交错格局极易产生各种纠纷，如土地纠纷、边界纠纷、林权纠纷、产权纠纷等，如此一些纠纷的存在自然不利于社会的和谐与稳定。

在川（含渝）黔交界地区，因插花地的广泛存在而产生的纠纷时有发生。(民国)《桐梓县志》即有如此之记载：“北青山瓯脱綦江境内。雍正五年，綦民妄争大界，被桐民殴毙。”⑥ 民国三十年（1941）六月至民国三十一年（1942）四月的“长坝槽之争”也是一个典型个案（详见本书第六章）。由于资料阙如，对当时的纠纷情况虽然不得而知，但我们在桐梓、习水等地调研时，还是意识到了这一问题的严重性。我们虽然查阅到了极为宝贵的插花地资料，可当地领导或不同意复印，或不让我们带走，其主要原因就在于不少纠纷仍然存在，当地领导怕我们将事态扩大。兹将我们在桐梓县档案局抄录到的有关争议情况附录于下：

---

① 乔运亨：《签呈三十四年十月二十七日于镇远旅次》，《黔川两省关于省界问题的调整等报告》（1942—1949 年），贵州省档案馆，档案全宗：M8—1—3032。

② 《陈述于四川酉阳所属之龚滩镇设成县治与本县及酉阳彭水两县互拨地域俾彼此便于治理以奠边区治安大计意见案》，《黔川两省关于省界问题的调整等报告》（1942—1949 年），贵州省档案馆，档案全宗：M8—1—3032。

③ 田永国、罗中玺：《乌江盐殇》，贵州出版集团·贵州教育出版社 2008 年版，第 64—66 页。

④ 《沿彭酉三县边区公民代表冉友兰等建议书》，《黔川两省关于省界问题的调整等报告》（1942—1949 年），贵州省档案馆，档案全宗：M8—1—3032。

⑤ 同上。

⑥ 犹海龙、侯树涛、赵元隽纂辑，张瑞琪、龙砺孚、李明方、夏永忠校点：（民国）《桐梓县志》1987 年（内部发行），第 39 页。

桐梓县坡渡镇木人台、田湾、龙井三村与重庆市万盛区九锅箐林场边界争议情况

桐梓县坡渡镇木人台、田湾、龙井三个村与重庆市万盛区的青年、官坝镇的堰石、箐林村接壤。青年、官坝原属桐梓县管，土改在桐梓县领导下进行。九锅箐原属官坝、箐林、木人台、田湾、龙井村的土地林地，因建立南桐矿区，桐梓县根据1955年1月20日国务院【1955】国务常字第6号文件批复，将贵州省桐梓县的10区，共17个乡全部划归重庆市建立南桐矿区，当年7月6日至17日在万盛办理由桐梓划出的：平坝乡、上坝乡、箐林乡、天桥乡、民权乡、营寨乡、青山乡、大坝乡、兴文乡、茶园乡、板辽乡、庙坝乡、景星乡、王家坝乡、桃子乡、中朝乡的移交工作。1956年9月19日，经重庆市南桐矿区人民委员会批准，建立九锅箐茶场，导致坡渡镇木人台、田湾、龙井三个村的土地、林地与九锅箐茶场（现林场）经常发生土地、林地争议及纠纷。

据调查，木人台争议地段有2处：大岩、青杠坪；田湾村与九锅箐的争议地段有：水井湾、金竹坪、大凼、青杠坪；龙井村与九锅箐的争议地段有：出水孔、水竹林、阴阳沟、风垭、坟山垭。

1999年8月10日，九锅箐林业处将有争议地段的茶林承包给陈正全砍伐风垭段，龙井村幸福组组长刘贵全发现后，回到组给推荐的护林员黄义军、王远全讲，请他们（护林员）给对方（九锅箐）打招呼……九锅箐不听招呼，8月11日继续砍伐。刘贵全同行的人员将砍伐茶林人员的砍柴刀收了3把。8月12日早上9时左右，九锅箐林业处派出所所长李明贵带干警保卫一行7人到坡渡镇龙井村幸福组索还砍柴刀，双方发生冲突，幸福组村民王远超右手、头部打成重伤，终生残废，其妻孙远文腹部连杀两刀，肠子外流，夫妇两人生命垂危。

事情发生后，九锅箐林业处提出要踏平诛灭龙井村幸福组，现村民十分恐慌，生命财产、正常生活得不到保障。

三　对经济发展的影响

插花地的广泛存在极不利于经济发展，主要表现在以下两个方面：一

不利于田间管理；二不利于统一规划与经营。

（一）不利于田间地头管理

插花地对田间地头管理所产生的不利影响，历史文献中虽然没有记载，但我们在实地调查中发现，这种影响不仅广泛存在，而且十分深远。

在川（含渝）黔交界地区，各自然村寨之间存在着极为严重的耕地、林地犬牙交错现象，“往往附城田土非我所属，而所属乃在他境之外”①，耕地、林地跨越数村、数寨，距离本村、本寨数里，甚至数十里的现象也比比皆是。如贵州省桐梓县坡渡镇境内，就有不少耕地、林地为重庆市所有，坡渡镇也有不少耕地、林地飞入重庆市境内；再如贵州省仁怀市茅台镇元木岩村境内，也有很大一片田地属四川省古蔺县水口镇九坝村（详见本书第三章）。

如此严重的耕地、林地犬牙交错现象，不仅给生产经营带来极大不便，给田间地头管理也制造了麻烦。对拥有插花地的组织或个人来说，虽然想管理，但由于距离遥远、管理成本高，不得不放弃管理；而对邻近插花地的组织或个人来说，虽然能管理，但由于没有所有权而不便管理。由于不能实现田间地头的精细化管理，相当一部分插花地的产出都极为低下。

（二）不利于统一规划与经营

客观存在的耕地、林地犬牙交错现象，不仅不利于田间地头管理，而且不利于统一规划与经营。

在产出最大化或效益最大化原则下，任何区域的经济发展都需要统一规划与经营，应该发展什么产业？最适宜生产什么产品？都要因时因地而确定，更何况统一规划与经营是形成规模经济的基础。因此，统一规划与经营在经济发展中占据着十分重要的地位，没有统一规划与经营，就不可能有经济的快速发展。影响统一规划与经营的因素固然很多，但规划与经营主体的统一是基础，主体不统一，大家各干各的，规划与经营就无法确保一致。

---

① 贵州省文史研究馆校勘：（民国）《贵州通志·前事志》（四），贵州人民出版社 1991 年版，第 600 页。

在川（含渝）黔交界地区，由于插花地的广泛存在，各自然村寨耕地、林地犬牙交错现象十分严重（上已有述），对统一规划与经营是极为不利的。对插花地的拥有者来说，由于距离本土遥远或与本土根本不相连，实现统一规划与经营自有相当大的困难；而对插花地的邻近者来说，虽有实现统一规划与经营的现实可能，但又由于没有所有权而不能对之实施统一规划与经营。由于无法实现统一规划与经营，不少插花地都“处于粗放利用和半撂荒状态，利用效率极低”①。

四 对人民群众生活的影响

插花地的广泛存在对人民群众的生活也会带来极为严重的影响。道光二十八年（1848），安顺知府胡林翼便从纳税、应试、诉讼三个方面分析了插花地给人民群众生活所带来的不利影响：“插花地有离本治二三百里，而离他治未百里十数里者，民之输将不于其近，而于其远，期会不时，资斧既竭，远来负米，劳费可矜。士之应试，其弊亦然。命案借远地而违延，盗案因交界而推诿，姑无论矣。即寻常词讼，牵连他属者，十之四五辗转关移，百无一应。官之所谓小事，即百姓之所谓大事，羁候日久，既无以恤其货财，证佐不齐，又无以剖其曲直。历数年而不见一官，历数官而不得一审，往往酿成大案。此其不便于民也。”② 同治十一年（1872），留黔补用道员曾纪凤亦言：“往往附城田土非我所属，而所属乃在他境之外，致令士民输纳，舍近就远。”③

关于明清以来贵州与四川、重庆交界区域插花地给人民群众生活所带来的不利影响，各有关地方政府也多有反映。如民国三十年（1941），习水县县长彭如刚便指出了习水与綦江、江津交界区域人民群众生活的严重不便：“详考往昔，本区系属仁怀县丁山里，因距县城远约五百里，人民纳税、诉讼、往返不便。”④ 民国三十一年（1942），南川县政府也指出了

---

① 智通祥、刘富荣：《农村“飞地”如何管理和利用》，《资源导刊》2010年第11期。

② 贵州省文史研究馆校勘：（民国）《贵州通志·前事志》（三），贵州人民出版社1988年版，第489—490页。

③ 贵州省文史研究馆校勘：（民国）《贵州通志·前事志》（四），贵州人民出版社1991年版，第600页。

④ 《据习水县政府呈该县第四区与四川插飞边界略图转祈鉴核施行示遵由》，《黔川两省关于省界问题的调整等报告》（1942—1949年），贵州省档案馆，档案全宗：M8—1—3032。

与桐梓县交界区域人民群众生活的不便："经查得桐梓县桃子乡属范家山，确系插入本县石遵乡第七八两堡，境内共计九十余户，该地人民因与该管乡公所距离太远，有事往来，久感不便。"[①]

当前，插花地的广泛存在给人民群众生活所带来的不利影响同样存在，甚至更为深远，包括上学、通信、交通、用水、用电等各个方面。

五　典型个案：赤水河流域犬牙交错政区格局的影响

（一）赤水河流域犬牙交错的政区格局

1. 赤水河流域简介

赤水河汉代称大涉水，晋代称安乐水，唐代称赤虺河，[②] 因河流含沙量高、水色赤黄而得名。[③] 赤水河是长江上游南岸较大的一级支流，发源于云南省镇雄县，流经云南、贵州和四川三省，至四川合江入长江。

关于赤水河的源头，目前至少有以下几种说法：第一种说法认为在云南省镇雄县鱼洞乡大洞[④]；第二种说法认为在云南省镇雄县芒部镇境内[⑤]；第三种说法认为在云南省镇雄县场坝镇安家坝[⑥]；第四种说法认为在云南省镇雄县西南豆戛寨山箐。[⑦] 从卫星地图上看，赤水河源头有南、西二源。西源发源于镇雄县芒部镇境内，叫扎西河；南源发源于镇雄县鱼洞乡境内，叫铜车河。南、西二源在云南威信县水田乡与镇雄县茶木乡交界处合流。

---

① 《内政部公函》（民国三十一年九月），《黔川两省关于省界问题的调整等报告》（1942—1949年），贵州省档案馆，档案全宗：M8—1—3032。

② 志永：《赤水河上话今昔》，《中国地名》2005年第1期；王羊勺：《赤水：名源"赤水河"》，《当代贵州》2004年第14期。

③ 任晓冬：《赤水河流域综合保护与发展策略研究》，兰州大学2010年博士学位论文；任晓冬、黄明杰：《赤水河流域产业状况与综合流域管理策略》，《长江流域资源与环境》2009年第2期。

④ 任晓冬、黄明杰：《赤水河流域产业状况与综合流域管理策略》，《长江流域资源与环境》2009年第2期。

⑤ 《本报记者魏荣钊从赤水河源头出发孤身走我路》，《贵州都市报》2004年6月28日。

⑥ 王忠锁、姜鲁光、黄明杰、张琛、于秀波：《赤水河流域生物多样性保护现状和对策》，《长江流域资源与环境》2007年第2期。

⑦ 志永：《赤水河上话今昔》，《中国地名》2005年第1期；赤水县志编纂委员会：《赤水县志》，贵州人民出版社1990年版，第100页。

表 5—1　　　　赤水河流域主要支流特征

序号	支流名称	河长（公里）	天然落差	河口年均流量	平均比降（‰）	流域面积（平方公里）	流经县（市）
1	妥泥河	40	38.7	—	15.8	90.5	镇雄
2	铜车河	60	810	—	15.3	538	镇雄
3	扎西河	44.8	—	—	—	—	威信
4	倒流河	33.2	—	—	—	—	威信
5	二道河	72	1469	17	19.7	1353	金沙、大方、毕节
6	桐梓河	125	588	52.9	4.8	3318	桐梓、遵义、仁怀、习水
7	习水河	156	700	21	8.1	1600	习水、赤水、合江
8	大同河	60	870	15	—	—	古蔺、赤水
9	风溪河		750	4.5	—	—	赤水
10	古蔺河	70	880	10.7	—	966.9	古蔺
11	盐井河	60	795	5.05	—	388.6	古蔺
12	白沙河	53.7	905	3.66	—	278.4	古蔺
13	马蹄河	47.4	757	2.98	—	235	叙永、古蔺
14	桂花河	26	400	3.66	—	165	古蔺、叙永、仁怀
15	五马河	—	—	—	—	—	仁怀
16	堡合河	—	—	—	—	—	毕节
17	盐津河	37.6	—	—	—	316	仁怀

资料来源：任晓冬：《赤水河流域综合保护与发展策略研究》，兰州大学 2010 年博士学位论文。

关于赤水河的干流全长、河段划分、天然落差与流域面积等，学术界均有不同意见。关于干流全长，黄真理认为是 436.5 公里，王忠锁等认为是 466 公里，任晓冬等认为是 444.5 公里。在河段划分方面，黄真理认为河源至茅台为上游，茅台至赤水市为中游，赤水市至河口为下游；王忠锁等认为源头至二郎镇河段为上游，二郎镇至复兴镇河段为中游，复兴镇以下为下游。关于天然落差，黄真理认为有 1473.96 米，其中，上游 1274.8 米、中游 182.9 米、下游 16.26 米；王忠锁等认为约 1455 米，任晓冬等认为有 1588 米。关于流域面积，黄真理认为是 21010.52 平方公里，王忠锁等认为是 20440 平方公里，任晓冬等认为约 18932.214 平方公里。[①] 限于文章主旨，本书对此不作深入考察。

赤水河主要的一级支流有 27 条，其中右岸 10 条，左岸 17 条，是一条水系发育、支流众多的河流，其中流域面积超过 300 平方公里的一级支流有 11 条，超过 1000 平方公里的有 5 条（见表 5—1）。赤水河流域地处云贵高原向四川盆地过渡地带，位于东经 104°45′—106°51′、北纬 27°20′—28°50′之间，属中亚热带—南亚热带气候区，气候温暖湿润，无霜期长，降水量大。流域地貌以中山丘陵为主，喀斯特地貌与丹霞地貌发育完好。[②]

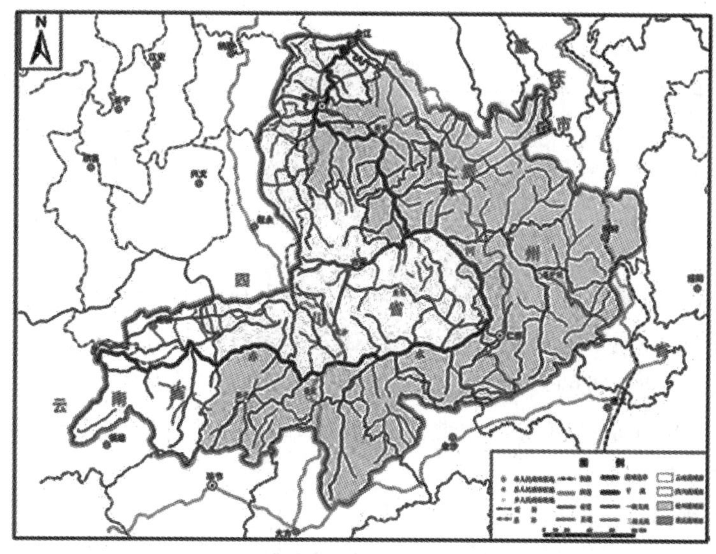

图 5—4　赤水河流域图

资料来源：任晓冬：《赤水河流域综合保护与发展策略研究》，兰州大学 2010 年博士学位论文。

① 黄真理：《论赤水河流域资源环境的开发与保护》，《长江流域资源与环境》2003 年第 4 期；王忠锁、姜鲁光、黄明杰、张琛、于秀波：《赤水河流域生物多样性保护现状和对策》，《长江流域资源与环境》2007 年第 2 期；任晓冬、黄明杰：《赤水河流域产业状况与综合流域管理策略》，《长江流域资源与环境》2009 年第 2 期。

② 王忠锁、姜鲁光、黄明杰、张琛、于秀波：《赤水河流域生物多样性保护现状和对策》，《长江流域资源与环境》2007 年第 2 期。

2. 赤水河流域犬牙交错的政区格局

赤水河流域遍及云南、贵州、四川三个省，涉及云南昭通、贵州毕节、遵义和四川泸州四个地、州、市，包括云南镇雄、威信，贵州毕节、大方、金沙、仁怀、习水、赤水、遵义、桐梓，四川叙永、古蔺、合江13个县、市、区的334个乡镇（见表5—2）。据任晓冬等测算，四川、云南、贵州3省各占赤水河流域的31%、10%、59%①（见图5—4）。

表5—2 赤水河流域行政区划

省	地区（地级市）	县（县级市）	乡镇个数
云南省	昭通	镇雄、威信	44
贵州省	毕节、遵义	毕节、大方、金沙、仁怀、习水、赤水、遵义、桐梓	206
四川省	泸州	叙永、古蔺、合江	84

资料来源：任晓冬：《赤水河流域综合保护与发展策略研究》，兰州大学2010年博士学位论文。

赤水河流域犬牙交错的政区格局主要表现在以下三个方面：其一，云南省东北角昭通市的威信、镇雄二县插入贵州省与四川省之间；其二，四川省东南角泸州市的叙永、古蔺二县插入贵州省与云南省之间；其三，贵州省遵义市的赤水市与习水县之一部插入四川省古蔺县与合江县之间（见图5—4）。

（二）赤水河流域犬牙交错政区格局的影响

赤水河是公认的生态河、美景河、美酒河和英雄河②（2001年11月22—29日，以长江流域水资源保护局翁立达局长和曹文宣院士为正副组长，国务院三峡建设委员会黄真理博士、申玉铭教授，长江流域水资源保护局敖良桂高级工程师，中科院水生所常剑波博士为成员的专家考察组，

① 任晓冬、黄明杰：《赤水河流域产业状况与综合流域管理策略》，《长江流域资源与环境》2009年第2期；任晓冬：《赤水河流域综合保护与发展策略研究》，兰州大学2010年博士学位论文。

② 黄真理：《论赤水河流域资源环境的开发与保护》，《长江流域资源与环境》2003年第4期；杨茜：《赤水河——茅台酒的母亲河》，《珠江水运》2005年第11期。

对赤水河流域进行了综合性的资源环境考察，得出了赤水河是生态河、美景河、美酒河和英雄河的结论[①])，赤水河流域的后发优势十分明显。然而赤水河流域因犬牙交错的政区格局而被云南、贵州、四川三省分割管辖的客观现实，对赤水河流域的发展是极为不利的。

1. 不利于经济发展

由于特殊的自然生态与人文环境，赤水河流域的经济特色十分鲜明，酿酒业、旅游业是赤水河流域的特色优势产业，在国内、国际上都有很重要的影响。可犬牙交错的政区格局，对这些产业的深入发展都是极为不利的。

（1）不利于酿酒业的深入发展

赤水河特殊的水质、土壤与气候环境，颇宜白酒生产，是中国最富盛名的美酒河。赤水河流域不仅是举世闻名的“国酒”茅台的出产地，还是郎酒、习酒、怀酒、董酒、金沙窖酒、泸州老窖等名优白酒的出产地，占据了中国白酒业的“半壁江山”。一条河流出产如此众多的美酒，形成独特的酒文化，在全世界都是绝无仅有的。[②] 可犬牙交错的政区格局，严重制约了当地酿酒业的深入发展。主要表现在以下两个方面：

其一，不利于“国酒”茅台生产环境的保护。

20 世纪 70 年代，为了实现毛泽东、周恩来等党和国家领导人将茅台酒生产扩大到年产量 1 万吨的指示，国家科委和轻工部批准了贵州省科委“贵州茅台酒异地生产中间试制”项目。该项目在历史文化名城遵义市郊筹建了茅台酒异地试验厂，整个试制过程完全按照茅台酒生产操作工艺，不仅将原茅台酒厂厂长郑光先、负责工艺的工程师杨仁勉调去，还调去技术员、酒师、评酒检验员，并从茅台酒厂运去茅台酒大曲、封窖泥。经过 10 年的精心实验，于 1985 年通过专家鉴定，结论是：“酒质较好，但同茅台酒相比还有很大差距。”[③]

这一试验充分证明，茅台酒不能异地生产。茅台酒不能异地生产的原

---

① 杨茜：《赤水河——茅台酒的母亲河》，《珠江水运》2005 年第 11 期。

② 同上。

③ 陈兴晞、季克良：《茅台酒的独特性概述》，《酿酒科技》2006 年第 2 期。

因何在？若干研究表明，就在于其极端的酿酒环境和极端的微生物群落，[①] 而且有不可克隆、不可复制并具有极强的排他的资源垄断性。[②]

显然，要保证茅台酒的品质及传统风格特征，就必须保证赤水河流域独特的自然生态环境不被破坏。虽然早在 1972 年，"国酒之父"周恩来总理就明确指示："茅台镇以上赤水河 100 公里范围内不准建工厂、化工厂，更不准开采煤、磷、硫铁矿等污染较大的矿藏。"[③] 2006 年，贵州省人民政府也制定了《关于加强赤水河上游生态环境保护和建设的意见》。可由于赤水河上游跨越云、贵、川三省，茅台集团又只隶属于贵州，其兴衰不会对云南、四川的经济发展产生实质性的影响，贵州省人民政府制定的政策措施在云南、四川自然起不了任何作用。在严重的地方保护主义思想影响下，赤水河上游的自然生态环境保护就不可能得到强有力的保障。有关研究表明，由于水土流失、森林锐减、水资源与大气环境污染、城镇快速膨胀、人口压力过大等，茅台酒生产所独具的微生物环境可能已经受到影响。1995 年，茅台镇大气环境质量主要指标 SO_2 和 TSP（总悬浮物颗粒）的日均浓度值分别超过空气环境质量二级标准 0.35 倍和 0.1 倍，至 2005 年就已达不到空气环境质量二级标准；1989—2002 年，茅台断面的多年平均径流量和最大年均径流量比 1954—1989 年分别削减了 2.33 亿立方米/年和 26.03 亿立方米/年。[④]

其二，不利于统一规划与经营。

赤水河流域的名优白酒虽然占据了中国白酒业的"半壁江山"，可犬牙交错的政区格局却使生产处于较为严重的无序状态，对规模经济的形成极为不利。赤水河流域白酒生产的无序状态主要表现在以下几个方面：

首先，在主要的名优白酒中，茅台、习酒、怀酒、董酒、金沙窖酒隶属贵州，而郎酒、泸州老窖却隶属四川。尤其是习酒和郎酒，虽隔河相望，却因隶属于不同的省而无法统一步调。

其次，据不完全统计，在方圆不足 5 万平方公里的赤水河流域，有大

---

① 黄永光、黄旭、黄平：《茅台酒酿酒极端环境与极端酿酒微生物》，《酿酒科技》2006 年第 12 期。

② 卢静：《国酒文化及其原产地的保护》，《酿酒科技》2002 年第 5 期。

③ 范光先、吕云怀：《赤水河中上游地区生态与环境评价信息系统建立的必要性》，《酿酒》2005 年第 4 期。

④ 同上。

大小小的酒厂近万家，仅仁怀市境内的酱香型品牌就有2000多个。[①] 一方面虽然反映了赤水河流域酒业的兴旺，另一方面却也反映了生产的严重无序。

最后，优质高粱是茅台等名优白酒的主要生产原料，可在严重的地方保护主义下，茅台酒厂在收购高粱等生产原料时，有贵州价和四川价之别，而且贵州价比四川价要高得多。这也是生产无序的一个重要表现。

茅台和习酒合并的成功事例表明，只有统一规划与经营，才能形成规模经济，才能使生产上档次和水平。可茅台和习酒合并是有一个有利前提的，那就是二者都隶属于贵州省。假如二者分属于不同的省份，合并就不可能如此顺利。显而易见，犬牙交错的政区格局对赤水河流域白酒生产的影响是十分深远的。

（2）不利于旅游业的深入发展

赤水河流域的旅游资源十分丰富，其特色优势旅游资源包括自然生态景观和人文景观两个部分。

就自然生态景观来看，由于特殊的水文地质与气候条件，赤水河流域的自然生态环境十分优美，仅国字号的风景区、自然保护区、森林公园就有9个（见表5—3），其丹霞地貌已成功申报世界自然遗产。这九颗国家级生态景观“明珠”紧紧抱在一起，森林面积达1200多平方公里，其中原始森林80平方公里，有动植物4000余种，是中国乃至世界上旅游资源最富集、生物种类最多、瀑布最密集、丹霞地质地貌特征最典型、规模最大的生态旅游区。早在1994年，经国务院批准，赤水市就已晋升为国家级风景名胜区。[②]

赤水河流域的人文景观主要有红色文化、酒文化、竹文化、民族生态文化和盐运文化等。[③] 就红色文化来看，这里有闻名于世的红军四渡赤水遗址，是全国红色旅游精品线路之一；就酒文化来看，这里是全国最著名的“酒乡”，酒文化十分丰富，茅台集团已建立了“国酒文化博物馆”；就竹文化来看，这里有“中国十大竹子之乡”，形成了丰富多彩的竹文化。

---

① 任晓冬：《赤水河流域综合保护与发展策略研究》，兰州大学2010年博士学位论文。

② 黄咏梅：《赤水河中下游旅游“金三角”景区景点评价》，《贵州民族学院学报》2004年第5期。

③ 任晓冬：《赤水河流域综合保护与发展策略研究》，兰州大学2010年博士学位论文。

表 5—3　　赤水河流域中下游著名景区景点概览

景点景区	分布	景区级别
十丈洞瀑布	赤水市	国家级风景名胜区
四洞沟瀑布群	赤水市	国家级风景名胜区
燕子岩国家森林公园	赤水市	国家级森林公园
长嵌沟景区	习水县	国家级森林公园
三岔河景区	习水县	国家级自然保护区
竹海公园	赤水市	国家级森林公园
赤水桫椤自然保护区	赤水市	国家级自然保护区
四面山风景名胜区	江津区	国家重点风景名胜区
佛宝国家森林公园	合江县	国家森林公园

资料来源：黄咏梅：《赤水河中下游旅游“金三角”景区景点评价》，《贵州民族学院学报》2004 年第 5 期。

赤水河流域的旅游资源十分丰富，是当今中国最具吸引力的旅游胜地之一，在赤水河流域的经济结构中占有十分重要的地位。可犬牙交错的政区格局，严重地制约了当地旅游业的深入发展。主要表现在以下几个方面：

其一，就自然生态景观来看，九个间距不远、关系密切、有机统一的国字号风景区、自然保护区和森林公园，被犬牙交错的政区格局划分为贵州、四川两个部分，两个隶属四川、七个隶属贵州（见表 5—3），这对统一规划与开发是极为不利的。各保护区呈彼此孤立的岛屿状分布，管理上被行政强行分割，未能形成有效的网络结构，保护效果不佳。①

其二，就人文景观来看，红色文化、酒文化、竹文化、民族生态文化和盐运文化等都被犬牙交错的政区格局划分为贵州、四川两个部分。仅就红色文化来看，四渡赤水主要遗址中，土城、元厚、淋滩、茅台等属贵州，二郎滩、太平渡等属四川。由于“在行政上隶属不同省份，地区间的合作很少，部门间合作不强”②，要进行统一规划与开发自然有相当大

① 任晓冬：《赤水河流域综合保护与发展策略研究》，兰州大学 2010 年博士学位论文。

② 同上。

的难度。

2. 不利于生态环境保护

由于特殊的水文、地质与气候条件，赤水河流域的生物资源十分丰富。据有关专家统计，仅赤水河中下游三个国家级保护区就分布着植物257科883属1700余种，其中，水生浮游植物16科35属，苔藓植物41科60属67种，蕨类植物34科53属104种，种子植物165科735属1529种。流域内共有浮游动物51属87种，水生底栖动物40属50种，鱼类17科72属112种，两栖爬行动物10科17属20种，鸟类19科88属126种，兽类21科39属44种。[①] 而且赤水河流域的物种还有很强的珍稀性、特有性和代表性。[②] 全流域共有珍稀保护动植物70余种，其中，国家重点保护植物（Ⅰ、Ⅱ、Ⅲ级）共有38种，国家Ⅰ级保护动物5种，Ⅱ级保护动物27种；在仅有记录的112种鱼类中，就有15种为流域所特有，占流域鱼类总数的13.4‰；属长江上游特有种的有28种，占长江上游103种特有鱼类的27.2‰（见表5—4）。[③]

赤水河流域生物资源的丰富性、珍稀性、特有性和代表性，决定了加大生态环境保护力度的重要性与紧迫性，更何况赤水河流域的生态环境保护对“国酒”茅台的生产有着十分重要的影响。可犬牙交错的政区格局对该流域的生态环境保护是极为不利的。

根据生态区的定义和划分方法，赤水河流域可划分为五个生态区：一是中—下游常绿阔叶林生态区，包括贵州赤水、习水全部，桐梓、仁怀、遵义（县）大部，四川古蔺、合江、叙永一部分；二是中—下游干、支流河段水域生态区，包括赤水河中—下游干流河段和下游主要支流习水河的水域生态系统及其直接受影响的河岸周边地区；三是中游酿酒工业园生态区，包括贵州茅台酒厂、习酒厂和四川郎酒厂三大名酒工业园和多家地方酒厂；四是上游油杉河—小河常绿落叶混交林生态区，包括贵州仁怀西部、金沙西北部、大方北部、毕节（市）东北部及四川古蔺南部、

---

① 王忠锁、姜鲁光、黄明杰、张琛、于秀波：《赤水河流域生物多样性保护现状和对策》，《长江流域资源与环境》2007年第2期；任晓冬：《赤水河流域综合保护与发展策略研究》，兰州大学2010年博士学位论文。

② 任晓冬：《赤水河流域综合保护与发展策略研究》，兰州大学2010年博士学位论文。

③ 王忠锁、姜鲁光、黄明杰、张琛、于秀波：《赤水河流域生物多样性保护现状和对策》，《长江流域资源与环境》2007年第2期；任晓冬：《赤水河流域综合保护与发展策略研究》，兰州大学2010年博士学位论文。

表5—4 赤水河流域特有鱼类及国家重点保护物种

植物				动物				特有鱼类
名称	保护级别	名称	保护级别	名称	保护级别	名称	保护级别	
桫椤	I	筇竹	II	豹	I	雀鹰	II	达氏鲟
华南黑桫椤	II	穗花杉	III	云豹	I	普通鵟	II	四川华鳊
苏铁	I	银鹊树	III	林麝	II	白尾鹞	II	高体近红鲌
水杉	I	领春木	III	猕猴	II	乌鹏	II	短鳍近红鲌
秃杉	I	厚朴	II	藏酋猴	II	红隼	II	黑尾近红鲌
银杏	I	润楠	II	豺	II	红腹角雉	II	黑尾
金花茶	I	桢楠	II	黑熊	II	白鹇	II	细鳞裂腹鱼
金钱松	II	香樟	II	黄喉貂	II	白冠长尾雉	II	重口裂腹鱼
福建柏	II	油樟	II	水獭	II	红腹锦鸡	II	岩原鲤
红豆杉	I	红豆树	II	大灵猫	II	白腹锦鸡	II	短体副鳅
南方红豆杉	I	花榈木	II	小灵猫	II	领角鸮	II	双斑副沙鳅
伯乐树	I	黄连	III	丛林猫	II	灰林鸮	II	长薄鳅
鹅掌楸	II	梓叶槭	III	金猫	II	斑头鸺鹠	II	红唇薄鳅
峨眉含笑	II	白辛树	III	鬣羚	II	达氏鲟	I	异鳔鳅鮀
水青树	II	青檀	III	斑羚	II	白鲟	I	贵州华缨鱼
连香树	II	延龄草	III	穿山甲	II	胭脂鱼	II	
杜仲	II	八角莲	III	鸳鸯	II	大鲵	II	
木瓜红	II	天麻	III	鸢	II	蟒	I	
香果树	II	喜树	II	苍鹰	II	山瑞鳖	II	

资料来源：王忠锁、姜鲁光、黄明杰、张琛、于秀波：《赤水河流域生物多样性保护现状和对策》，《长江流域资源与环境》2007年第2期；任晓冬：《赤水河流域综合保护与发展策略研究》，兰州大学2010年博士学位论文。

叙永东南部；五是河源云贵高原灌丛疏林生态区，以云南镇雄为主，包括云南威信、贵州毕节（市）和四川叙永一部分。① 可以看出在五个生态区中，没有一个不跨越省界。这对统一认识、协调举措等都是极为不利的，“川、滇、黔3省没有形成统一、高效的流域环保协调机制。”② 贵州省人民政府虽然制定了《关于加强赤水河上游生态环境保护和建设的意见》，

① 任晓冬：《赤水河流域综合保护与发展策略研究》，兰州大学2010年博士学位论文。

② 任晓冬、黄明杰：《赤水河流域产业状况与综合流域管理策略》，《长江流域资源与环境》2009年第2期。

却不见四川、云南的相关政策措施。截至2006年底，在赤水河流域的11个自然保护区中，贵州有9个，四川只有1个，云南1个也没有（见表5—5）。在这样的情况下，赤水河流域的生态环境就不可能得到强有力的保护，上、中、下游的生态环境都已遭到了不同程度的破坏。

表5—5　**赤水河流域自然保护区概览**

保护区名称	成立时间	面积（公顷）	保护级别	地点	主要保护对象
习水国家级自然保护区	1997	48666	国家级	习水县西北部	中亚热带常绿阔叶林森林生态系统和珍稀野生动植物
长江中上游珍稀、特有鱼类国家级保护区	2005		国家级	赤水河流域	长江流域珍稀、特有鱼类
赤水桫椤国家级自然保护区	1984	13300	国家级	赤水市东部	桫椤群落、小黄花茶及其生态环境
习水大杉树自然保护区	2000	9.13	县级	习水县	大杉树及周边自然生态环境
赤水原生林自然保护区	1990	28000	县级	赤水市南部	常绿阔叶林森林生态系统及珍稀动植物
金沙冷水河自然保护区	1983	8133	县级	金沙县西北部	森林生态系统
金沙福建柏自然保护区	1999	150	县级	金沙县与大方县相邻地带	福建柏及森林生态系统
大方福建柏自然保护区	1992	18500	县级	大方县与金沙县相邻地带	福建柏及森林生态系统
大方九龙山自然保护区	1992	1200	县级	大方县东部	森林生态系统
大方百里杜鹃自然保护区	1992	18000	县级	黔西县与大方县交界处	杜鹃及其森林生态系统
古蔺黄荆自然保护区	2002	36522	市级	古蔺县	原始自然生态系统及景观

资料来源：任晓冬：《赤水河流域综合保护与发展策略研究》，兰州大学2010年博士学位论文。

3. 不利于行政管理

犬牙交错的政区格局给赤水河流域的行政管理所带来的不利影响，在前面的有关内容中已以赤水市为例作了深入说明，兹不赘述。

（三）解决赤水河流域犬牙交错政区格局的对策与建议

1. 对山川形便原则的新认识

如前所述，山川形便原则是中国历史上划分行政区域的一条基本原则。以山川形便原则划分行政区域不仅有利于行政管理，而且有利于经济文化的交流与发展，已成为学界的共识。周振鹤认为："山川形便" 意味着 "政区的划分是在物质文化与精神文化同一化的基础上进行的"，因为 "高山大川除了造成地域上的差异外，在交通工具不发达的古代，又成为文化传播的天然障碍"，因此，"实行山川形便的原则有经济上的需要和文化方面的益处"[①]。刘君德、靳润成、周克瑜认为："在古代，由于高山大川两侧不同的自然地理环境，形成不同类型的农业经济区和社会文化地域单元，用 '山川形便' 作为政区界线划分的重要原则是十分科学的"，"有利于经济发展和抗御灾荒，有利于行政管理"[②]。侯景新、蒲善新、肖金成认为："元代为了满足中央集权统治和防止军阀割据的需要，省界的划分人为地突破了山川自然地形，割裂了经济区内部的客观经济联系。以后各代不仅没有改变反而加剧了这种状况，严重地影响了经济的发展。"[③] 浦善新认为："不少县边界犬牙交错，与自然地形、风俗习惯、地方方言等界线不相一致，部分县还存在飞地和插花地，破坏了自然经济区域的完整，不仅给现代行政管理带来诸多不便，而且容易引起边界纠纷，不利于安定团结。"[④] 因此，"在全面勘定省、县两级行政区域边界的基础上，结合遗留边界争议的调处和行政区划的日常变更，根据行政区划改革设想，利用扩并县乡、重划省区的有利时机，对飞地、插花地和犬牙交错、与自

① 周振鹤、李晓杰：《中国行政区划通史》（总论、先秦卷），复旦大学出版社 2009 年版，第 87—88 页。

② 刘君德、靳润成、周克瑜：《中国政区地理》，科学出版社 1999 年版，第 58 页。

③ 侯景新、蒲善新、肖金成：《行政区划与区域管理》，中国人民大学出版社 2006 年版，第 74 页。

④ 浦善新：《中国行政区划改革研究》，商务印书馆 2006 年版，第 125—126 页。

然地理界线明显不符的行政区域边界进行适当调整，使各级政区界线尽可能地与自然地理单元和经济区边界相一致，保证行政经济区的完整统一，以便形成合理的经济网络”[①]。正是由于学界的共识，故时至今日，仍然没有人怀疑以山川形便原则划分行政区域的科学性与合理性。

从前面的分析研究可以看出，赤水河流域是遵循山川形便原则的典型个案，可以赤水河为界的省级行政区域划分，不仅不利于赤水河流域的经济社会发展，也不利于赤水河流域的生态环境保护与行政管理。既然如此，对山川形便原则的科学性与合理性就应予以重新认定。

在传统农耕经济时代，因受生产力、认知水平、交通运输条件及开发能力等的限制，人类开发利用自然资源的程度是极为有限的，相当一部分自然资源还不能进入人类的生产、生活领域。在这样的情况下，由于高山大川往往是自然地理单元的分界线，也是人类进行经济文化交流的天然障碍线，以山川形便作为行政区域的分界线，自然有其较强的科学性与合理性。可在工业文明、生态文明时代，由于生产力水平的不断提高、交通运输条件的不断改善及人类认知水平的飞速发展，不但人类进行经济文化交流的自然地理障碍线被不断突破，而且新的资源、能源不断进入人类的生产、生活领域。在这样的情况下，以山川形便作为行政区域的分界线就未必科学、合理了。如某一资源富集并处于两个自然地理单元之间的高山，在该资源还不被人类所认识或人类还不能较好开发利用该资源以前，以该高山作为行政区域的分界线，无疑有较强的科学性和合理性；可在该资源已被人类深入认识并能被人类很好开发利用以后，仍然以该山作为行政区域分界线而将其分割于不同的行政主体管辖，显然就不科学、不合理了，因为这种做法不仅不利于该资源的充分合理利用，而且还会产生许多利益纠纷。如梵净山，历来就分属贵州省江口、印江、松桃等县，在其未成为旅游胜地以前，各县之间相安无事，可在其成为旅游胜地以后，边界利益纠纷就难以避免了。因此，山川形便原则的科学性与合理性既不能一概肯定，也不能一概否定；既不能生搬硬套，也不能弃之不顾，必须具体情况具体分析并灵活地加以运用。

2. 建立赤水河流域特区的必要性

赤水河是一条流金的河，淌银的河。[②] 既然犬牙交错的政区格局对赤

---

① 浦善新：《中国行政区划改革研究》，商务印书馆 2006 年版，第 164—165 页。

② 杨茜：《赤水河——茅台酒的母亲河》，《珠江水运》2005 年第 11 期。

水河流域的经济发展、生态环境保护与行政管理等都是极为不利的，那赤水河流域的省级政区边界格局应如何调整才有利于赤水河流域经济社会的又好又快、更好更快发展呢？我们认为，建立赤水河流域特区是最可行的办法。主要理由如下：

第一，建立赤水河流域特区，可以有效避免犬牙交错的政区格局所产生的种种不利影响。针对赤水河流域被云南、贵州、四川三省分割而产生的各种弊病，学者们提出了相关的对策与建议。黄真理主张建立赤水河流域综合性自然保护区，① 任晓冬等则建议成立赤水河流域综合保护协调委员会。② 这些主张虽然有一定的科学性与合理性，但都不能从根本上解决赤水河流域被不同的行政主体分割治理这一核心问题。只有成立赤水河流域特区，才能改变多元的行政主体格局，也才能从根本上消除犬牙交错的政区格局给赤水河流域所带来的种种不利影响。

第二，建立赤水河流域特区，有利于赤水河流域经济社会的又好又快、更好更快发展。从前面的分析研究可以看出，赤水河流域是一个密不可分、有机统一的相对独立的地理单元，而且具有实现经济社会又好又快、更好更快发展的资源禀赋。成立赤水河流域特区以后，在一个行政主体的管辖下，不仅可以统筹考虑整个流域当下的发展问题，而且可以对未来发展做出更科学合理的规划。这对赤水河流域又好又快、更好更快发展是极为有利的。

第三，建立赤水河流域特区，可以成为长江中上游地区经济社会又好又快发展的巨大引擎。改革开放以来，中国先后建立了深圳、珠海、汕头、厦门、海南五个经济特区，对推动中国经济社会的又好又快发展发挥了十分重要的引擎作用。可这五个特区都处于东部沿海地带，整个长江中上游地区至今还没有一个特区。建立赤水河流域特区，不仅有利于赤水河流域的资源禀赋得到充分发挥，而且可以与重庆连为一体，成为长江中上游地区经济社会又好又快、更好更快发展的巨大引擎。

---

① 黄真理：《论赤水河流域资源环境的开发与保护》，《长江流域资源与环境》2003 年第 4 期。

② 任晓冬、黄明杰：《赤水河流域产业状况与综合流域管理策略》，《长江流域资源与环境》2009 年第 2 期；任晓冬：《赤水河流域综合保护与发展策略研究》，兰州大学 2010 年博士学位论文。

第六章　明清以来川（含渝）黔交界地区插花地清理拨正

插花地的广泛存在不仅不利于行政管理，而且对社会稳定、经济发展及人民群众的生活等都会带来极为严重的影响。为消除插花地所带来的种种不利影响以巩固统治地位，明清以来虽然多次进行过清理拨正，但由于不敢深入触及封建土地私有制及严重的地方保护主义思想的影响等，这些清理拨正都不彻底。

一　明代的清理拨正

尽管明代还没有插花地这一提法，但从相关文献记载里可以看出，明代贵州不少地方官吏都已认识到了插花地所带来的严重影响，并提出了相应的清理拨正建议。其中，涉及川（含渝）黔交界地区的主要有：成化二十三年（1487）镇远知府周瑛的建议、嘉靖二十六年（1547）巡按贵州御史萧端蒙的建议、万历二十八年（1600）川湖贵总督李化龙的建议、万历四十五年（1617）巡按贵州御史杨鹤的建议。这些建议有的被朝廷采纳，而有的却因违背了朝廷犬牙相制的统治思想没有被采纳。

（一）镇远知府周瑛的建议

正统十四年（1449），由于"频发征伐云南，供米、供役不胜其苦"，"生、熟苗互争田土，有司受其贿赂，判与不公"，"边将及有司剥削侵凌"① 等因素的影响，镇远府发生了苗族等族人民的反抗斗争。平溪、清

---

① 《明实录·英宗正统实录》卷185，贵州民族研究所编：《明实录·贵州资料辑录》，贵州人民出版社1983年版，第323页。

浪、偏桥、镇远四卫虽毗邻镇远，却因为隶属湖广，“非申报各上司不敢擅动”，“文书往返动经数月”，而至“贼势滋蔓”。

为避免这样的情况再次发生，成化二十三年（1487），镇远知府周瑛在《地方事宜疏》中，就奏请将镇远府割隶湖广，或将其隶属于湖广的平溪、清浪、

偏桥、镇远四卫改隶贵州。原文如下：[①]

> 为以合府卫以却苗蛮事。
>
> 照得本府原系湖广所辖思州、思南二宣慰司故地。国初开创西南境土，乃设平溪、清浪、偏桥、镇远四边卫，以控蛮夷，以通西南道路。永乐十一年，朝廷以宣慰司田琛等构恶，诏削其官，创设贵州布政司，分其地为思州、思南、石阡、铜仁、乌罗、新化、黎平等八府，俱隶贵州。平、清、偏、镇等四边卫仍属湖广。正统十四年，本府地方苗贼生发，民兵不能独制，而四边卫以属湖广，非申报各上司不敢擅动，为因阻隔江湖，文书往返动经数月，遂至贼势滋蔓，攻城陷堡，杀戮人民。反劳朝廷遣将调兵，始克平定。后献议者以本府地方要冲，乃于清浪设镇守参将一员，及拨湖广武昌等一十三卫所官前来协守。近来苗贼入境，百姓望救，急在旦夕。主将亦以湖广为碍，不敢轻动，湖广官司或又从中而牵制之，主将未免徘徊顾望矣。臣等闻兵速则可得志，势分难以成功。主此不改，恐祸变之生，不但正统十四年而已也。夫分府、卫以属两省者，是名犬牙相制，互相犄角，指臂相使，互相运用，古人皆已行之。合无从长计议，查照洪武初年事例，将本府三司一县割属湖广，或复照今日事体所宜，将平、清、偏、镇等四边卫割属贵州。庶几父子兄弟相为一家，手足腹心相为一体，缓急调度，不致掣肘，地方便益……

周瑛的这一建议虽有利于加强地方控制，但由于违背了朝廷犬牙相制的统治思想而未被采纳。尽管周瑛的建议没有被朝廷采纳，却产生了十分深远的影响。主要表现在以下两个方面：

---

① 参见贵州省文史研究馆校勘（民国）《贵州通志·前事志》（二），贵州人民出版社1987年版，第201—202页。

第一，虽然其清理拨正之目的仅为加强地方控制，但开启了检讨贵州插花地流弊的先河。

第二，虽然其清理拨正建议没有被采纳，但开启了贵州插花地清理拨正之前奏，势必予后世的清理拨正以相应启示。万历二十八年（1600），川、湖、贵三省总督李化龙又提出了将平溪、清浪、偏桥、镇远四卫改隶贵州的建议（前有所述）。至清康雍年间，四卫辖地终被改隶贵州。

由于平溪、清浪、偏桥、镇远四卫属湖广辖地，表面看来似与四川无关，其实不然。因为四卫不仅与其时的贵州交界，也与当时的四川接壤（详见本书第三章）。

（二）巡按贵州御史萧端蒙的建议

嘉靖二十六年（1547），巡按贵州御史萧端蒙在其《请特建总督重臣疏》中，提出了设湖川贵总督的建议，具体如下：①

> 窃照贵州地方，与湖广、四川、云南、广西诸省疆土参错，奸宄迭生，边圉之患，无岁无之。盖缘辖属各异，事体不一，各怀彼此之心，竞图利害之便，养成患害，贻祸生民。臣自入境以来，询求利害，而合省士民，谓直建设总督以专西南之阃，重以事权，责以经略长久之术。臣请言其故，陛下幸垂听焉。
>
> 贵州在国初，本三省远地也。至永乐十二年，始置都、部、按三司，以扼西南之吭。军民衙门，大抵皆分属三省，以示犬牙相制之意，甚善计也。但百年之后，时异势殊，脉络阙隔，威信阂滞，贵州遂称难治矣。何以言之？
>
> 边情夷患，动必牵连，约会则不及，独任则不了，此制驭之难。
>
> 两省之间，牵制文法，意见不同，谋猷互易，此体统之难。
>
> 武弁夷酋，动分彼此，名虽兼制，不受约束，此任使之难。
>
> 纷争奏诉，必经会勘，文移往返，雍滞积年，此勘断之难。

① 参见贵州省文史研究馆校勘（民国）《贵州通志·前事志》（二），贵州人民出版社 1987 年版，第 298—299 页。该书认为，萧端蒙仕黔约在嘉靖四十一二年间，有误。据《明实录·世宗嘉靖实录》记载，萧端蒙仕黔应在嘉靖二十五年（1546）左右，其《请特建总督重臣疏》应作于嘉靖二十六年（1547），因《世宗嘉靖实录》卷 328 有“非设总督重臣不济”的记载。详见贵州民族研究所编《明实录·贵州资料辑录》，贵州人民出版社 1983 年版，第 778—783 页。

贵州年粮岁额，川、湖连年拖欠，动以万计，此催征之难。

每遇有警，调用军夷，或托他故，动相妨病，此调度之难。

钤属既别，期会自疏，地方事情，多不互报，此经略之难。

有此七难，威信所以未立，疆宇所以未宁也。若使总督重臣合诸省要害之地而并制之，则统涣合离，任专责重，事无掣肘，势如使臂，积以岁年，疆埸可定。此臣所谓长久之计也。况今日铜平、镇筸苗患孔亟，迩者伏奉严旨，责成两省镇抚官以期扫荡，然以事势度之，合讨之有功，终不若统帅之便利也。故臣愚计，以为宜如两广、汀赣事例，将贵州并川、湖、云、广边界地方，设部院重臣一员，总理夷情军务，即铜平、镇筸有事，督驻沅州，以后仍回贵州。安边全策，计无逾此矣。

萧端蒙的这一建议被朝廷采纳，设置了湖川贵总督，直至嘉靖四十二年（1563），这一职位才被撤销。据郭红、靳润成统计，从嘉靖二十七年至四十一年（1548—1562），先后就任该总督的有 8 人，他们是：张岳、屠大山、冯岳、王崇、石永、黄光升、董威、罗崇奎。[①]

严格地说，萧端蒙的这一建议不是为了清理拨正插花地，与川（含渝）黔交界地区也没有太多的关系，但由于十分深刻地指出了插花地的七大弊病，即“七难”，颇富启发意义，故将其视为明代的一次插花地清理拨正建议。

（三）川湖贵总督李化龙的建议

万历二十八年（1600），在平定播州杨应龙叛乱以后，川、湖、贵三省总督李化龙在《播州善后事宜十二事》中，提出了将播州分为二府，并分隶四川、贵州的建议，具体如下：[②]

---

① 郭红、靳润成：《中国行政区划通史·明代卷》，复旦大学出版社 2007 年版，第 818 页。该书有两个错误：一是将罗崇奎误为王崇奎；二是罗崇奎就任总督的时间当为嘉靖四十一年（1562）。参见贵州省文史研究馆校勘（民国）《贵州通志·前事志》（二），贵州人民出版社 1987 年版，第 297—299 页。

② 参见贵州省文史研究馆校勘（民国）《贵州通志·前事志》（二），贵州人民出版社 1987 年版，第 513—514 页。

播州南极牂牁，西连僰道，汉、唐改为郡县，在川、贵之间，亦一都会也。至唐乾符间，陷于南诏，杨端取而据之。今逆酋既平，相应改土归流，以变夷俗。及照播州白田坝，沃壤数百里，即播州遵义县故地，当复府治，设县附焉。桐梓当綦南之冲，走川、贵道也，旧为夜郎县故地，当复一县。仁怀滨播枕永，襟合带泸，为怀阳县故地，当复一县。真州即古珍州，川原平衍，商贩周游，应复一州。以上俱隶川省统辖。黄平为川、贵要区，旧设抚苗通判一员，列衔重庆，驻镇彼中，其与播势相控驭，应设一府。湄潭、龙泉，地理广邈，各应建设一县。瓮水、重安合设一县，余庆、白泥合设一县，并草塘、容山二司，应割隶各县。以上地方，去黔甚迩，相应改隶贵州。总计增府二，州一，县八。盖乱流初殄，地阔人稀，姑建数城，以为系属。以后地辟民聚，无妨增设。其二府治与附郭县，分正佐首领，各应照例全设外，州县正佐首领，俱应量减。

明王朝采纳了李化龙的这一建议，以乌江为界将播州一分为二，乌江以北置遵义军民府隶四川，辖遵义、桐梓、绥阳、仁怀四县和真安一州；乌江以南置平越军民府隶贵州，辖余庆、瓮安、湄潭三县和黄平一州。

这次清理拨正虽然是平定杨应龙叛乱的“副产品”，但达到了清理拨正插花地的客观效果，是明代贵州（包括川黔交界地区）插花地清理拨正真正取得实效的一次。把原四川播州宣慰司所辖的乌江以南地域划隶贵州，不仅使四川深插贵州腹地的问题得到了缓解，而且将贵州东西两块地域连接了起来（详见本书第二章）。

（四）巡按贵州御史杨鹤的建议

万历四十五年（1617），巡按贵州御史杨鹤提出了将四川乌撒军民府改隶贵州的建议，具体如下：①

乌撒道里本在黔中，去川南叙州府一千一百五十里，而遥所设同

① 参见《明实录·神宗万历实录》卷556，贵州民族研究所编：《明实录·贵州资料辑录》，贵州人民出版社1983年版，第1109—1110页。

知一名，既无一事管理，亦无官舍可栖，土官更无一人为之弹压。自土知府安云龙物故后，安咀旧与安效良争官夺印，自相仇杀二十年。夷人无主，盗贼蜂起者二十年；绑掳军丁，烧毁屯堡者二十年；劫杀行商而道路梗者二十年。是争官夺印者，蜀之土夷也，而蹂躏糜烂者，黔之地方、黔之赤子也。蜀既久不定，黔之忍□不敢言。若改隶黔中，则黔中之地便于控制，一便也。黔中之官有毕节道、有府厅、有迤西守备、有卫、有所，弹压不患无人，二便也。黔中驿递自任调停，三便也。钱粮马馆责之安效良，不敢不如期办纳，四便也。禁仇杀则仇杀便可禁，禁盗贼则盗贼可禁，军屯免于涂炭，道路可使廓清，无所不便也。又天桥哨南山之间产银气，汉人不得采，而夷人反窃之，失策甚矣。曷若取充兵饷，不费帑金而坐天地自然之利，此天之所以赐黔也。

乌撒者，滇蜀之咽喉也。臣由普安入滇境七日始达乌撒，见安效良之父安绍庆据沾益中，当曲靖之门户，效良据乌撒，又扼滇、蜀之咽喉要地也。两雄并立，父子各据一方，且壤地相接，无他郡县。上司以膈绝之，将来尾大不掉，实可寒心。嘉靖间，乌撒夷父奢勾谋叛，纵夷人四处劫掠，擅拆六驿、四司官仓改立私宅，夺占军屯，掘窆濠堑，插夷字面牌，反形已著。幸赖抚臣徐向先觉，调集三省汉土官兵防御截杀，逆谋乃寝，非殷鉴乎！犬羊叛服不常，蜀中有遥制之名而无其实，黔中有可制之势而无其权，臣以为不如改隶黔中为便。

可以看出，杨鹤不仅深入分析了将乌撒改隶贵州的理由，并指出了改隶贵州的若干好处。但兵部以“所设土府及卫犬牙相临，彼此牵制，祖宗立法固有深意”及“事关两省，夷情舆论未审会同”[①] 为由否决了杨鹤的建议。

尽管杨鹤的建议没有被采纳，但其贡献同样不容低估。康熙五年（1666），乌撒终被改隶贵州。

---

① 《明实录·神宗万历实录》卷557，贵州民族研究所编：《明实录·贵州资料辑录》，贵州人民出版社1983年版，第1111页。

二　清代的清理拨正

如果说，明代的插花地清理拨正还有一定的混沌性的话，清代的插花地清理拨正则有很强的针对性了。因为清代不仅明确提出了“插花地”这一概念，而且不少清理拨正都是直接针对插花地的。

从相关文献记载可以看出，清代的插花地清理拨正主要有以下几次：一是雍正年间的清理拨正；二是道光年间的清理拨正；三是咸丰年间的清理拨正；四是光绪年间的清理拨正（包括光绪十年至十一年的清理拨正和光绪三十一年至三十二年的清理拨正）。尽管不少清理拨正都未施行，有的清理拨正也没有涉及川（含渝）黔交界地区，如道光二十八年（1848）安顺知府胡林翼的清理拨正建议、光绪十年至十一年（1884—1885）贵州巡抚李用清的清理拨正建议、光绪三十一年至三十二年（1905—1906）贵州巡抚林绍年、岑春蓂的清理拨正等，但由于这些清理拨正对研究清代的插花地清理拨正有十分重要的价值，故将其统计在内。

（一）雍正年间的清理拨正

雍正年间的插花地清理拨正是自上而下进行的，清理拨正的组织者是雍正皇帝，清理拨正的时间从雍正三年（1725）开始至雍正八年（1730）结束，前后持续了大约5年时间。

1. 基本情况

各省边界的犬牙交错，不仅引发了许多纠纷，而且给行政管理带来了极大的不便。为消除这样的不利影响，雍正三年（1725）春三月癸丑，雍正皇帝给各省督抚下了一道圣旨，要求拨正各省疆界。原文如下：

> 《周礼》称：惟王建国，体国经野。孟子亦言：仁政必自经界始。疆界所关，诚为至重。从来两省交壤之地，其界址多有不清，云、贵、川、广等处为尤甚。间有一省之内，各州县地界亦有不清者。每遇命盗等事，则相互推诿，矿厂盐茶等有利之事，则互相争竞，甚非息事宁民之意。各省督抚其共矢公心，详细清查。如与邻省地界有不清者，即委本省贤员勘定。地皆朕土，人皆朕臣，此盈彼绌，悉在版图之内，无容分视也。惟地界或间有难定之处，但平心勘

画，即使稍有不协，然一定之后，久远得以遵据，永无推诿竞争之处，于地方大有裨益矣。①

从这段文献可以看出，为调整各省疆界，雍正皇帝首先强调了疆界调整的重要性，将疆界调整提升到了立国与“仁政”的高度。其次指出了疆界调整的重点区域及缘由。重点区域是云、贵、川、广等交界区域，缘由为“每遇命盗等事，则相互推诿，矿厂盐茶等有利之事，则互相争竞”。最后提出了疆界调整的几点原则：一要“共矢公心”、秉公办事、“无容分视”；二要“详细清查”；三要“平心勘画”并“久远得以遵据”。

在雍正皇帝的严厉要求下，云、贵、川、广等省便开始了疆界调整工作，至雍正八年（1730）结束。

2. 评价

雍正年间的清理拨正虽不是严格意义上的插花地清理拨正，因其主要目的是调整各省疆界，而且起到了清理拨正插花地的客观效果，故有很强的插花地清理拨正性质。其效果主要表现在以下两个方面：

其一，对川（含渝）黔边界作了大幅度调整。不仅将原隶四川的遵义府改隶贵州，而且将原隶贵州的永宁县改隶四川，并将原隶四川的乌蒙、镇雄府改隶云南。这一调整就使原交界地区的插花地问题得到了彻底解决。

其二，清理拨正了四川永宁县与贵州毕节县、黔西州交界区域插花地。《仁怀县志》有如此之记载：“雍正八年（1730年），川贵两省大宪委勘永宁县疆，以赤水河大江上自斑鸠井河源、下至合江县，大河南归黔、河北归川。凡厅属河南入户，附近贵州毕节县拨归毕节县，附近贵州黔西州拨归黔西州。河北黔属永宁县改归四川叙永厅，厅属东与贵州仁怀新县接壤地黎民镇，其仁怀所属河北地方拨入厅属境内。”②

这次清理拨正的成效虽然不容否认，但缺陷与不足也在所难免。主要表现在以下三个方面：

---

① 参见贵州省文史研究馆校勘（民国）《贵州通志·前事志》（三），贵州人民出版社1988年版，第177—178页。

② 贵州省仁怀县地方志编纂委员会编：《仁怀县志》，贵州人民出版社1991年版，第15页。

第一，原有的一些插花地问题得到了解决，但一些新的插花地问题又因此而产生。如将原隶四川的遵义府改隶贵州后，遵义府深插贵州腹地的问题得到了解决，但在新的交界区域又产生了大量插花地；又如将原隶四川的乌蒙、镇雄府改隶云南后，便产生了延续至今的极为严重的云、贵、川三省交界处的插花地问题（前有所述）。

第二，存在不少遗留问题。这次清理拨正虽然划定了四川永宁县与贵州毕节县、黔西州之交界线，即上自斑鸠井，下至合江县，均以赤水河为界，河南归黔、河北归川，但并未严格贯彻执行，“自官坝至卡山、坝山等处，尚未移拨归四川，河南、河北两岸亦均系黔民”①，民国时期的“长坝槽之争”（详见后文）便因此而产生。

第三，没有清理拨正正安以东川（含渝）黔交界地区的插花地。

以上这些缺陷与不足的存在，就决定了雍正年间的插花地清理拨正有着很强的局限性与不彻底性。

（二）道光年间的清理拨正

道光年间的插花地清理拨正是自下而上进行的，清理拨正之倡议者是安顺知府胡林翼，清理拨正的时间是道光二十八年（1848）。

1. 基本情况

道光二十七（1847）十一月，胡林翼出任安顺知府，贵州极为严重的插花地问题引起了他的高度重视。道光二十八年（1848）十一月，胡林翼便上奏了“数千万言”的建议书，建议清理拨正贵州极为严重的插花地。原文如下：②

> 窃以贵州境内地多插花，安顺尤甚。林翼妄不自揣，思欲逐一察清，妥拟章程，彼此移易，归于至当。谨先陈愚管，仰祈训示。如蒙允准，再行缕晰绘图陈说，呈恳咨部改拨，以正经界，以便官民。查贵州所谓插花地者，其情形约略有三种：如府厅州县治所在此，而所辖壤土乃隔越他界，或百里而遥，或数百里之外，即古所谓华离之地

① 贵州省仁怀县地方志编纂委员会编：《仁怀县志》，贵州人民出版社1991年版，第15页。

② 参见贵州省文史研究馆校勘（民国）《贵州通志·前事志》（三），贵州人民出版社1988年版，第489—493页。

也；又如二壤本属一邑，中间为他境参错，仅有一线相连，即古所谓犬牙之地也；又如一线之地插入他境，既断而复续，已续而又绝，绵绵延延至百十里之遥，即古所谓瓯脱之地也。而贵州所以多插花者，其故又有三：贵州之郡县，一因乎明之卫所，一因于元明之土司，一因于剿抚蛮苗所得之土田。明之卫所本以屯田为实壤，而屯田亦有星散四出之地。国初诸公徒取其城市相近者即并为一邑，未暇一一清厘，所以州县地多插花，其弊一也。土司之壤或承自唐宋，或创于元明，历世既久，彼此侵夺，本非画一之规。及其献土也，则举其所有而归之于州县，不暇一一为之分析，其弊二也。征讨之法，或用雕剿，则平一姓而兼平数姓之人，招降之利，必联族类，则降一寨而兼降数寨之人。当其创制州县，辄以一时所获田土归之一邑，其弊三也。三者之弊，皆因戡定乱略之时未暇深考，而其流弊乃百出而不穷。姑即弊之切近者言之：插花地有离本治二三百里，而离他治未百里十数里者，民之输将不于其近，而于其远，期会不时，资斧既竭，远来负米，劳费可矜。士之应试，其弊亦然。命案借远地而违延，盗案因交界而推诿，姑无论矣。即寻常词讼，牵连他属者，十之四五辗转关移，百无一应。官之所谓小事，即百姓之所谓大事，羁候日久，既无以恤其货财，证佐不齐，又无以剖其曲直。历数年而不见一官，历数官而不得一审，往往酿成大案。此其不便于民也。肘腋之下，皆他境之民，卧榻之旁，悉他人之地。其所应教诲者、应整饬者、应修明者、应捕逐者，皆在数百里之外。府厅州县号为亲民之官欲其出入可见咨询易及耳。乃所亲者在远，而所不亲者在近，纵有留心民瘼之良吏，亦限于闻见而莫可如何。追呼不便，公事掣肘，此其不便于官也。然亦有所甚便者，则刁劣之生监与扰害之棍徒耳。而盗贼为尤甚。盗贼成群结党，必在插花之地，纠察之所不及，摘发苦于所难。吏胥以别境为搪塞之词，州县以关移为迁延之计。即有一二任事之员，遵奉道光二十一年申明圣训不分畛域，而平日之耳目不习，即临时之呼应不灵。户口厄塞非其所知，乡约寨头非其所辖，则越境捕盗之难也。其狡黠大盗，甚则结交各属吏役。此邑见捕归于他邑，捏情希脱，贿弊多方。漠不关心者既涉因循，因以为利者更虞袒纵。是又公文关移之无益也。凡此各弊，相沿已久，而不敢轻言更张者，则恐吏胥之因缘为奸，更恐州县之肥瘠不定耳。然使官不扰民，自为经理，就疆域之形便而截长补短，即钱粮之会计而益寡裒多，不更易州县之名，不增减粮赋之数，则民情当必帖然，而吏治实为大便。姑即安顺而论之……

从胡林翼的建议书可以看出，他首先分析了贵州插花地的基本类型、产生的原因及所带来的种种弊端，接着提出了清理拨正插花地的基本原则，即“官不扰民，自为经理，就疆域之形便而截长补短，即钱粮之会计而益寡裒多，不更易州县之名，不增减粮赋之数”，最后以安顺为例作了深入的分析论证。

胡林翼的建议虽然经过了“如聚米划沙”般的“深思硕画”，并有很强的实用性与可操作性，“真实经济，行之决其有效”，① 但十分遗憾的是，朝廷尚未批复，胡林翼“即以奉调剿办发匪离黔”，“升任赴楚剿贼而去”②。

显而易见，胡林翼对这次插花地清理拨正虽然作了不少前期准备工作，但这并未真正施行。“惜格于时，不果行”③，“至今绅民同为惋惜”④。

2. 影响

尽管胡林翼的这次插花地清理拨正并未真正施行，但这是贵州历史上第一次严格意义上的插花地清理拨正，因为其主观目的就是清理拨正插花地。

这次插花地清理拨正有着十分重要的意义，对后世的影响十分深远，主要表现在以下几个方面：

第一，首次明确提出了“插花地”这一概念。插花地虽然是伴随行政区划的产生而产生的，关于插花地的流弊前人也多有论述，可在胡林翼以前，并无插花地这一概念。光绪十一年（1885），贵州巡抚李用清在奏《酌拟清理插花章程》时也言：“插花之名，为经传载籍所未见，惟前湖

---

① 贵州省文史研究馆校勘：（民国）《贵州通志·前事志》（三），贵州人民出版社 1988 年版，第 489 页。

② 贵州省文史研究馆校勘：（民国）《贵州通志·前事志》（四），贵州人民出版社 1991 年版，第 892、901 页。

③ 贵州省文史研究馆校勘：（民国）《贵州通志·前事志》（三），贵州人民出版社 1988 年版，第 489 页。

④ 贵州省文史研究馆校勘：（民国）《贵州通志·前事志》（四），贵州人民出版社 1991 年版，第 892 页。

北抚臣胡林翼守安顺时论之最详。”①

第二，首次归纳总结了插花地的基本类型。胡林翼在其建议书中，将插花地归纳为“华离之地”、“犬牙之地”和“瓯脱之地”三种基本类型。尽管“华离之地”和“瓯脱之地”的基本内涵后来已有所演变（详见本书绪论），但名称基本上被延续了下来，胡林翼的首创之功自不容磨灭。

第三，首次分析讨论了插花地产生的原因。在其建议书中，胡林翼将插花地产生的原因归纳为“一因乎明之卫所，一因于元明之土司，一因于剿抚蛮苗所得之土田”。归纳的这些原因尽管不够全面深入（详见本书第四章），但多为后世所引用。因此，胡林翼实乃检讨插花地产生原因的第一人。

第四，对插花地的流弊作了更为系统深入的讨论。关于插花地的流弊前人也多有论述，最为突出的莫过于萧端蒙的“七难”（详见前文），但多强调的是政府的统治，即不便于官。而胡林翼在其建议书中，从正反两个方面检讨了插花地的流弊。正的方面包括“不便于民”和“不便于官”，反的方面就是有利于“刁劣之生监与扰害之棍徒”。尽管胡林翼的论述也有一定的局限性，但相对于前人，无疑有了很大的进步。

第五，他提出的清理拨正插花地的基本原则，即“官不扰民，自为经理，就疆域之形便而截长补短，即钱粮之会计而益寡裒多，不更易州县之名，不增减粮赋之数”对后世也产生了一定的影响。光绪三十一年（1905），贵州巡抚林绍年在清理拨正插花地中就采用了这些原则（详见后文）。

（三）咸丰年间的清理拨正

咸丰年间的插花地清理拨正也是自下而上进行的，清理拨正之倡议者是广西道监察御史伍辅祥，清理拨正的时间是咸丰五年（1855）。

1. 基本情况

为清理拨正川（含渝）黔交界地区插花地，咸丰五年（1855），广西道监察御史伍辅祥奏请划清黔蜀疆界，原文如下：②

---

① 贵州省文史研究馆校勘：（民国）《贵州通志·前事志》（四），贵州人民出版社 1991 年版，第 778—779 页。

② 参见贵州省文史研究馆校勘（民国）《贵州通志·前事志》（三），贵州人民出版社 1988 年版，第 611—612 页。

> 窃以黔、蜀交界各县，类皆八九百里，山多田少，林深箐密，道路险峻，盗贼易于藏匿。又犬牙相错，缉捕为难。即如四川之綦江，贵州之桐梓、仁怀，该三县交界之处所，数十里之中本为綦界者，忽插入桐、仁一段；本为桐、仁界者，忽插入綦江一段。似此之类，不一而足。从前遇有盗窃之案，綦往捕则窜入桐，桐往捕则窜入綦。迨用公文会拿，而贼已远扬无踪矣。且该三县地瘠民贫，无缉捕经费，地方官任其盗贼充斥，粉饰弭缝，以冀邀免处分，所以贼匪愈积愈多。前道光十八年，穆继贤作乱，经云贵总督伊里布带兵剿办，用国帑十万余，始获荡平。咸丰四年八月，革役杨隆喜并穆继贤之子侄穆二头等数人倡乱，纠合穷民数万人，谓除□戥之害（缘桐梓每年征收钱粮，无论一两二两之多，一钱二钱之少，总须加征银五钱，名曰□戥，官肥囊橐，民甚苦之，故该匪借之为口实也）。现在桐、仁俱已收复，遵义已经解围，余匪自可渐次肃清。但该处地形辽阔，易为盗贼之薮；疆界错杂，易开逃脱之门；弹压无人，难收缉捕之效。倘非力为整顿，势必后患潜滋。应请旨饬令四川总督、贵州巡抚各派干员，会同划清疆界，某处所插之地应归并四川，某处所插之地应归并贵州，总期疆界秩然，无许犬牙相错，夹杂不清。更于交界要隘处所，酌拨府城武弁移住，以资弹压。倘有贼盗，立即拿送该县究办，勿令远扬，毋令啸聚。至于旧立田土等契，一仍其旧，毋庸更换，以防扰累。庶几疆界明而盗贼无可隐匿，缉捕易而宵小自易肃清矣。

从这段文献可以看出，伍辅祥不仅以綦江、桐梓、仁怀为例介绍了黔、蜀交界地区的犬牙相错情况，而且分析了划清黔、蜀疆界的必要性，并提出了划清黔、蜀疆界的总体思路与基本要求。其总体思路为：“请旨饬令四川总督、贵州巡抚各派干员，会同划清疆界，某处所插之地应归并四川，某处所插之地应归并贵州。”基本要求是：“总期疆界秩然，无许犬牙相错，夹杂不清”，“旧立田土等契，一仍其旧，毋庸更换，以防扰累”。

2. 结果

咸丰皇帝虽然批准了伍辅祥的这一奏议，但囿于当时“内忧外患”的严峻国内外形势及贵州轰轰烈烈的咸同各族人民大起义，这次插花地清理拨正亦未真正实施。“咸丰五年，御史伍辅祥奉旨就地分属，亦不果行。”①

尽管伍辅祥的这次插花地清理拨正并未真正施行，但这是明清以来第一次严格意义上的川（含渝）黔交界地区插花地清理拨正，不仅因为其主观目的是清理拨正插花地，而且因为清理拨正的区域是直接指向川（含渝）黔交界地区的。

（四）光绪年间的清理拨正

光绪年间的插花地清理拨正计有两次：第一次是光绪十年至十一年（1884—1885）；第二次是光绪三十一年至三十二年（1905—1906）。

1. 第一次清理拨正

（1）基本情况

光绪年间第一次插花地清理拨正也是自下而上进行的，清理拨正的倡议者是贵州巡抚李用清，清理拨正的时间是光绪十年至十一年（1884—1885）。

光绪十年（1884）三月，李用清出任贵州巡抚。光绪十一年（1885）秋八月，李用清给朝廷上奏了《酌拟清理插花章程》，原文如下：②

> 窃臣于上年护任之初，因黔省地多插花，于吏治有碍，拟设法改拨，以正经界。曾经缕晰陈明，奉旨切实为之，遵即转饬司局会议妥筹去后。兹据署藩司曾纪凤等详称：遵查贵州地多插花。插花之名，为经传载籍所未见，惟前湖北抚臣胡林翼守安顺时论之最详。大略言③：黔省府、厅、州、县，有治所在此而所辖地土隔越他界，或百里，或数百里，并无一线相通者，是为瓯脱；又，或本属之地插入他境，既断仍续，已续复断者，是为隔离；又，或夹入夹出，仅有一线相通，长短广狭彼此交错者，是为犬牙。通省形势不齐，要不离此三

---

① 犹海龙、侯树涛、赵元隽纂辑，张瑞琪、龙砺孚、李明方、夏永忠校点：（民国）《桐梓县志》1987年（内部发行），第44页。

② 参见贵州省文史研究馆校勘：（民国）《贵州通志·前事志》（四），贵州人民出版社1991年版，第778—779页。

③ “大略言”虽然指的是胡林翼的论述，但所叙述的具体内容与胡林翼的论述有很大的不同。这里的“瓯脱”实为胡林翼的“华离”，而这里的“隔离”实为胡林翼的“瓯脱”。根据胡林翼以后“瓯脱”的具体内涵已演变为“飞地”的客观实际（详见本书绪论），这里显然不是对胡林翼论述的简单重复，更不是传抄错误，而是在忠实于胡林翼论述的基础上，对胡林翼论述所做的必要修正。

者，而土人则概称为插花。犬牙，各省交界之地所常有，惟隔离、瓯脱为各省所无。此插花情形也。查贵州自前明始置行省，所设卫、所、州、县，皆苗疆土司之地。土司历世甚久，彼此侵夺，各守零星之地，原非画一之疆，及其献土也，则举其所有而分隶之。其设为州县者，但按户籍以编审，而户籍不尽相联属也。设为卫所者，但屯田为实壤，而屯田或分布各处也。经界之始，未暇一一详勘。我朝改卫所为州县，规模较备，而零星搀杂之地犹仍其旧。此插花原委也。州县为亲民之官，有插花则所亲者不相近而相远；州县为治事之官，有插花则所治者不在此而在彼。彼有可制之势而无其权，此有可制之权而无其势。凡吾所应亲者、应治者、应近者，多悬于数百里之外，纵令留心民瘼，亦限于闻见而莫可如何。徒使良民之纳粮者、应试者、赴诉者舍近就远，皆苦于跋涉羁候之艰。而刁劣之生监、凶恶之棍徒、强悍之盗贼转得恃纠发所不及，勾结横行，以为害于闾阎。此插花流弊也。所论至为明切。今欲讲明吏治，亟应设法陆续拨正，而拨正之法又苦不易。溯自胡林翼建议于前，既已创而未行；同治初，苗疆粗定，司局踵行于后，又复行而仍辍。推原其故，豪强凭恃险远，类只图便乎已私，官吏各怀畛畦，甚且阴持乎肥瘠。或前官未竣，后任因循；或开征期近，暂时模棱，以故张弛靡常，迄无成效。兹奉奏明办理，自应切实经营。该司道等悉心筹议，以为头绪太繁，宜握其要；事体太杂，宜行以简；必无更张之扰，乃可收厘正之功。酌拟章程六条，详请奏咨前来。臣复核该司道等所详各情及所拟条款，均中窾要。又，臣近日巡阅上下游，体察情形，黔省藏垢纳污大半在插花之地，外来游勇会匪伺隙而动，自应如议办理，期于地方有裨。

从李用清的《酌拟清理插花章程》可以看出，早在光绪十年（1884）其“护任之初”，他就向朝廷提出了清理拨正插花地的建议[①]，并被朝廷批准。“曾经缕晰陈明，奉旨切实为之”，因此，其清理拨正插花地的时

① 光绪十年（1884）六月，李用清在《奏陈遵谕禁种鸦片》中即言：“臣前敬陈黔省插花、鸦片、客民、饷项四事，受事以来，悉心体察，因抵任日浅，尚须次第清厘。现将禁种鸦片一事与司道商酌，粗有头绪，谨举其略而陈之……”从这段记载也可以看出，早在其出任贵州巡抚之初，他就向朝廷提出了清理拨正插花地的建议。参见贵州省文史研究馆校勘（民国）《贵州通志·前事志》（四），贵州人民出版社 1991 年版，第 769—770 页。

间当从光绪十年始至光绪十一年止。

光绪十年（1884）三月，李用清虽然向朝廷提出了清理拨正插花地的建议并被朝廷批准，但至光绪十一年（1885）八月止，李用清除“转饬司局会议妥筹”并作一些“体察情形”的调查以外，并没有对插花地进行具体的清理拨正。因此，光绪年间第一次插花地清理拨正并未取得实质性成效。

据（民国）《贵州通志·前事志》记载，李用清本无“才能”，“惟耐苦恶衣食，捷足善走”而获李鸿藻、崇绮、张之洞等赏识。出任贵州巡抚后，由于“力禁种罂粟，操之过急，吏缘为奸”而至“民变”，李用清“大惧”，于是“告谕民仍种罂粟”，甚至不敢出席原定的“阅兵”活动，后在曾纪凤的强烈要求下，李用清虽然出席了“阅兵”活动，但仍声称“此行惟阅伍，非查办民变事”。在这样的情况下，朝廷不得不诏李用清“开缺来京，另候简用”①。

（2）评价

李用清的这次插花地清理拨正虽然没有取得实质性成效，但其贡献还是不容忽略的，主要表现在以下几个方面：

第一，开展了一些较为实际的工作。尽管这次清理拨正没有取得实质性成效，但相对于道光以来直接针对插花地的其他清理拨正，这次清理拨正或多或少还是付诸了实践：一是“转饬司局会议妥筹”；二是有关“司局”确实作了认真讨论；三是“体察情形”。因此，这次插花地清理拨正比道光以来的其他清理拨正更进了一层，如果说道光以来的其他插花地清理拨正都还只停留于建议层面的话，这次插花地清理拨正已开始进入实践层面。

第二，总结了插花地难以清理拨正的原因。在《酌拟清理插花章程》中，李用清不仅首次回顾了道光以来历次插花地清理拨正的成效，而且首次对插花地难以清理拨正的原因作了总结。主要如下：一是既得利益者的阻挠，“豪强凭恃险远，类只图便乎己私”；二是地方保护主义的干扰，“官吏各怀畛畦，甚且阴持乎肥瘠”；三是清理拨正不能一气呵成，缺乏连贯性和可持续性，“或前官未竣，后任因循；或开征期近，暂时模棱”。

---

① 参见贵州省文史研究馆校勘（民国）《贵州通志·前事志》（四），贵州人民出版社 1991 年版，第 777—778 页。

第三，提出了清理拨正插花地的一些基本原则。在《酌拟清理插花章程》中，李用清提出了如下插花地清理拨正原则：一是“头绪太繁，宜握其要”；二是“事体太杂，宜行以简”；三是“必无更张之扰，乃可收厘正之功”。这些原则对当下的插花地清理拨正都有一定的启发意义。

第四，凝练了插花地流弊。关于插花地流弊，前人已有很多论述，但大多只停留于较为微观的例证层面。李用清通过“体察情形”，不仅作了“彼有可制之势而无其权，此有可制之权而无其势”的提炼，而且作了“黔省藏垢纳污大半在插花之地”的概括，无疑是对插花地流弊的高度浓缩。

2. 第二次清理拨正

（1）基本情况

光绪年间第二次插花地清理拨正同样是自下而上进行的，清理拨正的组织者是贵州巡抚林绍年、岑春蓂，清理拨正的时间是光绪三十一年至三十二年（1905—1906）。

光绪三十年（1904）十一月，林绍年出任贵州巡抚后，同样高度重视贵州的插花地问题。光绪三十一年（1905）六月，他给朝廷上奏了拟清理拨正插花地的建议，获朝廷批准后，开始了对贵州省内插花地的清理拨正工作。十分遗憾的是，清理拨正工作还没有完全“告竣”，林绍年便接到了离任通知。为避免“一篑功亏”，他不仅对清理拨正工作作了较为全面的总结，而且奏请朝廷让继任者继续完成其所未完成的工作。原文如下：

林绍年片陈拟办插花①

黔省郡县，悉因元明卫所、土司及剿抚蛮苗开辟，地土华离瓯脱，犬牙相错，俗名插花。无属蔑有，甚有数里之地突寄他属，而隔越本属且二三百里之遥。殆昔年苗属庄田因陪嫁、过继、迁居等事而业随带往者，致参错如此之甚。设官以后，催科抚字不于近而于远，勾摄逐捕，窒碍尤多，劣绅蠹役遂得因缘为奸，棍痞匪徒益以聚匿滋逞，汉夷受害，动酿边患。

① 参见贵州省文史研究馆校勘（民国）《贵州通志·前事志》（四），贵州人民出版社1991年版，第891—892页。

苗疆之难治，非种族之不齐，实经界之不正也。纵有任事之员，禀遵道光二十一年申明圣论，不分畛域；而平日之耳目不习，即临时之呼应不灵；户口阨塞非其所知，乡约寨头非其所辖，亦苦整饬而无从。前湖北抚臣胡林翼任安顺府时，独谆念此事，曾沥陈其弊，甫经清理，即以奉调剿办发匪离黔，至今绅民同为惋惜。臣前任藩、臬，悉心访查，佥为学额所关，划分未易。今则科举行将停废，士子可全由学堂出身，亟应趁此认真清理，以苏黔民数百年之积困。臣与司道一再筹商，通饬各属查明所辖境地，何处距何属城治较近，即先将命盗词讼归其管理。一面颁发舆图，饬将插花地方逐一标列，注明彼此相距道里远近，由各府州汇齐申送善后局，遴委专员详加考核。就疆域之形势期拨隶，各得其宜；计钱粮之征收求拨补，各当其可。总以便民便官为要义，不任劣绅蠹役之把持；不更易州县之名，不增减钱粮之数。于吏治民情实大有裨益，应俟一律厘正再行分别具奏。

林绍年奏陈清理通省插花地面办理情形①

窃维地方无论繁简，苟为耳目所难周，政令所不及，虽良吏弗能治。故地官分职，一准乎地近情亲，诚古今不易之定法也。黔省跬步皆山，辖境本较辽阔，又复插花悬绝，亘古未闻。如黄平州所辖之灌水一隅、远在七百里以外，镇远所辖之四十八溪、远在四百里以外，其中皆隔越数州县之地；镇宁与贵筑既非同府，而贵筑出城里许乃有镇宁所辖之巴巴街一段；思州府之龙家坳等处插入隔府之镇远县，镇远县之水地屯等处又插入思州。往往同一山径，而山上山下为两属；同一街市，而街左街右划分两县；其一村镇而分隶数属者甚多。如修文之扎佐场，巡检归贵阳、居民归修文，出城则一归贵筑、一归开州是也；甚至桐梓县之撕鸡坳脱入遵义下江所得管辖，而桐梓古州则久已不知其有此地矣。其他参互交错，零星脱落，直若围棋而莫辨主宾之属谁；胥等秦越之相视者，尤指不胜屈。地方官事无巨细，近则所行辄阻，远则鞭长莫及；小民尤赴诉不便，邻证更传到为难；命盗因之推诿，匪类易以潜藏；边患迭兴，吏治之不振，弊皆由此。是以臣自到任即详加查访，知有不能不厘正者，曾经附片具奏在案。

① 参见贵州省文史研究馆校勘（民国）《贵州通志·前事志》（四），贵州人民出版社 1991 年版，第 900—903 页。

惟此事既极繁要，而又异常繁琐。从前迭经议办，率以他故牵延未果。前湖北巡抚臣胡林翼官黔时议之尤切，尝反复数千万言，期于必办，适以升任赴楚剿贼而去；前抚臣黎培敬亦举办未久出缺；前署抚臣岑毓英在任之日尤浅，且有军务未竣；近年更以粤游滋扰，是以均未遑议及。此次臣于奏明奉准后，通饬钦遵，并加委专员亲督核办，手订章程颁发各属。幸各州县均尚踊跃从事，现已各据查明绘图造册，开列应拨各处详报前来，均已批饬照办。其有须两属互考者，责成府州督饬秉公协商，妥筹定议，各将改拨日期立碑载明。自改拨日起，词讼命盗一均归管理。大要不外拨出、拨入、互相拨换三项。拨出、拨入者，如黄平之灌水应拨归务川，镇宁之巴巴街应拨归贵筑之类是也。互相拨换者，如思州之龙家坳拨归镇远县，而镇远县之水地屯又应拨归思州之类是也。其有犬牙相错，彼此城治远近虽无甚差，而形势在所必争者，如江场、石官河等处之必拨归仁怀厅而后有险可守，万不可拨归遵义之类是也。钱粮税课以及驿站、营讯、土司、土目均随地改拨。当此实事求是之时，无论额征之正、杂各款，相沿之陋规，概令据实开报。已解于库者归彼，此不得丝毫歧异；入于官者仍其原征之数计减少以便民，不得多加以厉民。均自光绪三十二年上忙起，并归拨款之属征解，即因是而或有赢绌，应就各该属原有津贴拨补，或另行酌剂，以期各得其平。盖必官民俱便，而后能推行尽利也。现计已拨者事已过半，只永宁州等一二属，因有事故迟延；而安平、思南办理尤为妥速。所余各属有待查商之处，约须数月当可告竣。但从来官吏之办事，图终较难慎始。臣瞬将去任，未及观成。恐牧令之玩延迟误者，亦难保其必无，则一篑功亏，殊属可惜。惟有绘具省首邑贵筑县及胡林翼原办安顺府首邑普定县样图两幅，划出插花形式，分别颜色，期于一望了然，恭呈御览。合无仰恳天恩饬部立案，并饬新任署抚臣接续办理。出力者照奖，延误者严参。俟通省一律禀报接管，即将改隶地面及钱粮各项数目，造册咨部查核，以专责成，务使插花一事不致屡办屡辍。正经界即以齐民志，地方官无不周之耳目，而后政令所及，常变咸宜，吏治必有起色。至承办之员考证疆圉、稽查册案图说则细如牛毛，案牍则多逾数箧，备级繁难，不无微劳足录。可否俟事竣后择尤酌保数员，以示鼓励，出自逾格鸿慈。再知府为表率之官，董督州、县实其专责。而黔省除遵义府外，皆有自理地方，匪特体制不符，于治理时亦有碍。现据贵阳府严隽熙禀称：拟府自理地方，一并拨归所属州、县管辖。臣查除黎平等府向系分管苗、汉，应仍照旧外，其贵阳、安顺、镇远三处已饬司道会议，应俟详到，另行奏明办理。

从林绍年的插花地清理拨正建议与总结可以看出，他不仅提出了插花地清理拨正的原则，而且提出了插花地清理拨正的方式；不仅成立了相应的组织机构，而且采取了有力的清理拨正措施，并取得了明显的成效。

①原则

从林绍年的插花地清理拨正建议可以看出，他提出的插花地清理拨正原则主要有："便民便官"、"不任劣绅蠹役之把持"和"不更易州县之名，不增减钱粮之数"。

②方式

从林绍年的插花地清理拨正总结可以看出，他采取的插花地清理拨正方式有拨出、拨入、互相拨换三种。"拨出、拨入者，如黄平之灌水应拨归务川，镇宁之巴巴街应拨归贵筑之类是也。互相拨换者，如思州之龙家坳拨归镇远县，而镇远县之水地屯又应拨归思州之类是也"。

③组织机构

为确保插花地清理拨正能够顺利进行并取得实质性成效，林绍年成立了如下组织机构：一是"善后局"，相当于专门负责插花地清理拨正的职能部门；二是指导委员会，即"专员"，其职责除对各地申报的插花地"详加考核"外，还要"亲督核办"各地的插花地清理拨正事宜。

④措施

从林绍年的插花地清理拨正建议与总结可以看出，他清理拨正插花地的措施主要如下：

第一，将朝廷的批示颁发各属，"通饬钦遵"。

第二，"手订章程颁发各属"。

第三，要求所属各地将插花地"逐一标列"于统一颁发的"舆图"上，并"注明彼此相距道里远近"。

第四，"有须两属互考者，责成府、州督饬秉公协商，妥筹定议，各将改拨日期立碑载明"。

第五，"就疆域之形势期拨隶"，以"各得其宜"；"计钱粮之征收求拨补"，以"各当其可"。

第六，"自改拨日起，词讼命盗一均归管理"。

第七，“钱粮税课以及驿站、营讯、土司、土目均随地改拨”。

第八，自光绪三十二年（1906）“上忙”起，“并归拨款之属征解，即因是而或有赢绌，应就各该属原有津贴拨补，或另行酌剂，以期各得其平”。

⑤效果

林绍年的插花地清理拨正效果十分明显。至光绪三十一年（1905）十二月，“已拨者事已过半，只永宁州等一二属，因有事故迟延；而安平、思南办理尤为妥速。所余各属有待查商之处，约须数月当可告竣。”

林绍年的插花地清理拨正虽然初见成效，但尚未完全“告竣”，他就接到了离任通知，“瞬将去任”[①]。为避免“一篑功亏”，“不致屡办屡辍”，林绍年奏请朝廷让继任者继续完成其所未完成的工作，“仰恳天恩饬部立案，并饬新任署抚臣接续办理”。

光绪三十一年（1905）九月，岑春蓂继任贵州巡抚。根据林绍年的“奏请”及朝廷的要求，岑春蓂将林绍年尚未完成的插花地清理拨正工作继续了下去。“臣到任后，即经行司通饬各属公同商拨，认真办理。”光绪三十二年（1906年）八月，岑春蓂在离任前向朝廷详细汇报了其插花地清理拨正情况。原文如下：[②]

> 窃照署抚臣林绍年因贵州各属华离瓯脱、犬牙相错，各地俗名“插花”，有距此数县数里之地插入他属隔越数百里之遥者，地方官于命盗词讼案件因之互相推诿，饬令逐一厘正，以资治理。该署抚臣任内，业经拨定者计已过半。其余待查各处绘呈舆图，奏请饬令微臣接办。臣到任后，即经行司通饬各属公同商拨，认真办理。旋奉谕旨，又经钦遵札饬遵办去后。嗣据前署兴义府知府李祖章禀，将该府辖境及所属之兴义、普安、安南、贞丰等州县毗连之普安、直隶同知、永宁州业经拨定，各地逐一开具地名、丁粮、户口清折，赍请查核。并据升任大定府知府石廷栋将府属与毕节县、黔西、平远二州、水城通判所辖应拨各地，分别厘定接管日期，具文申报。此外，如古

① 由于文献资料不足，林绍年去任原因不详。

② 参见贵州省文史研究馆校勘（民国）《贵州通志·前事志》（四），贵州人民出版社1991年版，第918—919页。

州同知所辖之党都、摆打二寨拨隶下江通判；水城通判之白泥、下坝、羊场等处拨隶平远州；绥阳县之旺十甲地方拨隶正安州；该州之长坝、水口寺等处拨隶务川县；清江通判之掌皆走等五寨拨隶台拱同知，令冲一处拨隶天柱县；丹江通判之翁医寨拨隶台拱同知之黄施卫，八堡拨黄平州；该州之瀶水拨隶务川县，枫香坪等处拨隶余庆县；桐梓县之撕鸡均[1]拨隶遵义县；毕节县之对江屯等处拨隶威宁州；该州之遵化里等处拨隶毕节县管理。据各该厅、州、县先后竖碑申报立案，均经臣批饬照办，并令粮银务照旧征收，丝毫不得增减。暨因兴义府禀，兴义、普安二县拨出之地较多，进款减少，饬令贞丰、安南二州县于拨入各增收粮银盈余内，每年酌拨津贴，以昭平允。惟贵定等县禀，应行拨出各寨，据苗民黄安堂等呈，谓自明迄今，耕凿相安，不愿改隶他属，请予免拨。该县等以就近改隶，实属便民，切实开导，而苗性固执，呈请免改。据安顺府、毕节县绅民班占魁、王树屏等，亦以前情先后来臣衙门据呈。伏查清理插花地段，拨给最近州、县管辖，一则有裨治理，一则利便民间。为厘正经界要政，原不容听其违拗。但臣详加访察，各处苗性愚执，不愿改隶，系属实情。如松桃直隶同知归思南府管辖之宽坪等四硐，由府派出清查丁粮，各硐苗民不肯弃远就近，竟支吾不应。该府以强所不欲，恐滋后患，移请照旧治理，以期相安。而按之地势，实以拨隶思南为便。据该署同知陈价详请，仍饬照拨接管。经臣批令剀切出示劝导，俟该苗民等领悟遵从，再行牒知思南府管理，期臻妥洽。因思为政之道以顺民心为主，如系瓯脱之地孤悬别属，与本境隔绝，有碍治理者，自应照章拨归附近州县管辖，不准抗违。若地属华离，尚系连接，不过相距稍远，而民情不愿，似未便稍涉勉强，致滋事端，是以臣复饬各属，若议拨之地，该苗民等实在不愿改隶，许该州县据实具禀。既据黎平、都匀等府县各将实情禀陈，察其情词恳挚，并非故存私见，有意推诿，即予批准照旧管理，免生枝节。其镇远属各县，据该署府李应华禀，幅员辽阔，凡拟拨之地，必须逐一会勘明确，方昭核实。务川县乌坪、罗坝头等处，前据该县详请拨安化、龙泉二县，批饬思南府查议，均未据禀报。并此外未经拨定各地，应由护抚臣兴禄饬催各

① 应为“撕鸡坳”。——笔者

属赶紧会勘，妥商禀陈核复。一俟查办完竣，再将改隶地方钱粮各项造册，奏咨立案。

从岑春蓂的汇报材料可以看出，他继任贵州巡抚后，清理拨正的插花地主要如下：

第一，将古州同知所辖之党都、摆打二寨拨隶下江通判。

第二，将水城通判所辖之白泥、下坝、羊场等处拨隶平远州。

第三，将绥阳县所辖之旺十甲拨隶正安州。

第四，将正安州所辖之长坝、水口寺等处拨隶务川县。

第五，将清江通判所辖之掌皆走等五寨拨隶台拱同知。

第六，将清江通判所辖之令冲拨隶天柱县。

第七，将丹江通判所辖之翁医寨拨隶台拱同知。

第八，将丹江通判所辖之八堡拨隶黄平州。

第九，将黄平州所辖之濯水拨隶务川县。

第十，将黄平州所辖之枫香坪等处拨隶余庆县。

第十一，将桐梓县所辖之撕鸡坳拨隶遵义县。

第十二，将毕节县所辖之对江屯等处拨隶威宁州。

第十三，将威宁州所辖之遵化里等处拨隶毕节县。

当然，岑春蓂清理拨正的插花地可能不止上述 13 项，但由于文献记载不详，不少插花地的清理拨正都无法予以确认。如兴义府之普安、直隶同知、永宁州虽“业经拨定”，但是如何拨定的，却语焉不详，自然无法确认。

岑春蓂的插花地清理拨正虽然取得了不少成效，但也遇到了不少阻力。如贵定县、安顺府、毕节县等地的“民众”，均以“耕凿相安”等为由不愿改隶。为“顺民心”，岑春蓂不得不妥协，对政策作了必要调整。“如系瓯脱之地孤悬别属，与本境隔绝，有碍治理者，自应照章拨归附近州县管辖，不准抗违”，但“若地属华离，尚系连接，不过相距稍远，而民情不愿”者，则“批准照旧管理，免生枝节”。

从岑春蓂的汇报材料还可以看出，在他离任前，其插花地清理拨正工作同样没有最后完成，主要表现在以下几个方面：

其一，镇远各县“凡拟拨之地”还需“逐一会勘明确”。

其二，务川县乌坪、罗坝头等处改隶安化、龙泉二县一事，思南府

“未据禀报”。

其三，其他“未经拨定各地”，还没有完成“会勘”，“应由护抚臣兴禄饬催各属赶紧会勘，妥商禀陈核复。一俟查办完竣，再将改隶地方钱粮各项造册，奏咨立案”。

（2）评价

从以上分析可以看出，尽管光绪年间第二次插花地清理拨正历经林绍年、岑春蓂两位巡抚之手仍未最后完成，但成效非常显著，是道光以来贵州唯一一次真正实施并取得实效的插花地清理拨正，贵州省的一部分插花地问题得到了较为合理的解决。

除此以外，这次插花地清理拨正还取得了以下几个方面的成效：

第一，对插花地产生的原因有了更全面的认识。道光二十八年（1848），胡林翼将贵州插花地产生的原因归纳为“一因乎明之卫所，一因于元明之土司，一因于剿抚蛮苗所得之土田”三个方面，而林绍年认为，陪嫁、过继、迁居等也是插花地产生的重要原因。“殆昔年苗属庄田因陪嫁、过继、迁居等事而业随带往者，致参错如此之甚”。

第二，对清理拨正插花地的重要性有了更深入的认识。光绪三十一年（1905），林绍年在清理拨正插花地的建议中就明确指出：“苗疆之难治，非种族之不齐，实经界之不正也。”在随后的其他奏言中，他又进一步指出：“凡此数者，固皆吏治、军政之要，然兴学尤握庶务之全纲，插花实为最要之关系”，“端本善俗，首在遍设学堂、振兴工艺；清理插花，更为不可缓之要图”①。从林绍年的这些论述可以看出，他已将清理拨正插花地视为贵州的第一要务。

第三，林绍年提出的插花地清理拨正原则、方式及采取的措施，对后世产生了深远影响，不少做法在民国时期的插花地清理拨正中都有体现（详见后文）。

这次插花地清理拨正虽然取得了极为明显的成效，但同样存在不少缺陷，主要表现在以下几个方面：

第一，清理拨正工作没有最后完成。从前面的分析可以看出，林绍年、岑春蓂的清理拨正工作都没有最后完成就已离任。林绍年离任的原因

---

① 参见贵州省文史研究馆校勘（民国）《贵州通志·前事志》（四），贵州人民出版社 1991 年版，第 907—908 页。

不详，而岑春蓂于光绪三十二年（1906）七月便调任湖南巡抚，不久又调任云贵总督。

第二，有不少遗漏。由于史料不足，我们虽然无法知晓其具体遗漏情况，但从民国时期的清理拨正情况来看，遗漏必不会少，否则，民国时期便不可能有那么多的插花地需要清理拨正（详见后文）。

第三，没有清理拨正省际插花地。

正是由于以上缺陷与不足的存在，这次插花地清理拨正同样有很强的局限性与不彻底性。

三　民国时期的清理拨正

民国时期，贵州省的插花地清理拨正计有两次：一次是民国初年，一次是民国末年。

民国初年，贵州省的行政建制多有变化，不仅将府、厅、州改设为县，而且分全省为黔中、黔东、黔西三道；不仅设置了17个分县，而且将全省80个县分为“大县”、“中县”、“小县”三等。[①] 为适应新的行政区划，从民国四年（1915）起，贵州省政府在全省范围内开展了插花地的清理拨正工作。据民国四年十月十一日至二十九日《贵州公报》连载的《各县划拨插花案纪要》记载，这次插花地清理拨正工作共分三期进行：第一期划拨26起，第二期划拨13起，第三期划拨5起，共划拨44起。清理拨正的重点区域是黔中道，涉及瓮安、平越、定番、炉山、贵阳、广顺、黄平、余庆、麻哈、贵定、正安、务川、龙里、紫江、湄潭、镇宁、罗斛、都匀、遵义、石阡、施秉、仁怀、绥阳、紫云、修文、息烽、荔波、平坝、安顺29县；清理拨正的方式大致为互拨华离犬牙、互拨华离、单拨华离、单拨犬牙、移远就近之单拨5种情况。[②]

可以看出，民国初年贵州省的插花地清理拨正至少有以下两点不足：一是清理拨正的区域较为有限，仅限于黔中道；二是没有清理拨正跨省插花地。

① 参见贵州省地方志编纂委员会编《贵州省志·地理志》上册，贵州人民出版社1985年版，第83—85页。

② 《各县划拨插花案纪要》，《贵州公报》（民国四年十月十一日至二十九日），转引自贵州省地方志编纂委员会编《贵州省志·地理志》上册，贵州人民出版社1985年版，第85页。

为系统整理各省行政区划，民国十九年（1930），国民政府颁布了《省市县勘界条例》（见附录二）[①]；民国二十三年（1934），国民政府又颁布了《县行政区域整理办法大纲》（见附录三）[②]。根据《省市县勘界条例》和《县行政区域整理办法大纲》，河南、江苏、安徽、江西、湖北、湖南、四川、贵州、云南、青海、甘肃、福建、广西、山东、河北、宁夏等省，对省、县两级插花地进行了广泛深入的清理拨正。由于种种因素的影响，尽管这次插花地清理拨正也很不彻底，但是中国历史上最系统、最全面、资料保存最完整的一次插花地清理拨正。贵州省档案馆的相关档案保存，为我们研究贵州省的这次插花地清理拨正奠定了扎实的资料基础。

据相关档案记载，为清理拨正插花地，民国二十七年（1938），贵州省政府成立了整顿各县行政区域委员会。在耗时数月、翻阅史乘、检阅旧案、参酌舆地、考究形势的基础上，拟订了“调整、筹商、改革”三方案。所谓“调整”，就是在清理瓯脱、插花地的基础上，根据疆域大小，截长补短，使之整齐；所谓“筹商”，就是对于邻省沿边各县互有瓯脱之地，不问涉及若干县，一律以省为单位，酌请互拨；所谓“改革”，就是拟订了新的设县标准：面积在1000平方公里以上、人口在5万人或1万户以上者方可设县，凡不宜设县者应行裁废，设县条件不具备者合并，因地广民众而不便治理者分设新县。[③] 民国二十八年（1939），贵州省临时参议会通过了上述三方案，并于民国二十九年（1940）成立了整顿各县行政区域实施委员会，开始了大规模的插花地清理拨正工作。

显而易见，这次插花地清理拨正，不仅包括对省内插花地的清理拨正，而且包括对跨省插花地的清理拨正。民国三十年（1941），在贵州省政府回复内政部的公函中，也明确说明了上述问题。“本府前于二十七年为整理各县行政区域，曾在民政厅设置整理各县行政区域委员会，层事研究，拟订整理计划草案，业于二十九年十一月咨送贵部查照备案在案，原

① 《省市县勘界条例》，贵州省档案馆，档案全宗：M8—1—2875。

② 《县行政区域整理办法大纲》，贵州省档案馆，档案全宗：M8—1—2875。

③ 参见贵州省地方志编纂委员会编《贵州省志·地理志》上册，贵州人民出版社1985年版，第88—89页。

计划中‘筹商’一部，专为讨论省界问题。”①

关于贵州与四川（含渝）交界地区插花地的清理拨正过程，可大致分为以下两个阶段：民国二十九年至三十三年（1940—1944）为第一阶段，为川黔两省自行清理拨正阶段；民国三十四年至三十五年（1945—1946）为第二阶段，为内政部主持下的清理拨正阶段。

（一）川黔两省自行清理拨正(1940—1944)

1. 缘起

经查档案文献，根据《省市县勘界条例》和《县行政区域整理办法大纲》，川黔两省自行清理交界地区插花地，是从秀山县麻阳街开始的。

民国二十九年（1940）十一月，四川省政府就“拟将秀山县麻阳街划隶贵州松桃县管辖一案”致函内政部。接此公函后，内政部致函贵州省政府，“瞩查照会办见复”。贵州省政府在回复内政部的公函中指出，川黔两省交界地区插花地，除秀山县麻阳街外，“尚有四川省酉阳县之黑獭堡、綦江县之青羊市、旱渡河、官田市、扶欢坝，本省沿河县之六道界、务川县之苏家坝、桐梓县之陈家坝、刘罗坪、九龙沟、九条龙、青山等地带，或为瓯脱，或为插花，其阻碍施政情形，与麻阳街正复相同。而秀山县大部分插入本省问题，大多亦应研究”②。接此公函后，民国三十年（1941）三月，内政部分别致函贵州、四川两省政府，要求对上述插花地都应“切实加以整理，分别专案咨部”，并要求对交界地区其他地方的插花地作深入调查，“是否当有其他地方应请再行调查”③。

根据内政部的要求，贵州省政府在致四川省政府的公函中提议：“惟近悉贵省政府正从事整理行政区域，所有川黔两省经界，亟应咨商厘正，彻底解决，为一劳永逸之计。按原拟筹商方案，川黔两省间互有瓯插应予调整地带，大部分已详查列载，但仍有与实际情形未尽相合或小地名遗漏

① 《准咨以四川省政府咨拟将秀山县麻阳街划隶本省松桃县一案咨复查照由》，《内政部、四川、贵州省府关于黔川两省瓯脱插花报告和批复》（中华民国二十九年十二月十日起、三十二年十二月十九日止），贵州省档案馆，档案全宗：M8—1—3030。

② 同上。

③ 《咨为关于秀山麻阳街拨划归松桃管辖一案情查照办理见复由》，《内政部、四川、贵州省府关于黔川两省瓯脱插花报告和批复》（中华民国二十九年十二月十日起、三十二年十二月十九日止），贵州省档案馆，档案全宗：M8—1—3030。

未列，及两省边县历年来对于整理经界之意见，均可并入勘查范围，统筹商办，总期双方治理便利，绝无尺寸肥瘠之计较。惟案关厘正两省经界，贵省政府意见如何？是否同意所拟计划办理？……以便分令有关各县政府会勘办理。”① 四川省政府原则上同意了贵州省政府的提议，在回复贵州省政府的公函中说：“案查本府前准贵府三十年民施字第一六七号咨，检附调整川黔两省经界筹商方案暨筹商整理贵州与湘川滇桂省界地图，嘱查照核复，以便分令有关各县政府会勘办理等由。准此，当经分令本省第三、第八两区行政督察专员兼保安司令公署分别转饬所属有关各县，查明核议具复，以凭咨商办理去讫。”② 于是，川黔双方开始了对交界地区插花地的清理拨正工作。

2. 分歧

川黔双方在自行清理交界地区插花地的过程中，产生了不少分歧，主要表现在以下三个方面：

第一，插花地认定问题。在插花地认定方面，川黔双方分歧很大，不仅同一交界地区的插花地，川黔双方的调查结果很难一致，如关于秀山县与松桃县交界地区的插花地，秀山县政府的报告材料与松桃县政府的报告材料就有很大的不同；即便同一插花地，川黔双方往往也有很大的分歧，如酉阳县与沿河县交界沿线的黑獭堡、大溪头、童子园、壶带嘴、李家坪、光门岩、茍元坨、大院子等地，一方认为是插花地，而另一方坚决予以否认（详见本书第三章）。

第二，插花地划拨问题。在如何划拨插花地方面，川黔双方也有很大的分歧。如民国三十一年（1942），为调整桐梓县与綦江县交界地区的插花地，桐梓县政府派指导员赵志明、羊磴区长何绍尧等前往綦江县青羊市，与綦江县政府李指导员及该县参与划界的各有关乡长和当地士绅多人“切实查勘”，当赵志明、何绍尧等提出划界意见时，遭到了綦江方面的

① 《贵州省政府公函》（咨民施字第167号），《内政部、四川、贵州省府关于黔川两省瓯脱插花报告和批复》（中华民国二十九年十二月十日起、三十二年十二月十九日止），贵州省档案馆，档案全宗：M8—1—3030。

② 《四川省政府咨》（民国三十一年八月），《内政部、四川、贵州省府关于黔川两省瓯脱插花报告和批复》（中华民国二十九年十二月十日起、三十二年十二月十九日止），贵州省档案馆，档案全宗：M8—1—3030。

坚决反对，“对方坚绝主张维持现状，致无结果”[①]。又如南川县嵌入桐梓县境的溪源和沙坝，贵州省认为应划隶贵州，而四川省认为应维持旧隶，其理由是：“依地形似应划归桐梓县管辖，惟该地距桐梓县城远达二百余里，中为大山阻隔，交通困难，而当地人民亦感与桐梓声气不通，如划归管辖，转使治理不便，请仍归本县（南川县）管辖。”[②]

第三，会勘态度问题。在会勘态度方面，川黔双方既有不予积极配合的，也有敷衍了事的。在不予积极配合方面，民国三十二年(1943)，桐梓县县长李紫珊在给贵州省政府的汇报材料中就提到了这一点。“本县奉饬继续调整綦桐、南桐经界瓯脱插花地段各案，曾先后令派本府指导员赵志明、羊磴区署区长何绍尧，前往会同各该县负责人分别协议勘划，去后，兹据该区长何绍尧三十二年七月二十七日签呈，以调整綦桐、南桐边境插花地段，曾于本区天桥乡公所一度开会，议由双方合组勘界委员会，共策进行。殊事后一再催促，綦南方面概置之不理，似有不愿调整之势，因此久无结果”。[③] 敷衍了事方面的典型事例，在江津县政府给四川省政府的汇报材料中就有明显反映。民国三十三年(1944)，为“协商调整”江津县柏林乡与习水县交界地区插花地，柏林乡乡长张玉儒与习水县田县长进行了“商讨”，结果公认“本乡（柏林乡）与习水县四区界线并无调整必要，但其他区域有无插花地段，尚难明了”。江津县政府便据此向四川省政府呈报，称“贵州习水县与本县交界地段，尚无管理不便之处，无调整之必要”。[④] 姑且不论张乡长与田县长的“商讨”结果是否属实，但江津县政府的呈报材料与事实明显不符。因直至今日，该交界地区的插花地仍然十分普遍（详见本书第三章），足见敷衍了事之程度。

---

① 《桐梓县政府呈》（民国三十一年十月二日），《黔川两省关于省界问题的调整等报告》(1942—1949年)，贵州省档案馆，档案全宗：M8—1—3032。

② 《四川省政府咨》（民国三十一年八月），《内政部、四川、贵州省府关于黔川两省瓯脱插花报告和批复》（中华民国二十九年十二月十日起、三十二年十二月十九日止），贵州省档案馆，档案全宗：M8—1—3030。

③ 《为呈报继续调整綦桐南桐边县经界情形祈鉴核示遵由》，《内政部、四川、贵州省府关于黔川两省瓯脱插花报告和批复》（中华民国二十九年十二月十日起、三十二年十二月十九日止），贵州省档案馆，档案全宗：M8—1—3030。

④ 《四川省政府咨》（民国三十三年八月二十三日），《内政部、四川、贵州省府关于黔川两省瓯脱插花报告和批复》（中华民国二十九年十二月十日起、三十二年十二月十九日止），贵州省档案馆，档案全宗：M8—1—3030。

（二）内政部主持下的清理拨正(1945—1946)

1. 经过

从以上陈述可以看出，在自行清理拨正阶段，由于川黔双方分歧很大，意见难以统一，根据《省市县勘界条例》第八条之规定①，内政部便派科长王政诗主持川黔交界地区插花地的清理拨正工作，这有贵州省政府的《训令》为证。民国三十四年（1945）五月十一日，贵州省政府在给视察员乔运亨，松桃、沿河、务川、桐梓、习水县政府的《训令》中说："案准内政部电，以关于川黔省界勘划事宜，经决定由部派员会勘，请即派员参加，等由，准此，自应照办。……兹派本府视察员乔运亨前往会同查勘，除函内政部并分令外，合行令仰该员遵照，迅即赴渝集合出发会勘为要。此令。"② 民国三十四年十月二十三日，贵州省政府视察员乔运亨在镇远旅次中签发给贵州省政府主席（杨）和民政厅长（谭）的电文也说明了这个问题。③

贵州省政府视察员乔运亨接到《训令》后，于民国三十四年（1945）五月三十一日从贵阳出发，六月二日抵达重庆，造访内政部科长王政诗，"适因公外出，未能入内政部"。后与四川省政府民政厅股长慕开方一起，连日到内政部，会同王政诗科长，"商洽本省筹商及建议并川省府主张各方案"。经内政部科长王政诗、贵州省政府视察员乔运亨、四川省政府民政厅股长慕开方三方商洽，决定"为节省时间旅费"，除务川县属之苏家坝，贵州省筹商方案原主张改隶彭水县，无庸会勘外，"余如习水、桐梓与綦江、南川，及沿河与酉阳、秀山与松桃共计八县之关系，均应分别实地履勘"。履勘路线经三方面同意，"拟订先到东溪，会同习、桐、綦三县履勘，再会勘桐、南两县后，仍折回重庆，取道川湘公路，会勘酉、

---

① 《省市县勘界条例》第八条规定："省或隶属于行政院之市，其行政区域如须新定界线时，应由关系各省市政府委派专员定地履勘后，再议定界线，连同图说咨内政部核呈行政院转呈国民政府核定，于必要时得由内政部派员会同勘界。"见《省市县勘界条例》，《整理贵州省各县行政区域草案》（1938—1939 年），贵州省档案馆，档案全宗：M8—1—2875。

② 贵州省政府《训令》，《黔川两省关于省界问题的调整等报告》（1942—1949 年），贵州省档案馆，档案全宗：M8—1—3032。

③ 乔运亨：《签呈三十四年十月二十三日于镇远旅次》，《黔川两省关于省界问题的调整等报告》（1942—1949 年），贵州省档案馆，档案全宗：M8—1—3032。

秀、沿、松四县”。[①]

根据以上共识，在内政部科长王政诗的主持下，民国三十四年六至十月，川黔双方各级政府代表就川黔交界地区的插花地问题进行了较为深入的实地会勘与会商，并提出了拟解决办法。为便于深入了解会勘情况，兹附几次会议记录原文于下：

会勘四川省綦江县、南川县、贵州省桐梓县插花飞地谈话会记录[②]

时间：三十四年七月三日午后五时

地点：四川省綦江县建设乡公所

出席人员：内政部科长王政诗、贵州省政府代表乔运亨、四川省政府民政厅股长慕开方、南川县长邱挺生、南川县政府指导员陈光福、南川县参议员张广翘、南川县党部监察委员章香堺、南川县万威乡长黄增辉、南川县石莲乡长杨文华、南川县腰子乡长傅之铭、桐梓代表刘家傑、桐梓羊磴区长何绍尧、綦江县科长袁蜀、綦江县指导员周慧夫、綦江县蒲河乡霍顯、綦江县金灵乡长李振元（杨理耕代）、綦江县建设乡长黄子量

主席：王政诗

记录：杨理耕

（甲）：报告事项（略）

（乙）：讨论事项：

1、綦江蒲河十一保所属石桥约三甲飞入桐梓县桃子乡境内，划由桃子乡管辖。

2、溪源原属南川之飞地，全部划归桐梓管理；南川沙坝与桐梓景星台暂照原属管辖。

3、贵州桐梓县桃子乡所属第七保全部（庙树坝一带）、又第八保全部（范家山一带）均划由四川省管辖。

4、贵州桐梓桃子乡所属乾河沟约两甲突入綦江建设乡境内，划入建设乡管辖。

---

① 《乔视察员电陈会勘川黔省界情形》，《黔川两省关于省界问题的调整等报告》（1942—1949 年），贵州省档案馆，档案全宗：M8—1—3032。

② 《会勘四川省綦江县、南川县、贵州省桐梓县插花飞地谈话会记录》，《黔川两省关于省界问题的调整等报告》（1942—1949 年），贵州省档案馆，档案全宗：M8—1—3032。

会勘四川綦江县、南川县、贵州桐梓县插花飞地会议纪录①

时间：三十四年七月八日午前八时

地点：綦江东溪区署

出席人：内政部科长王政诗、贵州省政府视察员乔运亨、四川省政府民政厅股长慕开方、桐梓县政府民政科长刘家杰、桐梓县羊磴区长何绍尧、綦江县政府地政科长袁蜀、綦江县东溪区长黄仲宣

主席：王政诗

纪录：黄仲宣

一、报告事项（略）

二、讨论事项

（一）川黔两省所属綦江、南川、桐梓各县交界处互有飞地应如何调整案

决议：

（甲）川地飞入黔省者划归黔省管辖，黔地飞入川省者划归川省管辖。

（乙）下列飞地依照上列原则应予调整：

1、贵州省桐梓县居仁乡共六保（包括沟里头、石龙坝、李九垭、豹子坎、石月坡等飞地）飞入四川綦江县境内，均应划归綦江县管辖。

2、綦江县藻渡乡第四保所属龙石坮飞入桐梓县廻龙乡第七保境内，应划归桐梓县管辖。

3、桐梓县兴隆镇所属刘羅坪第十及十一两保包括二磴岩全部、又桐属兴隆镇第七保冷水坮及十二保之李家塆全部飞入綦江境内，应划归綦江县管辖。

4、桐梓县天桥乡飞入青羊乡之第五保所属千总坟、易家湾、官店（桐梓街）共约二甲，第二保所属之寺坪一甲，第八保所属之石灰湾一甲，均划归綦江县管辖。

5、綦江县青年乡飞入桐梓县天桥乡第六保所属之木瓜坝三甲及第十

① 《会勘四川綦江县、南川县、贵州桐梓县插花飞地会议纪录》，《黔川两省关于省界问题的调整等报告》（1942—1949 年），贵州省档案馆，档案全宗：M8—1—3032。

保所属之罗家湾二甲，应划归桐梓县管辖。

6、綦江县蒲河乡第八保所属之石桥约三甲飞入桐梓县桃子乡境内，应划归桐梓县管辖。

7、南川县腰子乡飞入桐梓县天桥乡之溪源飞地，应全部划归桐梓县管辖。

8、桐梓县桃子乡所属第七保（庙树坝）、又第八保（范家山一带）全部飞入綦江南川交界处，应划归四川管辖。

9、桐梓县桃子乡所属乾河沟约两甲飞入綦江县建设乡境内，应划归綦江县管辖。

（丙）经此次会勘后倘尚有隐匿飞地，日后查出仍应照案划拨。

（二）川黔两省交界处互相插花地段应如何调整案

决议：

甲：川黔两省交界处互相插花太不显明不便管理者，应予互相调整。

乙：经会勘结果两省界线插花不大且界线无大出入，管理尚抵方便者拟仍暂维现状，如南川县属之沙坝及桐梓县属之景星台各照旧管理。

（三）綦江县青年乡应如何调整案

（子）桐方代表意见

拟请依照贵州省政府筹商方案，以对岔垭、保安塞梁子、白鹭垭、雷打岗梁子之天然界线为界，将青年乡划归桐梓县管理。

（丑）綦方代表意见

1、青年乡一地，就局部地形言，系嵌入桐梓。如以綦江整个地形而言，则桐梓之兴隆镇、桃子乡、天桥乡又系嵌入綦江，且有南天门大山可为显明之天然省界。上列桐梓县所属之三乡镇均应划归綦江管辖，兼之距綦城近（仅七十里）交通便利，若距桐城均在三百里左右。

2、调整插花飞地原系便利行政管理，青年乡距綦江城仅七十里，由青年至桐梓县城二百八十华里，交通之不便与夫行政管理之困难，业经此次三位大员耳闻目睹，倘不仍原綦江管辖而归桐梓，无异违背《省县市勘界条例》，拟请仍照旧管辖，以顺民情。

3、除桐属天桥乡、綦属青年乡相互飞入之地应相互划拨外，其余由上级委员决定，拟仍照旧管理。

（四）綦江县扶欢乡与桐梓县兴隆镇之上坝应如何调整案

甲：桐梓县代表意见

扶欢坝应依照贵州省筹商方案，划归桐梓县管辖。今既因双方意见参差不予划拨，则兴隆镇之辖地似不便有所划割；而上坝一带界址之互插又与其他地段相同，且其地为桐梓县兴隆镇之生命线，拟请援照青年乡之先例，仍照原界管辖。

乙：綦方代表意见

桐梓县兴隆镇所属之上坝、林底下两地，大部分插入綦江县境，错综复杂，管理均感不便。此次系调整省界，为求界显明，为求政府管理便利，为求人民纳税诉讼及因公进城便利，减少痛苦计，且上坝人民复呈请愿意划归綦江管辖，应请照《省市县勘界条例》第二保（款）所定天然形势，以关口、扒大山、寨子山为界，划归綦江管辖。

丙：商决

綦属扶欢乡与桐属兴隆镇之上坝相互穿插界线不明，似应酌予调整，惟双方意见不一，应由上级委员商定之。

会勘四川綦江县、贵州习水县插花飞地会议纪录①

时间：三十四年七月十二日午后二钟

地点：习水县温水区署

出席人：内政部科长王政诗、贵州省政府视察员乔运亨、四川省政府民政厅股长慕开方、习水县温水区署区长张洪达、綦江县地政科长袁蜀、綦江县东溪区长黄仲宣

主席：王政诗

纪录：袁蜀

一、报告事项（略）

二、讨论事项

1、四川綦江县与贵州习水县交界处互有飞地应如何调整案

决议：

甲、綦地飞入习水县者划归习水县管辖，习地飞入綦江县者划归綦江县管辖。

---

① 《会勘四川綦江县贵州习水县插花飞地会议纪录》，《黔川两省关于省界问题的调整等报告》（1942—1949 年），贵州省档案馆，档案全宗：M8—1—3032。

乙、下列飞地依照上列原则应予调整

(1) 綦江县东溪镇所属金竹垭、杨桐观、文家堡、兴隆湾、乌龟头、金家湾、撕栗坪七处飞入习水县境内，应划归习水县管辖。

(2) 綦江县石壕乡所属过江楼飞入习水县境内，应划归习水县管辖。

丙、经此次会勘后倘尚有隐匿飞地，日后查明仍应照案划拨。

2、綦江县与习水县交界处互有插花地段应如何调整案

决议：

甲、綦江习水两县交界处互相插花太不显明不便管理者应互相调整

乙、下列插花地依照上列原则应予调整

(1) 习水县条台乡所属之石桥塝插入綦江东溪镇，应（上至官府殿下至石桥塝南）以花房子、小溪为界划归綦江县管辖。

(2) 綦江县石壕乡所属之四合头插入习水县大坡乡，应划归习水县管辖。

(3) 习水县大坡乡所属之岩窝、坮上插入綦江县石壕乡，均应划归綦江县管辖。

(4) 綦江县石壕乡所属之龙盘溪插入习水县寨坝乡、又习水县大坡乡所属之凤凰庄插入綦江县石壕乡，本应互相划拨，但双方争执颇烈，俟由中央委员核定之。

丙、芭蕉寨附近之马家箐、南湾子、彭赵坟、湾塘堠、龙潭寺、大寨子及垭口一带，因山形复杂、地狭人稀，俟实施划拨时得由双方详查地形、斟酌划拨，以明界限而便管理。

散会

会勘贵州省沿河县与四川省彭水、酉阳两县插花飞地会议纪录①

时间：三十四年九月四日午后六时

地点：酉阳龚滩区署礼堂

出席人：内政部委员王政诗、贵州省政府委员乔运亨、四川省政府委员慕开方、四川省第八区专署科长李光炳、贵州省沿河县政府代表袁代英、沿

① 《会勘贵州省沿河县与四川省彭水、酉阳两县插花飞地会议纪录》，《黔川两省关于省界问题的调整等报告》（1942—1949 年），贵州省档案馆，档案全宗：M8—1—3032。

河县洪渡区长田景万、四川省彭水县政府指导员王书祺、彭水县复兴乡长郑弘毅、四川省酉阳县政府科长陈懋初、酉阳县第四区区长吴明峰、酉阳县龚滩镇镇长唐建勋、酉阳县党部委员石赋中、沿河县绅耆代表张小崖

主席：王政诗

纪录：唐建勋

行礼如仪

（一）报告事项（略）

（二）讨论事项

（甲）：贵州沿河县六道界与四川酉阳后坪乡黑獭堡应如何调整案

决议：

1、沿河县所属六道界全部应画（应为“划”。——引者）归酉阳县管辖；

2、酉阳县所属黑獭堡北端现有墟场全部应画（应为“划”。——引者）归沿河县管辖，其界双方县政府会商决定。

（乙）沿河与彭水地段插花应如何调整案

决议：

沿河县所属苏家坝全部应画（应为“划”。——引者）归彭水县管辖。其彭水临时动议之羊角堡、圭溪、四塘溪等处，应以燎叶山为界画（应为“划”。——引者）归彭水管辖一案，可由沿、彭两县政府会商决定。

（丙）：贵州省政府转据前沿河县长杨化育建议：“以洪渡区所属五乡调换酉阳所属南龙、河铺、让坪、后坪四乡，并请在龚滩设治一案”，应如何决定案

决议：

另案审议。

（丁）：散会

会勘四川省秀山县与贵州省松桃县经界会议纪录[①]

时间：三十四年九月十四日午后五钟

---

① 《会勘四川省秀山县与贵州省松桃县经界会议纪录》，《黔川两省关于省界问题的调整等报告》（1942—1949 年），贵州省档案馆，档案全宗：M8—1—3032。

地点：秀山县党部大礼堂

出席人员：内政部委员王政诗、四川省政府委员慕开方、贵州省政府委员乔运亨、贵州省松桃县长杨之先、四川省秀山县长彭述信、松桃临参会议长凃莘斋、贵州松桃县政府民政科长喻谦、贵州松桃县政府教育科长傅定涛、四川秀山县党部书记长吴继言、四川秀山县临参会议长熊绍韩、秀山县临参会参议员刘仲良、秀山县地方士绅杨恩贵、王良知

主席：王政诗

纪录：王良知

行礼如仪

一、报告事项（略）

二、讨论事项

秀山、松桃两县经界应如何调整案

决议：

（甲）秀山所属之九江乡全部画（应为“划”。——引者）归松桃县管辖；

（乙）松桃所属之迓驾乡全部画（应为“划”。——引者）归秀山县管辖；

（丙）甘龙乡仍归松桃县管辖；

（丁）关于贵州塘（三不管）原属迓驾乡范围内，一并归秀山县管辖。

三、午后七钟散会

2. 结果

从几次会议记录可以看出，此次清理拨正是较为深入的，不仅进行了实地会勘，而且形成了会议决议。民国三十四年（1945）十月二十三日，贵州省政府视察员乔运亨在镇远旅次中签发给贵州省政府主席（杨）和民政厅长（谭）的电文，对这次清理拨正工作做了实事求是的总结：“四川省之綦江、南川两县与本省桐梓县，及綦江与本省习水县，又四川省之彭水、酉阳两县与本省沿河县，暨四川省之秀山县与本省松桃县相互间之插花飞地，均经职与内政部代表王科长政诗、四川省政府代表慕股长开方三方面会同有关县长或代表县长之秘书、科长、区长暨参加之各乡镇长等交换意见，除飞地势在必拨毋庸查勘外，余如插花地段，均经实地履勘

后，分别开会讨论决议做成纪录，各执一份，统俟王科长根据各纪录签由内政部核呈行政院转呈国民政府决定后，再分令川黔两省政府转令有关各县执行。其有插花地点过于复杂、双方意见不一因而未决者，纪录条文内亦声明由中央核定。此职奉勘川黔省界之大概情形也。”①

根据此次会勘结果，民国三十五年（1946）三月二十日，经呈报国民政府同意后，内政部分别致函贵州、四川省政府，要求“依照《省市县勘界条例》第十一条之规定”②，按下列方案（见表6—1）“办理见复”③。

表6—1　　　　民国时期川黔交界地区插花地调整方案

交界地段	调整方案
四川綦江县与贵州桐梓县	1. 桐梓县居仁乡（共六保）飞入綦江县境内，拟划归綦江县管辖 2. 綦江县藻渡乡第四保龙石台飞入桐梓县回龙乡境内，拟划归桐梓县管辖 3. 桐梓县兴隆镇之刘罗坪第十及十一两保，包括二磴岩全部、第七保冷水坮、十二保李家湾全部，飞入綦江县境内，拟均划归綦江县管辖 4. 桐梓县天桥乡之千总坟、易家湾官店（即桐梓街）约二甲，又寺坪一甲、石灰湾一甲，飞入綦江县青年乡境内，拟划归綦江县管辖 5. 綦江县青年乡之木瓜坝三甲、罗家湾二甲飞入桐梓县天桥乡境内，拟划归桐梓县境内管辖 6. 綦江县蒲河乡之石家湾约三甲飞入桐梓县桃子乡境内，拟划归桐梓县管辖 7. 桐梓县桃子乡之乾河沟约二甲飞入綦江县建设乡境内，拟划归綦江县管辖 8. 綦江县青年乡突入桐梓县境内，因地形完整，与綦江县毗连处阔达20华里，且距綦江县治仅70华里，距桐梓县180华里，一加改划，反于行政管理不便。拟免于调整，仍归綦江县管理 9. 綦江县扶欢乡乡公所在地之扶欢坝，与桐梓县兴隆镇之上坝隔河为界，应免于改划。至上坝、上畹、厂林、底下地形互插，双方争执激烈。为避免纠纷起见，上坝、上畹、厂林、底下拟仍各照旧管

① 乔运亨：《签呈三十四年十月二十三日于镇远旅次》，《黔川两省关于省界问题的调整等报告》（1942—1949年），贵州省档案馆，档案全宗：M8—1—3032。

② 《省市县勘界条例》第十一条规定：“省市县行政区域无论旧界新界，其界线即经确定以后，应即于主要地点树立明显坚固之界标，并绘具区域界线详细地图三份，送由内政部分别存转备案。”见《省市县勘界条例》，《整理贵州省各县行政区域草案》（1938—1939年），贵州省档案馆，档案全宗：M8—1—2875。

③ 《内政部公函：关于勘划川黔省界经呈奉国府令准备案函请查照办理见复由》（中华民国三十五年三月二十日），《黔川两省关于省界问题的调整等报告》（1942—1949年），贵州省档案馆，档案全宗：M8—1—3032。

续表

交界地段	调整方案
贵州桐梓县与四川南川县	1. 南川县腰子乡之溪源飞入桐梓县天桥乡，拟划归桐梓县管辖 2. 桐梓县桃子乡第七保庙树坝、第八保范家山一带飞入綦江、南川两县境内，拟划归四川省管辖 3. 南川属之沙坝、桐梓县属之景星台，拟各照旧管辖
贵州习水县与四川綦江县	1. 綦江县东溪镇之金竹垭、杨桐观、文家堡、兴隆湾、乌龟头、金家湾、撕栗坪七处，飞入习水县境内，拟划归习水县管辖 2. 綦江县石壕乡之过江楼飞入习水县境内，拟划归习水县管辖 3. 习水县之石桥塝插入綦江县东溪镇境内（上至官府殿，下至石桥塝南），拟以花房子、小溪为界，划归綦江县管辖 4. 綦江县石壕乡之四合头插入习水大坡乡境内，拟划归习水县管辖 5. 习水县大坡乡之岩窝坮上插入石壕乡境内，拟划归綦江县管辖 6. 芭蕉寨附近之马家箐、南湾子、彭赵坟、湾塘堬、龙潭寺、大寨子及垭口一带，乱山合沓，界线不明，应由习、綦两县政府派员会商，拟订界线呈核 7. 綦江县石壕乡之龙盘溪插入习水寨坝乡境内，又习水县大坡乡之凤凰庄插入綦江石壕乡境内，应加调整。双方争执激烈，原记录由中央委员决定之等语。查龙盘溪与石壕乡中隔甘家山，为天然省界，理应划归习水县管辖，凤凰庄仍照旧管
贵州沿河县与四川酉阳县	1. 沿河县之六道界拟全部划归酉阳县管辖 2. 酉阳县之黑獭堡北端现为墟场，全部拟划归沿河县管辖
四川彭水县与贵州沿河县	1. 沿河县之苏家坝全部拟划归彭水县管辖 2. 彭水县代表临时动议之羊角堡、圭溪、四塘溪等应以燎叶山为界一案，据沿河县代表称，因事前不知，且相隔穹远，亦不便复勘，请后缓议。拟由双方县政府协商决定之
四川秀山县与贵州松桃县	1. 秀山县之九江乡拟全部划归松桃县管辖 2. 松桃县之迓驾乡拟全部划归秀山县管辖 3. 贵州省政府筹商方案主张将松桃县之甘龙乡与秀山县之九江乡互换管辖，经此次会勘结果，该甘龙乡拟仍归松桃县管辖 4. 贵州塘三不管原属迓驾乡范围内，拟一并划归秀山县管辖

资料来源：《内政部公函：关于勘划川黔省界经呈奉国府令准备案函请查照办理见复由》（中华民国三十五年三月二十日），《黔川两省关于省界问题的调整等报告》（1942—1949 年），贵州省档案馆，档案全宗：M8—1—3032。

从上述方案可以看出，经过此次清理拨正，涉及川（含渝）黔交界地区 8 个县 17 个乡镇的 33 处插花地得到了较为合理的解决。为便于行政管理，綦江县青年乡突入桐梓县境内、綦江县扶欢乡扶欢坝与桐梓县兴隆镇上坝相互交错 2 处插花地“免于调整”。为“避免纠纷”，上坝、上畹、厂林、底下相互交错，南川县属之沙坝，桐梓县属之景星台，习水县大坡乡凤凰庄插入綦江石壕乡境内4处插花地也免于改划而“照旧管辖”。马家箐、南湾子、彭赵坟、湾塘坳、龙潭寺、大寨子及垭口一带的界线不明问题，羊角堡、圭溪、四塘溪等应以燎叶山为界问题均由双方县政府协商决定。

3. 存在的问题与不足

此次清理拨正成效虽然较为显著，但也不可避免地存在着一些问题，主要表现在以下几个方面：

第一，没有勘定界线。明确行政区域界线是明确插花地的基础，行政区域界线不明，插花地就不可能完全明了。因此，科学合理的插花地清理拨正即应“首先勘线而后定面，而非首先勘面而后定线”。而此次插花地清理拨正虽然明确了川（含渝）黔交界地区主要的一些插花地，也明确了部分插花地边界，但没有对川（含渝）黔交界线进行实质性的勘定。民国三十四年（1945）七月，桐梓县代理县长沈旦在给贵州省政府的呈报材料中，就明确提到了这个问题：“此次会勘川黔省界，对于永久的天然界线并未勘定，亦即仅拟有面的调整而无线的勘划。如果依照目前形势，卒尔将飞地对拨，将来合理的省界确定，必然又有一番更易。不仅公文往返徒劳无功，且恐引起民众反感，发生滋扰。此本末先后不可倒置，应请郑重考虑者也。”①

第二，存在不少遗留问题。此次清理拨正虽然做出了较为明确的决议，国民政府也做出了较为明确的划拨指示，但由于川黔双方分歧较大，故遗留问题较多。参与此次清理拨正的桐梓县政府民政科长刘家杰、羊磴区长何绍尧等在给桐梓县政府的汇报材料中就提到了不少“悬案”（桐梓县代理县长沈旦据此向贵州省政府做了汇报）。② 如綦江县之青年乡插入桐梓县天桥乡境内，“可谓四面皆属桐地”，仅北部“有一线相连”，故“绍尧等坚决主张以对岔垭、保安塞梁子、白露垭、雷打岗梁子（此一山脉绵亘数百里，为最优良之天然界线）之天然界线为界，此界以南属桐、以北属川，最为允恰”，可青年乡“一部分民众误解划界意义，借口距桐城太远，不愿拨归桐梓，要求仍维原状”，綦方代表也“以短浅眼光固执

---

① 《桐梓县政府呈》（民国三十四年七月），《黔川两省关于省界问题的调整等报告》（1942—1949年），贵州省档案馆，档案全宗：M8—1—3032。

② 同上。

成见，洽商不成，乃商决由上级委员决定”。再如綦江县扶欢场（即扶坝）插入桐梓县兴隆镇境内，“三面当为桐地”，且“其间互相交错至为复杂”，故绍尧等“力主扶坝划归桐梓”，而“对方反进一步要求划割兴隆镇之上坝以归扶欢”，双方相持不决，商决“由上级委员商定”。又如綦江之藻渡河、官田市二地，“皆瓯插桐境，依照筹商方案，应划归桐梓，惟上级委员以时间关系未曾实地履勘二地之划拨，仍为悬案”。这些问题事实上均未得到解决。

第三，遗漏颇多。相对于以往任何一次插花地清理拨正，国民政府的这次清理拨正虽然是最为深入的，但同样有不少遗漏。据笔者调查，今贵州省习水县坭坝乡、寨坝镇就像一把锋利的匕首直插重庆市境内，并与重庆市綦江县、江津区犬牙交织。在今贵州省桐梓县坡渡镇与重庆市交界地区，也有不少插花地存在：（1）重庆市赶水镇马龙村龙石台组飞入坡渡镇坡渡村境内（坡渡镇政府所在地），面积约五六百亩；（2）重庆市石林镇一飞地飞入坡渡镇林紫村九里湾组，面积约二三十亩；（3）重庆市一飞地飞入坡渡镇林紫村桶匠屋基，面积约二三百亩；（4）坡渡镇酒店村金竹窝组插入赶水镇官田村，三面被官田村包围；（5）坡渡镇有四五十亩林地飞入重庆市万盛区青年镇猪巷村境内……这些插花地中的相当一部分都是新中国成立以前就形成的，可在国民政府的这次插花地清理拨正档案材料中，几乎没有提及这些插花地，足见其遗漏之程度。

由于以上这些问题的存在，国民政府对川（含渝）黔交界地区插花地的清理拨正同样很不彻底。

为对这次插花地清理拨正有更深入的认识和了解，兹述下列两个典型个案——一为长坝槽之争，一为龚滩设治之议——于下。

（三）长坝槽之争

1. 基本内涵

长坝槽之争是民国时期川黔两省在清理拨正插花地过程中矛盾与分歧集中体现的一个典型个案。

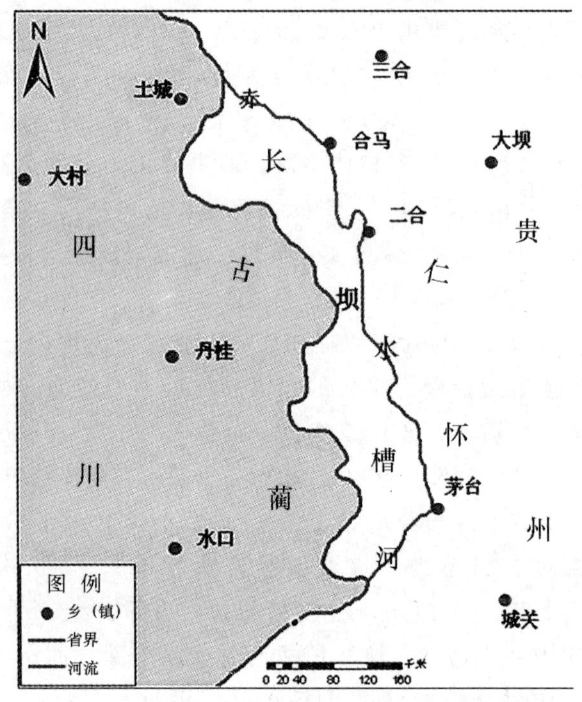

图 6—1 长坝槽区位图

长坝槽①是今贵州省仁怀市茅台镇、二合镇、合马镇位于赤水河西岸并与四川省古蔺县毗邻地域的统称（见图 6—1），该地域“南北长一百一十余华里，东西宽度平均二十余里”。民国时期，长坝槽属贵州省仁怀县第一、四两区辖境，“有保二十个，居民二千三百八十户，口为一万四千四百二十七人”。② 民国三十年（1941）六月至民国三十一年（1942）四月，川黔两省在清理拨正插花地的过程中，围绕长坝槽的归属问题展开了激烈的争论，这就是长坝槽之争。

2. 争论始末

民国三十年（1941）六月，四川省政府根据其第七区专员公署呈报

① 在今仁怀地图中，并无“长坝槽”这一地名，查阅民国以前仁怀的地方文献资料，也不见“长坝槽”之记载。故长坝槽这一名称的由来，还有待考证。

② 《仁怀县政府呈：为遵令呈报属县长坝槽地方并非飞嵌古蔺暨调查情形》（民国三十年八月三日），《内政部、四川、贵州省府关于黔川两省瓯脱插花报告和批复》（中华民国二十九年十二月十日起、三十二年十二月十九日止），贵州省档案馆，档案全宗：M8—1—3030。

材料致函贵州省政府，认为长坝槽飞嵌于四川省古蔺县境内，咨请贵州省政府“依部颁《省市县勘界条例》第八条之规定办理”[①]，并请“见复”[②]。接此公函后，贵州省政府责令仁怀县政府“遵照查明，将长坝槽一带地方详细绘图贴说，具文呈复，以凭核办”[③]。根据贵州省政府之指示，民国三十年（1941）八月三日，仁怀县县长卜青芳向贵州省政府详细汇报了调查情形，并提出了不应划拨之理由。具体如下：[④]

基本情形

其一，属县长坝槽地方，属本县第一、四两区辖境，位于赤水河西，与本县土地密切接合，与古蔺疆界并无犬牙参差情形，是与古蔺县境只可谓之毗连，绝非脱离本县土地飞嵌于古蔺境内者；

其二，长坝槽地方南北长一百一十余华里，东西宽度平均二十余里，均与县境整齐划一，并无一处瓯脱或突出情形，系属县第一区之卢家坪全联保、第四区之合马乡全联保及二合树联保所辖两个保、安隆场联保所辖四个保均属此地。共计长坝槽有保二十个，居民二千三百八十户，口为一万四千四百二十七人，与本县户籍财赋密切相关；

其三，查长坝槽地方，距古蔺县城约二百华里，距本县县城最近者为二十华里，最远者为一百一十里，且仁怀边境、山势较低，古蔺边境、山势较高，省县两界，显然以天然山势为界；

其四，古蔺边地毗连属县一、四、六区，以距该管县城遥远，且山高林箐，往昔时有股匪出没，并窜扰属县第一、二、四、六各区及赤水河船

---

① 《省市县勘界条例》第八条规定：“省或隶属于行政院之市，其行政区域如须新定界线时，应由关系各省市政府委派专员定地履勘后，再议定界线，连同图说咨内政部核呈行政院转呈国民政府核定，于必要时得由内政部派员会同勘界。”见《省市县勘界条例》，《整理贵州省各县行政区域草案》（1938—1939 年），贵州省档案馆，档案全宗：M8—1—2875。

② 《四川省政府咨：准咨为会勘本省古蔺县境内滇黔两省飞地嘱查照办理一案咨复查照见复由》（民国三十年六月），《内政部、四川、贵州省府关于黔川两省瓯脱插花报告和批复》（中华民国二十九年十二月十日起、三十二年十二月十九日止），贵州省档案馆，档案全宗：M8—1—3030。

③ 《仁怀县政府呈：为遵令呈报属县长坝槽地方并非飞嵌古蔺暨调查情形》（民国三十年八月三日），《内政部、四川、贵州省府关于黔川两省瓯脱插花报告和批复》（中华民国二十九年十二月十日起、三十二年十二月十九日止），贵州省档案馆，档案全宗：M8—1—3030。

④ 同上。

商，年来属县对于合马乡、二合树、安隆场、卢家坪等地壮丁特加整训后，长坝槽一带及赤水河运始免匪患。在本县治安上论，长坝槽地方，是不啻本县之屏蔽；

其五，以仁古两县人民风俗习惯而言，因隔省关系，亦互有歧异。

不应划拨之理由

其一，省市县勘界之最高原则，系将瓯脱插花、犬牙交错、狭长不齐等地带使之调和归于整齐划一，以使经济匀称、交通方便、警卫及行政管理方便。基于以上调查情形及省市县勘界原则，长坝槽地方均无拨归古蔺县管辖之理由；

其二，本县地势南北长为三百一十华里，东西宽为一百华里，设将西部长一百一十余华里、宽二十华里之长坝槽地方拨归古蔺，则属县地势愈形狭窄，影响设县条件；

其三，本县山多地瘠，第一、四、六、七各区一部贫民，多在茅台村至马桑坪一段赤水河内操营舟运事业及吴公岩一段之背运职业，设若以赤水河之中心线将长坝槽地方拨归古蔺，则赤水河舟运之管理，必归两县公同负责，则舟夫背夫，必有许多纠纷，而沿河区域，亦被拨去一部，县内经济状况，当益形不振，且本县临河之重要市场，如茅台村、二合树、马桑坪等地，亦将失其屏障。

贵州省政府将此情况函告四川省政府后，民国三十年（1941）九月，四川省政府又致函贵州省政府，要求依照《省市县勘界条例》之规定，请贵州省政府派人会同四川省“第七区行政督察专员张清源及仁怀、古蔺两县县政府实地详为查勘，俾臻明晰，然后绘制会勘图说，咨部核定，以资解决”①。接此公函后，贵州省政府责令第五区行政督察专员高文伯、

① 《四川省政府咨：准咨为本省古蔺县境滇黔两省飞地一案咨请查照由》（民国三十年九月），《内政部、四川、贵州省府关于黔川两省瓯脱插花报告和批复》（中华民国二十九年十二月十日起、三十二年十二月十九日止），贵州省档案馆，档案全宗：M8—1—3030。

仁怀县县长卜青芳会同实地会勘。[①] 经双方协商，民国三十一年（1942）四月一日，仁怀县县长卜青芳与古蔺县县长代表项云对长坝槽地区进行了实地会勘，并召开了协商会议，但分歧很大，争论十分激烈。

古蔺县县长代表项云认为，长坝槽应改隶古蔺，并从历史、地形、治安与中央要求四个方面论述了应改隶的理由，具体如下：

古蔺县县长代表项云说明应行改划之理由[②]

其一，考查叙永（永宁厅）县合志（永宁县即今古蔺县），于前清雍正八年，川黔两省大宪委勘，以赤水河大江上自斑鸠井河源下至合江县合大江，河南归黔，河北归川。此根据历史，应请改划者一也；

其二，古蔺与贵州之毕节县、大定县、金沙县交界地方，均以赤水河为界，形势天然，地无嵌插，现河北之长坝槽一带地方，归仁怀县属，嵌入蔺境，三面界川，一面连黔，关于办理股政禁政颇有问题。此根据地形应请改划者二也；

其三，值此抗战时期，后防治安极关重要，若不以河为界，而以山为界，发生匪患，此击彼窜，彼剿此逃，早成惯例，如系以河为界，势成天堑，匪人不易逃窜，可收一鼓歼灭之效。此根据事实应请改划者三也；

其四，奉到层峰明令，饬将省与省间瓯脱飞嵌等地调查具报，以便调整，调查结果有云南瓯脱地史呢一带、贵州嵌入地长坝槽一带，均应调整。此根据明令应请改划者四也。

仁怀县县长卜青芳认为，长坝槽不应改隶古蔺，并从长坝槽与仁怀的关系、仁怀与古蔺的界线、长坝槽治安、长坝槽治理、仁怀设县条件五个方面论述了不应改隶的理由，具体如下：

---

① 《训令》(民施字第1011号),《内政部、四川、贵州省府关于黔川两省瓯脱插花报告和批复》(中华民国二十九年十二月十日起、三十二年十二月十九日止)，贵州省档案馆，档案全宗：M8—1—3030。

② 《专员清源案奉》,《内政部、四川、贵州省府关于黔川两省瓯脱插花报告和批复》（中华民国二十九年十二月十日起、三十二年十二月十九日止)，贵州省档案馆，档案全宗：M8—1—3030。

仁怀县长卜青芳说明不应改划之理由[①]

其一，长坝槽地方与仁怀密切接合，与古蔺毗连，南北长约一百一十里，东西宽约二十里，绝非脱离本县土地，飞嵌于古蔺境内者；

其二，仁怀、古蔺现以金岩大山为界，界线明显，向无纷争，应不必强以赤水河为界；

其三，长坝槽地方向属仁怀，仁怀恃为屏障，赤水河船运极为安全，十数年来河运从未发生劫案，其原因乃以全河属仁怀管辖，治安责任明确，设若划拨，不仅仁怀及茅台等沿河市镇失其屏障，河运治安更将以责任不明确而发生问题；

其四，长坝槽地方南北长一百一十里，东西宽二十里，距仁怀县城最近处仅二十里，最远处亦仅一百一十里，而距古蔺则在二百二十里之遥，故为治理方便，亦以不划为宜，且数百年来，两县边界从无纷扰；

其五，长坝槽地方，计二十保，居民二三八零户，共一四四二七人，在人口及财富上言，苟有划拨，仁怀南北地愈狭长，设县条件愈差。

可以看出，仁怀、古蔺双方意见针锋相对，谁都有很充足的理由，却又谁都无法说服对方。

在仁怀县县长卜青芳与古蔺县县长代表项云意见相持不下的情况下，经贵州省第五区行政督察专员高文伯与四川省第七区行政督察专员张清源"协商"[②]，做出了"长坝槽一带地方，既非飞地，亦非瓯脱，仅系嵌地（毗连嵌入）"的结论。[③] 于是，长坝槽仍归贵州省仁怀县管辖，耗时近一年的长坝槽之争就此终结。

---

① 《专员清源案奉》，《内政部、四川、贵州省府关于黔川两省瓯脱插花报告和批复》（中华民国二十九年十二月十日起、三十二年十二月十九日止），贵州省档案馆，档案全宗：M8—1—3030。

② 贵州省第五区行政督察专员高文伯与四川省第七区行政督察专员张清源是如何"协商"的？档案中没有记载。我们在仁怀调研时，当地民间有一种传说，长坝槽之争之所以不了了之，是因为高文伯用茅台酒贿赂了张清源。

③ 《专员清源案奉》，《内政部、四川、贵州省府关于黔川两省瓯脱插花报告和批复》（中华民国二十九年十二月十日起、三十二年十二月十九日止），贵州省档案馆，档案全宗：M8—1—3030。

3. 争论缘由

除川黔两省清理拨正交界地区插花地这一特殊历史背景外，长坝槽之争的产生还有以下两个根源。

第一，长坝槽极其重要的经济地位。

由于不产盐，历史上贵州之食盐主要仰赖四川供给。清乾隆元年(1736)，四川巡抚黄廷柱于黔边划仁（仁怀）、綦（綦江）、涪（涪陵）、永（叙永）为贵州食盐四大运销口岸，[①]“由永宁县前进者为永岸，由合江县前进者为仁岸，由涪州前进者为涪岸，由綦江县前进者为綦岸”[②]。显然，仁岸是川盐入黔的四大口岸之一，由四川合江县经赤水河运销贵州各地。据有关学者统计，每年通过仁岸运销的川盐多达1300多万斤。[③]直至20世纪50年代，从赤水河入黔的川盐，也占全省食盐消费量的10%左右。[④]

赤水河虽然是川盐入黔的重要孔道之一，但由于滩多水急，在没有较好疏浚以前，其通航里程极为有限，仅有合江至赤水的100里河道可以通航。[⑤]经乾隆年间张广泗、光绪年间丁宝桢及抗战时期导淮委员会三次大整治后[⑥]，赤水河的航运里程大为拓展，川盐可直运四川二郎，经30里陆运后，从马桑坪（沙滩）又可以直运茅台。运抵茅台的川盐经以下两条陆路便可转运贵州各地：一条由茅台经三百梯、岩栈口、怀阳洞、坛厂、桑树湾、长干山、枫香坝、柴溪（今鸭溪）到遵义和贵阳，另一条由茅台经梅子坳、盐津河、生界坝、鲁班场、吴马口到金沙和黔西[⑦]（田永国、罗中玺认为，川盐由茅台转运贵州各地的两条陆路为：一路经仁怀、鸭溪、扎佐至贵阳，再转龙里、贵定、马场坪等地至都匀，全程694公里；一路经新场、烂泥沟等地至安顺，全程841公里[⑧]）。因此，茅台便成为仁岸川盐的一个集散重镇，有固定的装卸工人。乾隆十年(1745)

---

① 田永国、罗中玺：《乌江盐殇》，贵州出版集团·贵州教育出版社2008年版，第24页。

② 贵州省文史研究馆校勘：(民国)《贵州通志·前事志》(四)，贵州人民出版社1991年版，第697页。

③ 母光信：《川盐入黔与仁怀的经济和文化》，《贵州文史丛刊》1996年第6期。

④ 谢尊修、谭智勇：《赤水河航道开发史略》，《贵州文史丛刊》1982年第4期。

⑤ 志永：《赤水河上话今昔》，《中国地名》2005年第1期。

⑥ 谢尊修、谭智勇：《赤水河航道开发史略》，《贵州文史丛刊》1982年第4期。

⑦ 母光信：《川盐入黔与仁怀的经济和文化》，《贵州文史丛刊》1996年第6期。

⑧ 田永国、罗中玺：《乌江盐殇》，贵州出版集团·贵州教育出版社2008年版，第25页。

始通盐船后，其造船业也发展了起来。起初建造的运盐木船称“关刀船”，仅载重2—9吨，后来改为“牯牛船”，顺水可载30—40吨，逆水可载12—30吨。[①] 关于茅台在川盐入黔中的重要地位，清代著名学者、诗人郑珍（被称西南巨儒）在其不少诗歌中均有描述，如《吴公岭》一诗言：“蜀盐走贵州，秦商聚茅台。”[②]《茅台村》一诗又言：“远游临郡裔，古聚缀坡陀。酒冠黔人国，盐登赤虺河。迎秋巴雨暗，对岸蜀山多。上水无舟到，羁愁两日过。”[③]

茅台不仅是仁岸川盐的一个集散重镇，而且是仁岸川黔物资交流的一个重要枢纽。威宁、大定等府、州、县的铜、铅，仁怀等地的酒、土布、皮纸等土特产品，均经茅台由赤水河输出转销四川等地。因此，茅台在当地经济社会发展中具有十分重要的地位。

如前所述，长坝槽是今贵州省仁怀市茅台镇、二合镇、合马镇位于赤水河西岸的一块狭长地带，该地域在当地经济社会发展中同样占据着十分重要的地位。对四川省来说，占据了该地域，便可分享茅台之利；而对贵州省来说，失去了该地域，则茅台之利不能独享。因此，特殊的经济地位是长坝槽之争产生的最直接根源。

第二，以赤水河为界的省级行政区域划分格局。

“山川形便”原则是中国历史上划分行政区域的一大基本原则。所谓“山川形便”原则，就是以天然山川作为行政区划的边界，使行政区划与自然地理区域相一致。[④]

以赤水河作为川黔两省的交界线，是清雍正年间确定的。“前清雍正八年，川黔两省大宪委勘，以赤水河大江上自斑鸠井河源下至合江县合大江，河南归黔，河北归川。”[⑤] 在今赤水河流域行政区域图中，川黔两省以赤水河为界的特征也十分明显，在赤水河中上游地区，除“长坝槽”一带地方

① 母光信：《川盐入黔与仁怀的经济和文化》，《贵州文史丛刊》1996年第6期。

② 郑珍：《吴公岭》，杨元桢：《郑珍巢经巢诗集校注》，贵州人民出版社1992年版，第238—239页。

③ 郑珍：《茅台村》，杨元桢：《郑珍巢经巢诗集校注》，贵州人民出版社1992年版，第238页。

④ 周振鹤、李晓杰：《中国行政区划通史》（总论、先秦卷），复旦大学出版社2009年版，第87—88页。

⑤ 《专员清源案奉》，《内政部、四川、贵州省府关于黔川两省瓯脱插花报告和批复》，贵州省档案馆，档案全宗：M8—1—3030。

外，赤水河都是贵州省与四川省的交界河，而且一般都以赤水河主航道中心线为界。[①] 如此之省级行政区域划分格局，是长坝槽之争产生的口实。“古蔺与贵州之毕节县、大定县、金沙县交界地方，均以赤水河为界”，惟“长坝槽一带地方，归仁怀县属，嵌入蔺境，三面界川，一面连黔”[②]。

显而易见，长坝槽之争是民国时期川黔双方在清理拨正交界地区插花地过程中，矛盾与分歧集中体现的一个典型个案，其实质是一场利益之争。

（四）龚滩设治之议

1. 基本内涵

龚滩设治之议是民国时期川黔两省在清理拨正插花地过程中矛盾与分歧集中体现的又一个典型个案。

龚滩是今重庆市酉阳土家族苗族自治县的一个古镇，地处乌江和阿蓬江交汇处，与贵州省沿河土家族自治县毗邻。民国三十二至三十四年（1943—1945），川（含渝）黔两省在清理拨正交界地区插花地的过程中，围绕是否在龚滩设县的问题展开了热烈的讨论，这就是龚滩设治之议。

2. 讨论情况

（1）问题的提出

在龚滩设立县治这一思路最早是谁提出来的？有些什么样的基本构想？结果如何？关于这一系列问题，档案材料中没有完整的记载，但从前后档案的零星记载里可以看出，这一思路是民国三十二年（1943）沿河县县长杨化育最早提出来的，其基本构想是以酉阳之砂石、鹅池、河西、天馆、两曾、清溪、龚滩 7 个乡镇为基础建立龚滩县，将沿河之王坨、塘坝、客田、后坪、龙门 5 乡及彭水之双合、大溪 2 乡并入龚滩县，但需将酉阳附近沿河之南龙、让坪、河铺、后坪 4 乡改隶沿河县。[③] 从前面之分

① 以赤水河作为川黔两省的交界线，虽然早在清雍正年间就已确定，可在赤水河中下游地区，川黔两省并非都以赤水河为界。原因何在？由于文献资料不足，只能暂且存疑。

② 《专员清源案奉》，《内政部、四川、贵州省府关于黔川两省瓯脱插花报告和批复》，贵州省档案馆，档案全宗：M8—1—3030。

③ 参见乔运亨《签呈三十四年十月二十七日于镇远旅次》《沿彭酉三县边区公民代表冉友兰等建议书》《陈述于四川酉阳所属之龚滩镇设成县治与本县及酉阳彭水两县互拨地域俾彼此便于治理以奠边区治安大计意见案》，《黔川两省关于省界问题的调整等报告》（1942—1949 年），贵州省档案馆，档案全宗：M8—1—3032。

析可知，民国三十二年（1943），川黔两省虽已开始清理拨正交界地区插花地，但尚处于自行清理拨正阶段，杨化育这一建议自然不可能得到施行。

民国三十四年（1945），内政部派科长王政诗主持川黔交界地区插花地的清理拨正事宜。该年九月，王政诗率贵州省政府视察员乔运亨、四川省政府民政厅股长慕开方赴酉阳、秀山、沿河、松桃交界区域，会同当地政府清理拨正交界地区插花地。酉阳、沿河、彭水三县边区民众闻讯后，便派代表冉友兰、罗全先、周址固、罗庶熙起草万言建议书呈交王政诗等，希望代为向国民政府请求，批准在龚滩设立县治，“兹蒙内政部简派大员，会同川黔两省至龚踏勘，各乡民众闻悉此情，乃分派代表，至龚晋谒……经由各委员实地考查，洞悉内情以后，业经俯准，代为请求”①。

冉友兰等所提交的万言建议书内容十分丰富，由正文和附件两部分构成。

正文部分首先分析了龚滩及邻近区域的地理与社会经济形势，尤其突出了匪患对当地经济社会发展所产生的严重影响，然后提出了在龚滩设治的基本构想，最后论证了在龚滩设治的价值与意义，并作了可行性分析。

附件由绪言、邻近各乡镇情况和结论三部分构成。绪言部分概要交代了龚滩的地位及邻近各乡镇与龚滩的关系。邻近各乡镇情况部分逐一分析了各乡镇与龚滩的紧密关系及并入龚滩设治的理由。结论部分着重从面积、人口、物产、交通、经济、文化、赋税、行政区、商业区、文化区10个方面分析了在龚滩设治的可行性，“倘能设治于龚滩，则与各乡距离均在百里以内，控制既易，剿办不难。匪患一经剿平，教育即可振兴，文化水准提高，工商随之繁荣，国家得长治久安，人民有来苏之庆”，并提出了如下三点建议：其一，除原沿河县县长杨化育建议划拨的14个乡镇以外，增拨酉阳之丁市、后坪2个乡，沿河之毛渡、黄土、思渠3个乡及彭水之归化1个乡（见图6—2）；其二，酉阳附近沿河之南龙、让坪、河铺、后坪4个乡不必改隶沿河县；其三，将新县命名为延江。②

① 《沿彭酉三县边区公民代表冉友兰等建议书》，《黔川两省关于省界问题的调整等报告》（1942—1949年），贵州省档案馆，档案全宗：M8—1—3032。

② 《沿彭酉三县边区公民代表冉友兰等建议书》，《黔川两省关于省界问题的调整等报告》（1942—1949年），贵州省档案馆，档案全宗：M8—1—3032。

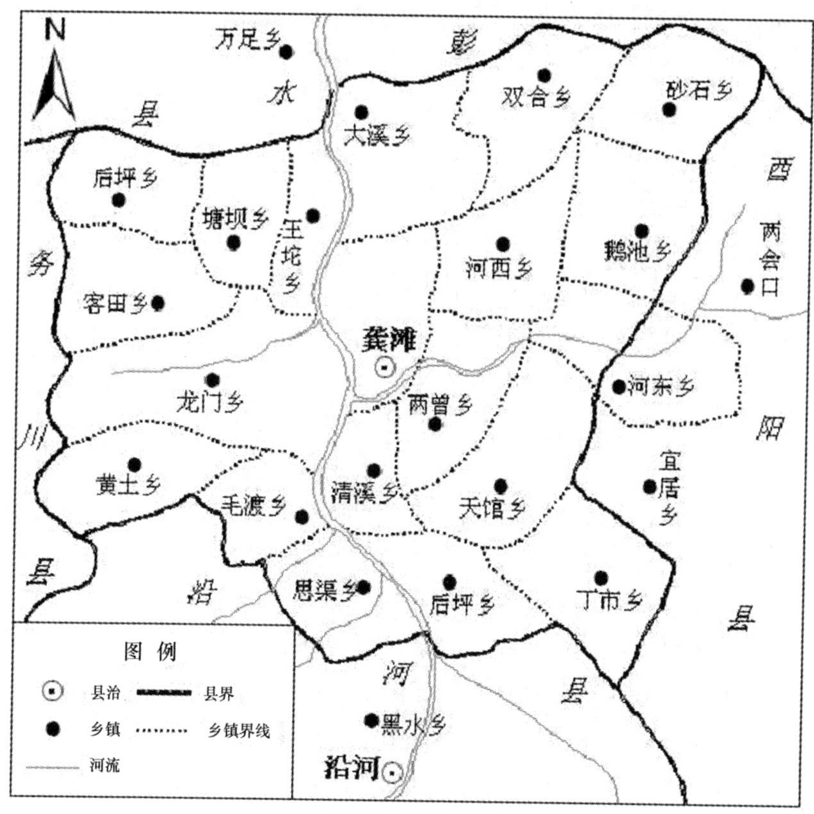

图 6—2　龚滩拟设治区域图

资料来源：《沿彭酉三县边区公民代表冉友兰等建议书》（此题为笔者所加），《黔川两省关于省界问题的调整等报告》（1942—1949 年），贵州省档案馆，档案全宗：M8—1—3032。

（2）讨论情况及结果

根据冉友兰等所提交的建议书，内政部科长王政诗、贵州省政府视察员乔运亨、四川省政府民政厅股长慕开方及沿、彭、酉三县代表，在“多方调查，实地履勘”的基础上，进行了较为广泛深入的讨论，并与四川省第八区专员李放六交换了意见。“除酉阳县代表立场不同、表示反对外，余均一致赞成”，认为“龚滩确有设治之必要”①。酉阳县的反对理由

① 乔运亨：《签呈三十四年十月二十七日于镇远旅次》，《黔川两省关于省界问题的调整等报告》（1942—1949 年），贵州省档案馆，档案全宗：M8—1—3032。

如下：①

其一，查龚滩位在乌江东岸，洪渡、王坨、客田、隘门及老后坪等地位在乌江西岸，当中界格大江，滩流陡急，且乌江西岸为悬岩绝壁，实乃天然省界，如以之合并设县，适与地理形势相反；

其二，查龚滩与隘门、王坨间，既隔大江，滩流又急，故欲由乌江西岸到龚滩，中为绝壁、急流所阻，必须绕道上游或下游，尤于洪水季节，更无法涉渡，于交通管理上至感不便。以之合并设县，适与交通条件相反，反增治理不便之困难；

其三，查龚滩与洪渡等地之居民，文化水准各有不同，且各隶省县，相沿已久，民情向背，社会风俗亦各互异，若以之合并设县，适与民情相反，必多纠纷；

其四，酉阳面积虽广，但四川省务会议业已通过在龙潭设治增县，且龙、龚两镇为酉阳商业重心，亦即财政命脉，如龙潭既已设治，则龚滩实无再行设治之必要，以免影响酉阳之不存在；

其五，查龚滩繁荣原则，实因乌江至此即为陡滩，上流船又不能直下，下流船又不能直上，必须在此起运，故成转运重镇，但街市窄狭（街面宽处仅四市尺），成一长形，西面临江，东面为绝壁陡坡，街市无法发展，且三十四年四月，又遭大火，焚毁房屋达全市三分之一，强恢复元气，势非数十年不可于此设治，条件殊感不足。

尽管意见并未完全统一，民国三十四年（1945）九月十五日，内政部科长王政诗、贵州省政府视察员乔运亨、四川省政府民政厅股长慕开方还是做出了在龚滩设治的决议，具体内容如下：②

其一，龚滩一地距酉阳、彭水、沿河县城均在二百华里左右，空隙过大，原管各县均感鞭长莫及，致附近乡镇，匪风甚炽，民不聊生，确有设治之必要；

① 《为拟具调查川黔省界西沿部分意见书函请查照由》（民国三十四年八月），《黔川两省关于省界问题的调整等报告》（1942—1949年），贵州省档案馆，档案全宗：M8—1—3032。

② 《对龚滩设治意见》，《黔川两省关于省界问题的调整等报告》（1942—1949年），贵州省档案馆，档案全宗：M8—1—3032。

其二，酉阳之龙潭镇设治已经四川省政府决定，今沿河县建议，又请将洪渡所辖五乡与酉阳所属之南龙等四乡互换，另在龚滩设治，势必影响酉阳县本身之存在。但沿河县政府为顾虑酉阳县本身之健全及促成龚滩设治起见，愿意划出洪渡所辖五乡，不再互换；

其三，为免牵动过大并顾全酉阳本身计，龚滩设治区域暂以沿河洪渡区所辖五乡、彭水所辖大溪、双合、归化三乡及酉阳所辖清溪、天馆、两曾、龚滩、河西、鹅池、沙石七乡镇，合共一十五乡镇为其范围；

其四，前项范围如有应行增减之处，可由四川省政府令饬第八区专署核议呈报省府，再由四川省政府咨商贵州省政府决定；

其五，酉阳县原有四十一乡镇，除龙潭设治应拨出一十四乡镇及龚滩设治拟再拨去七乡镇外，尚有二十乡镇，区域仍广，似不致影响酉阳县本身之存在；

其六，酉阳县昔为土司封地，当改土归流时征收丁粮极轻，将来办理土地陈报后，其赋税比照现时粮额，当有增加，地方财政似可自给自足；

其七，设治地点拟请暂定龚滩镇之小银滩或洪渡；

其八，县名。据酉、沿、彭边区公民呈称，龚滩旧名延江，将来设治拟即以延江命名。

尽管内政部科长王政诗、贵州省政府视察员乔运亨、四川省政府民政厅股长慕开方做出了十分明确的决议，但国民政府并未采纳，龚滩设治最后不了了之。

3. 产生背景

除川（含渝）黔两省清理拨正交界地区插花地这一特殊历史背景外，龚滩设治之议的产生还有以下两个方面的原因。

第一，经济上的中心地位。

龚滩原名龚湍，因乌江水流湍急而得名。万历元年（1573），龚湍山洪爆发，凤凰山岩崩阻断乌江而成滩，龚湍由此更名为龚滩。① 自此，龚

① 田永国、罗中玺：《乌江盐殇》，贵州出版集团·贵州教育出版社2008年版，第70—71页；汪育江：《乌江流域考察记》，贵州科技出版社2000年版，第309页。

滩既为地名，亦为滩名，二者都颇负盛名。就地名来看，龚滩是名副其实的古镇，位于重庆市十大历史文化名镇之首；就滩名来看，历史上的龚滩位居乌江三大险滩之首，有“乌江第一滩”之称。

历史时期的龚滩是川（含渝）、鄂、湘、黔交界区域一个十分重要的经济中心，“为川黔商务繁荣要埠，四省边区交通要点，六战区后方转运重镇”①，在当地经济社会发展中具有十分重要的地位。龚滩重要地位的形成是由其特殊的地理位置决定的，主要表现在以下两个方面：

其一，龚滩位于乌江干流下游，不仅是乌江航运的必经之地，而且是连接川（含渝）、鄂、湘、黔的水路交通枢纽。乌江，古称巴江，后称延江，亦名黔江、涪水，是长江上游右岸的最大支流，也是贵州境内的最大河流，发源于乌蒙山东麓，流经贵州、重庆46个县、市，至涪陵注入长江。在交通极为闭塞时期，乌江是贵州对外交往，沟通蜀楚、中原的黄金水道，不论民间往来，商贾、使节与官吏往返，还是军事运输、川盐入黔、贡赋及土特产品输出，大都经由乌江运输。② 仅以川盐入黔为例，《思南府续志》就有如此之记载：“其盐自蜀五洞桥盐井运涪入黔，两易舟以达思南，分道散售。石阡、铜仁、镇远各府皆引地也。计岁销十数百万斤。”③ 由于龚滩是著名的断航滩，而且上下两个码头相距七八百米，故所有乌江航运船只至此，人、货都得易船，“查龚滩繁荣原则，实因乌江至此即为陡滩，上流船又不能直下，下流船又不能直上，必须在此起运，故成转运重镇”④。不仅如此，龚滩还是乌江与阿蓬江之交汇处，乌江交通川（含渝）、黔，阿蓬江连接川（含渝）、鄂、湘，龚滩自然成为连接川（含渝）、鄂、湘、黔的水路交通枢纽。

其二，龚滩地处川（含渝）、黔结合部，是极为重要的物资集散地。由于川（含渝）、鄂、湘、黔交界区域所需之食盐、布匹、烟酒等物资须

---

① 《陈述于四川酉阳所属之龚滩镇设成县治与本县及酉阳彭水两县互拨地域俾彼此便于治理以奠边区治安大计意见案》，《黔川两省关于省界问题的调整等报告》（1942—1949年），贵州省档案馆，档案全宗：M8—1—3032。

② 杨斌：《立项研究“乌江号子”的重要性与紧迫性》，《土家族研究》第6集，贵州民族出版社2009年版。

③ （道光）《思南府续志》，思南县志编纂委员会办公室：（嘉靖、道光、民国）《思南府、县志》（点校本），1991年（内部发行），第111页。

④ 乔运亨：《签呈三十四年十月二十七日于镇远旅次》，《黔川两省关于省界问题的调整等报告》（1942—1949年），贵州省档案馆，档案全宗：M8—1—3032。

经由龚滩转运，而其所产之生漆、桐油、木材、茶叶、朱砂、药材等土特产品也须经由龚滩转运涪陵、重庆、汉口等地，故龚滩是该区域极为重要的物资集散地。

在这样的情况下，历史上的龚滩十分兴旺繁荣，是川（含渝）、鄂、湘、黔交界区域一个极为重要的经济中心。据有关学者研究，民国时期，龚滩已拥有百多家各类商号，包括盐行、油行、粮行、山货行等。至20世纪40年代，每天至涪陵的下水木船多达200多艘，短途小木船100多只；至贵州沿河、思南的上水木船也有50多只。仅运盐的背夫就达6000多人。①

第二，管理上的边缘格局。

历史上的龚滩虽然是川（含渝）、鄂、湘、黔交界区域一个十分重要的经济中心，但由于地处川（含渝）、黔结合部，不仅远离川（含渝）、鄂、湘、黔四省政治中心，距酉阳、彭水、沿河三县县城也都在“二百华里左右”。由于“原管各县均感鞭长莫及”，以龚滩为中心涉及川（含渝）黔两省交界地区的相当一片地域，在管理上长期处于被边缘化格局，社会治安极度混乱，“附近乡镇，匪风甚炽，民不聊生”②，“在时局不宁之际，军阀土匪无不企图盘踞龚滩为根据”，“渊薮戕官劫城，重大事变无时无之”③。为加强治理，民国二年（1913年），曾割婺川县东北之洪渡、客田、后坪、茅天等地置后坪县，然从民国十五年至二十七年(1926—1938)，便有四任县长被当地土匪杀害④，“八年之内，即四见于后坪”。民国三十年（1941），撤销后坪县后，将洪渡、客田、后坪、茅天等地并入沿河县，因“距离更觉遥远，管理愈感难周”，不到一年便有“匪首高应泮勾结暴民，围攻洪渡区署，抢劫赋谷之巨变发生”。在彭水归化、大溪、双合等乡，先后有“联英会匪之设坛，陈立之匪之倡乱，杜伯恒、张纯武、邓瑞武、何开先等匪之此灭彼兴”。在酉阳砂石、鹅

① 田永国、罗中玺：《乌江盐殇》，贵州出版集团·贵州教育出版社2008年版，第77页。

② 乔运亨：《签呈三十四年十月二十七日于镇远旅次》，《黔川两省关于省界问题的调整等报告》(1942—1949年)，贵州省档案馆，档案全宗：M8—1—3032。

③ 《陈述于四川酉阳所属之龚滩镇设成县治与本县及酉阳彭水两县互拨地域俾彼此便于治理以奠边区治安大计意见案》，《黔川两省关于省界问题的调整等报告》（1942—1949年），贵州省档案馆，档案全宗：M8—1—3032。

④ 田永国、罗中玺：《乌江盐殇》，贵州出版集团·贵州教育出版社2008年版，第64—66页。

池、河西、两曾、丁市、天馆、清溪、后坪等乡，土匪亦“利用空隙，到处潜伏倡乱”。如此之混乱格局，给当地人民群众的生产、生活都带来了极为严重的影响，“此数十年来地方祸患不息、文化水准降低、生产日趋落后、物资难于输出之一主要原因也”，迫切需要设治以加强管理，“有识之士，无不以分县设治为当务之急”①。

从以上分析可以看出，龚滩设治之议同样是一场利益之争。对酉阳县来说，若在龚滩设治，则会尽失龚滩之利。对沿河、彭水两县来说，不在龚滩设治，龚滩之利也不能分享；若在龚滩设治，则两县均可卸掉一个“包袱”，因邻近龚滩的地域实在不便治理。对当地民众来说，在龚滩设治不仅有利于他们的生活，也有利于当地的经济发展与社会稳定。在这样的情况下，酉阳县自然反对，而沿河、彭水两县及当地民众自然支持。因此，龚滩设治之议是民国时期川黔两省在清理拨正插花地的过程中矛盾与分歧集中体现的又一个典型个案。

四　新中国成立以后的清理拨正情况

新中国成立后至改革开放以前，为有利于地方经济社会的发展，党和政府对川（含渝）黔交界线曾做出适当调整，但没有对插花地进行彻底的清理拨正。1996—2002 年，根据《国务院关于开展勘定省、县两级行政区域界线工作有关问题的通知》《国务院办公厅关于抓紧做好勘界工作维护边界地区稳定的通知》等文件精神，贵州省、四川省和重庆市人民政府联合进行了全面的边界勘定工作，第一次彻底明确了贵州与四川、重庆边界线，“基本上解决了引发大量争议并长期困扰各地的行政区域界线不清问题”②。但较为遗憾的是，由于这次勘界工作“不是重新调整行政区划”，只是“以行政区域管辖的现状为基础，依照有关规定明确行政区域界线走向的位置，即核定法定线、勘定习惯线、解决争议线”③，故也

① 《沿彭酉三县边区公民代表冉友兰等建议书》（此题为笔者所加），《黔川两省关于省界问题的调整等报告》（1942—1949 年），贵州省档案馆，档案全宗：M8—1—3032。

② 民政部等：《关于加强行政区域界线管理工作的意见》，《中华人民共和国国务院公报》2005 年第 32 期。

③ 国务院《国务院关于开展勘定省县两级行政区域界线工作有关问题的通知》，《中华人民共和国国务院公报》1996 年第 25 期。

没有全面彻底地清理拨正插花地。正因为如此，在今天的川、黔、渝交界地区，插花地仍然极为广泛地存在着，给当地的行政管理、经济社会发展与人民群众的生活等都带来了极为严重的影响，迫切需要在借鉴历史经验的基础上进行广泛深入的清理拨正工作。

第七章　清理拨正插花地应注意的几个问题

从前面的讨论可以看出，明清以来，虽然多次对贵州与四川、重庆交界地区插花地进行过清理拨正，但由于种种因素的影响，清理拨正很不彻底，故在今贵州与四川、重庆交界地区，插花地仍然极为普遍地存在着，给行政管理、经济发展、社会稳定及人民群众的生产生活等都带来了极大的不便，迫切需要作广泛深入的清理拨正。党的十八大报告明确提出，要“优化行政层级和行政区划设置，有条件的地方可探索省直接管理县（市）改革，深化乡镇行政体制改革”①。党的十八届三中全会再次强调，要“优化行政区划设置，有条件的地方探索推进省直接管理县（市）体制改革”②。表明中央已将“优化行政区划设置”提上了议事日程。在优化行政区划设置的过程中，更应高度重视插花地的清理拨正工作，否则，行政区划设置就不可能得到真正优化。清理拨正插花地，一方面要借鉴历史经验与教训，另一方面要根据新的经济社会形势作出符合时宜的决策。

一　明清以来的清理拨正经验总结

在上一章中，我们讨论了明清以来10次插花地清理拨正情况，如果去掉嘉靖二十六年（1547）的清理拨正（因为这次清理拨正是为了设湖川贵总督，而不是为了清理拨正插花地，将其作为一次对插花地的清理拨正实在有些勉强。上一章之所以将其纳入，是因为萧端蒙指出了行政区划

① 胡锦涛：《坚定不移沿着中国特色社会主义道路前进　为全面建成小康社会而奋斗——在中国共产党第十八次全国代表大会上的报告》，《求是》2012年第22期。

② 《中共中央关于全面深化改革若干重大问题的决定》（2013年11月12日中国共产党第十八届中央委员会第三次全体会议通过），《求是》2013年第22期。

犬牙交错的七大弊病，即“七难”，不仅有很大的启发意义，与插花地也有一定的关系。当然，在明清以来的其他清理拨正中，还有不少也不是为了清理拨正插花地，如万历二十八年是讨论如何在播州建立行政区划问题、雍正三至八年是为了划清省界，但这些清理拨正或有很强的插花地清理拨正性质，或达到了清理拨正插花地的客观效果，故将其作为插花地清理拨正是完全可以的），实际的插花地清理拨正只有 9 次。在这 9 次插花地清理拨正中，明代 3 次、清代 5 次、民国 1 次。在上一章中，我们虽然对每一次清理拨正都做了较为客观的分析和评价，但还没有对所有的清理拨正作总体讨论。为借鉴历史经验与教训，对其加以总体讨论是十分必要的。

（一）明清以来清理拨正的总体特征

表 7—1　**明清以来川（含渝）黔交界地区插花地清理拨正情况概览**

朝代	年份	组织（建议）者	内容	结果
明代	成化二十三年（1487）	镇远知府周瑛	建议将镇远府割隶湖广，或将隶属于湖广的平溪、清浪、偏桥、镇远四卫改隶贵州	未施行
	万历二十八年（1600）	川湖贵总督李化龙	建议将播州一分为二，遵义军民府隶四川，平越军民府隶贵州	施行
	万历四十五年（1617）	巡按贵州御史杨鹤	建议将四川乌撒军民府改隶贵州	未施行
清代	雍正三至八年（1725—1730）	雍正皇帝	要求拨正云、贵、川、广等省疆界	施行
	道光二十八年（1848）	安顺知府胡林翼	建议清理拨正贵州插花地	未施行
	咸丰五年（1855）	广西道监察御史伍辅祥	建议划清黔蜀疆界	未施行
	光绪十至十一年（1884—1885）	贵州巡抚李用清	建议清理拨正贵州插花地	未施行
	光绪三十一至三十二年（1905—1906）	贵州巡抚林绍年、岑春蓂	建议清理拨正贵州插花地	施行
民国	民国二十九至三十五年（1940—1946）	国民政府	要求清理拨正全国插花地	施行

从表7—1可以看出，明清以来的插花地清理拨正有以下几个特征：

1. 清理拨正的次数多，真正取得实效的少

明清以来的插花地清理拨正虽然多达9次，但在9次清理拨正中，真正取得实效的只有4次，分别是万历二十八年（1600）的清理拨正、雍正三至八年（1725—1730）的清理拨正、光绪三十一年至三十二年（1905—1906）的清理拨正和民国二十九至三十五年（1940—1946）的清理拨正，其余5次清理拨正都只停留于建议层面，并没有真正施行。因此，明清以来的插花地清理拨正呈明显的"清理拨正的次数多，而真正取得实效的少"的特点。

2. 局部的清理拨正多，全面的清理拨正少

"局部的清理拨正"指的是清理拨正的区域相对较小，即只清理拨正贵州省部分区域插花地。而"全面的清理拨正"指的是清理拨正的区域相对较大，即清理拨正全省插花地。在明清以来的9次插花地清理拨正中，属于局部清理拨正的有5次，占55.56%，分别是成化二十三年（1487）的清理拨正（只建议划拨镇远府或平溪、清浪、偏桥、镇远四卫）、万历二十八年（1600）的清理拨正（只建议设置播州的行政区划）、万历四十五年（1617）的清理拨正（只建议将乌撒军民府改隶贵州）、雍正三至八年（1725—1730）的清理拨正（只要求调整省界）、咸丰五年（1855）的清理拨正（只建议划清黔蜀疆界）。而属于全面清理拨正的只有4次，占44.44%，分别是道光二十八年（1848）的清理拨正（建议清理拨正全省插花地）、光绪十年至十一年（1884—1885）的清理拨正（建议清理拨正全省插花地）、光绪三十一年至三十二年（1905—1906）的清理拨正（建议清理拨正全省插花地）、民国二十九年至三十五年（1940—1946）的清理拨正（要求清理拨正全国插花地）。因此，明清以来的插花地清理拨正呈明显的"局部的清理拨正多，而全面的清理拨正少"的特点。

在5次局部清理拨正中，真正施行的有2次，而未施行的有3次。在4次全面清理拨正中，真正施行的有2次，而未施行的也有2次。属全面清理拨正并真正施行的2次中，没有一次是十分彻底的。光绪三十一年至三十二年（1905—1906年）的清理拨正虽历经两任巡抚，但均未"告竣"就已离任；民国二十九年至三十五年（1940—1946年）的清理拨正

虽然经过了实地会勘并形成了会议决议，但因受战乱等因素的影响，不仅遗漏较多，不少决议也没有得到贯彻执行。

3. 自下而上的清理拨正多，自上而下的清理拨正少

“自下而上的清理拨正”指的是地方官员或地方政府建议的清理拨正，而“自上而下的清理拨正”指的是中央政府要求的清理拨正。在明清以来的 9 次插花地清理拨正中，属自下而上清理拨正的有 7 次，占 77.78%；而属自上而下的清理拨正有 2 次，占 22.22%，分别是雍正三年至八年（1725—1730）的清理拨正（是雍正皇帝要求的清理拨正）、民国二十九年至三十五年（1940—1946）的清理拨正（是国民政府要求的清理拨正）。因此，明清以来的插花地清理拨正呈明显的“自下而上的清理拨正多，而自上而下的清理拨正少”的特点。

在自下而上的 7 次清理拨正中，没有施行的有 5 次，占 71.43%，分别是成化二十三年（1487）的清理拨正、万历四十五年（1617）的清理拨正、道光二十八年（1848）的清理拨正、咸丰五年（1855）的清理拨正、光绪十年至十一年（1884—1885）的清理拨正；施行的有 2 次，占 28.57%，分别是万历二十八年（1600）的清理拨正和光绪三十一年至三十二年（1905—1906）的清理拨正。而自上而下的 2 次清理拨正都得到了施行。

（二）明清以来清理拨正不彻底的原因

明清以来，川（含渝）黔交界地区插花地清理拨正不彻底的原因很多，归纳起来，主要有以下几点。

1. 清理拨正的根本目的是巩固统治地位

巩固统治地位是明清以来川（含渝）黔交界地区历次插花地清理拨正的根本目的。成化二十三年（1487），镇远知府周瑛建议将镇远府改隶湖广或将平溪、清浪、偏桥、镇远四卫改隶贵州的目的，是加强对地方的控制，避免苗族等族人民的反抗斗争再次发生。嘉靖二十六年（1547），巡按贵州御史萧端蒙虽然指出了行政区划犬牙交错的“七难”（即制驭之难、体统之难、任使之难、勘断之难、催征之难、调度之难、经略之难）①，但没有“一难”不是为了巩固统治地位。万历二十八年（1600），

① 参见贵州省文史研究馆校勘（民国）《贵州通志·前事志》（二），贵州人民出版社 1987 年版，第 298—299 页。

川湖贵总督李化龙建议将播州一分为二，其目的是强化对播州的统治。万历四十五年（1617），巡按贵州御史杨鹤建议将乌撒军民府改隶贵州的目的，是加强对乌撒的控制。雍正三年至八年（1725—1730），雍正皇帝要求拨正云、贵、川、广等省疆界，是为了避免“每遇命盗等事，则相互推诿，矿厂盐茶等有利之事，则互相争竞”[①]。道光二十八年（1848），安顺知府胡林翼虽然把“不便于民”也提了出来，但其清理拨正的基本构想也落脚在“吏治”上，“然使官不扰民，自为经理，就疆域之形便而截长补短，即钱粮之会计而益寡裒多，不更易州县之名，不增减粮赋之数，则民情当必帖然，而吏治实为大便”[②]。光绪三十一年（1905），贵州巡抚林绍年更直白地指出：“苗疆之难治，非种族之不齐，实经界之不正也。”[③]

由于清理拨正插花地的根本目的是巩固统治地位，就不可能得到广大群众的理解与支持，离开了群众的支持，清理拨正工作就不可能彻底。

2. 不敢深入触及土地私有制

如前所述，土地私有制是插花地产生的一个重要原因，要彻底清理拨正插花地就必须废除土地私有制。不敢深入触及土地私有制，是明清以来川（含渝）黔交界地区插花地清理拨正不彻底的一个重要原因。

关于土地私有制与插花地的关系，光绪三十一年（1905），贵州巡抚林绍年虽有了较为深入的认识，“殆昔年苗属庄田因陪嫁、过继、迁居等事而业随带往者，致参错如此之甚”[④]，但在其插花地清理拨正中，并未有废除土地私有制的任何举措。查明清以来川（含渝）黔交界地区其他插花地清理拨正的情况，也没有任何一次提出要废除土地私有制。咸丰五年（1855），广西道监察御史伍辅祥甚至提出“旧立田土等契，一仍其

① 参见贵州省文史研究馆校勘（民国）《贵州通志·前事志》（三），贵州人民出版社 1988 年版，第 177—178 页。

② 同上书，第 489—493 页。

③ 参见贵州省文史研究馆校勘（民国）《贵州通志·前事志》（四），贵州人民出版社 1991 年版，第 891—892 页。

④ 贵州省文史研究馆校勘：（民国）《贵州通志·前事志》（四），贵州人民出版社 1991 年版，第 892 页。

旧，毋庸更换，以防扰累”①。尽管伍辅祥的清理拨正建议并未施行，但若“旧立田土等契，一仍其旧”，插花地清理拨正又如何能彻底？民国时期，国民政府颁布的《县行政区域整理办法大纲》也明确规定：“县行政区域改划以后，原有之户口、赋税、文卷、簿册与官产、公产、学校、局所、慈善机关以及寺庙、名胜、古迹、古物等项，应一并随地移转管辖，惟人民之执业权，则仍其旧。”② 由于不敢深入触及土地私有制，清理拨正插花地就不可能彻底。

当然，土地私有制是新中国成立以前历代王朝的统治基础，为巩固统治集团的既得利益，插花地清理拨正的组织者或倡议者们自然不会也不可能提出废除土地私有制。

3. 利益纷争与矛盾分歧纷繁复杂

利益纷争与矛盾分歧纷繁复杂，是明清以来川（含渝）黔交界地区插花地清理拨正不彻底的又一个重要原因。

从前面的分析研究可以看出，在明清以来的9次插花地清理拨正中，光绪三十一年至三十二年（1905—1906）的清理拨正和民国二十九年至三十五年（1940—1946）的清理拨正最富代表性，不仅因为这两次清理拨正都真正实施了，而且因为这两次清理拨正都是直接针对插花地的。可从这两次插花地清理拨正的具体情况看，没有一次不面临纷繁复杂的利益纷争与矛盾分歧。这些利益纷争与矛盾分歧集中体现在以下两个方面：一是地方政府之间的利益纷争与矛盾分歧；二是民众与政府之间的利益纷争与矛盾分歧。

就地方政府之间的利益纷争与矛盾分歧来看，在狭隘的地域观念与严重的地方保护主义思想影响下，对能带来利益的插花地，彼此都想据为己有，而对不能带来利益却又“麻烦”不断的插花地，彼此都想卸掉“包袱”，利益纷争与矛盾分歧便由此产生，如前所述的“长坝槽之争”与“龚滩设治之议”就是明证（详见本书第六章）。

就民众与政府之间的利益纷争与矛盾分歧来看，或因利益受到了损害，或因对清理拨正的重要性认识不到位，或因清理拨正本身不够科学

---

① 参见贵州省文史研究馆校勘：（民国）《贵州通志·前事志》（三），贵州人民出版社1988年版，第611—612页。

② 《县行政区域整理办法大纲》，贵州省档案馆，档案全宗：M8—1—2875。

等，不少插花地清理拨正都遭到了民众的极力反对。在光绪三十一年至三十二年（1905—1906）的清理拨正中，贵定县“应行拨出各寨”之“苗民黄安堂等”，以“自明迄今，耕凿相安”为由“不愿改隶他属”；安顺府、毕节县之“绅民班占魁、王树屏等，亦以前情先后来臣衙门据呈”①。在民国二十九年至三十五年（1940—1946 年）的清理拨正中，四川綦江县青年乡“一部分民众误解划界意义，借口距桐城太远，不愿拨归桐梓，要求仍维原状”②。

上述利益纷争与矛盾分歧，光绪十一年（1885），贵州巡抚李用清在其《酌拟清理插花章程》中，就曾作了较为深刻的总结：“推原其故，豪强凭恃险远，类只图便乎己私，官吏各怀畛畦，甚且阴持乎肥瘠。”③

由于这些利益纷争与矛盾分歧的广泛存在，不少插花地的清理拨正就不可能彻底。光绪三十二年（1906）八月，贵州巡抚岑春蓂在给朝廷的汇报材料中就明确地提到了这一问题：“因思为政之道以顺民心为主，如系瓯脱之地孤悬别属，与本境隔绝，有碍治理者，自应照章拨归附近州县管辖，不准抗违。若地属华离，尚系连接，不过相距稍远，而民情不愿，似未便稍涉勉强，致滋事端，是以臣复饬各属，若议拨之地，该苗民等实在不愿改隶，许该州县据实具禀……即予批准照旧管理，免生枝节。”④

4. 清理拨正缺乏可持续性

清理拨正缺乏可持续性，是明清以来川（含渝）黔交界地区插花地清理拨正不彻底的另一个重要原因。

前面我们虽然讨论了 9 次插花地清理拨正，但真正施行的只有 4 次，即万历二十八年（1600）的清理拨正、雍正三年至八年（1725—1730）的清理拨正、光绪三十一年至三十二年（1905—1906）的清理拨正和民国二十九年至三十五年（1940—1946）的清理拨正。在这 4 次清理拨正中，直接针对插花地的只有 2 次，即光绪三十一年至三十二年（1905—1906）的清理拨正和民国二十九年至三十五年（1940—1946）的清理拨

① 参见贵州省文史研究馆校勘（民国）《贵州通志·前事志》（四），贵州人民出版社 1991 年版，第 918—919 页。

② 《桐梓县政府呈》（民国三十四年七月），《黔川两省关于省界问题的调整等报告》（1942—1949 年），贵州省档案馆，档案全宗：M8—1—3032。

③ 参见贵州省文史研究馆校勘（民国）《贵州通志·前事志》（四），贵州人民出版社 1991 年版，第 778—779 页。

④ 同上书，第 918—919 页。

正。从前面的讨论可以看出，光绪三十一年至三十二年（1905—1906）的清理拨正虽历经林绍年、岑春蓂两任巡抚，但均未“告竣”就已离任；民国二十九年至三十五年（1940—1946）的清理拨正虽然经过了实地会勘并形成了会议决议，但因受战乱等因素的影响，不仅遗漏较多，不少决议也没有得到贯彻执行（详见本书第六章）。由于这两次清理拨正实际上都未最后完成，清理拨正就不可能彻底。

至于道光以来的其他各次清理拨正虽然或多或少地取得了一些成效（前有所述），但由于并未真正实施，效果更无从谈起。光绪十一年（1885），贵州巡抚李用清就作了如是总结：清理拨正插花地“溯自胡林翼建议于前，既已创而未行；同治初，苗疆粗定，司局踵行于后，又复行而仍辍。或前官未竣，后任因循；或开征期近，暂时模棱，以故张弛靡常，迄无成效”①。因此，清理拨正缺乏可持续性，是明清以来川（含渝）黔交界地区插花地清理拨正不彻底的又一个重要原因。

5. 清理拨正措施不够科学

清理拨正不够科学，是明清以来川（含渝）黔交界地区插花地清理拨正不彻底的又一个重要原因，主要表现在以下两个方面：

第一，没有对最基层政区插花地进行清理拨正。

从前面的分析讨论可以看出，明清以来川（含渝）黔交界地区的插花地清理拨正，清理拨正的都是县级及以上政区插花地，而对县级以下政区插花地没有进行任何一次清理拨正。不清理拨正县级以下政区插花地，插花地的清理拨正就不可能彻底。因为县级以下政区插花地是构成县级及以上政区插花地的基础，县级及以上政区边界一旦发生变动，新的插花地就会因此而产生。民国三十四年（1945）七月，桐梓县代理县长沈旦在给贵州省政府的呈报材料中，就提到了这个问题：“如果依照目前形势，卒尔将飞地对拨，将来合理的省界确定，必然又有一番更易。不仅公文往返徒劳无功，且恐引起民众反感，发生滋扰。”②

第二，行政区划的整体划拨。

行政区划的整体划拨就是将某一行政区域划隶另一行政区域，整建制

① 参见贵州省文史研究馆校勘（民国）《贵州通志·前事志》（四），贵州人民出版社1991年版，第778—779页。

② 《桐梓县政府呈》（民国三十四年七月），《黔川两省关于省界问题的调整等报告》（1942—1949年），贵州省档案馆，档案全宗：M8—1—3032。

地是将该行政区域所辖之领地通通划入。从前面的分析讨论可以看出，明清以来贵州有过数次疆界调整，如万历二十八年（1600）将原四川播州乌江以南地区划给贵州，雍正三年至八年（1725—1730）将原四川遵义军民府划给贵州等。这些疆界调整虽然使原有的一些插花地得到了清理拨正，但由于采用的是行政区划的整体划拨原则，一些新的插花地又因此而产生。

上述原因实际上也是明清以来川（含渝）黔交界地区清理拨正插花地的教训。尽管一些问题在今天已不复存在，如清理拨正的根本目的是巩固统治地位、不敢深入触及土地私有制等，但其他一些问题在今后的插花地清理拨正中可能会再次出现，如利益纷争与矛盾分歧纷繁复杂、清理拨正缺乏可持续性、清理拨正不够科学等，必须引起我们的高度重视并予以充分借鉴。

当然，明清以来川（含渝）黔交界地区的插花地清理拨正留给我们的不全都是教训，因为这些清理拨正毕竟使不少地区的插花地问题得到了较好解决（详见本书第六章），积累了极为宝贵的经验，如雄辩地证明了插花地是可以清理拨正的，清理拨正插花地必须有组织、有计划、有步骤地进行等。

二 清理拨正应注意的几个问题

由于清理拨正的不彻底，插花地在包括贵州与四川、重庆交界地区在内的现今全国各地都极为普遍地存在着，给经济发展、行政管理、社会稳定及人民群众的生产生活等都带来了极大的不便，迫切需要对立作广泛深入的清理拨正。

清理拨正插花地，除了要借鉴历史经验与教训以外，还要根据新的经济社会形势做出符合时宜的决策。

（一）清理拨正插花地的客观必然性

清理拨正插花地要对其客观必然性有充分的认识，因为意识决定行为，认识不到位，清理拨正插花地就不可能成为自觉的行为。

1. 清理拨正插花地是贯彻落实中央精神的具体行动

时至今日，中央虽然尚未出台直接针对插花地问题的文件，但并不意味着清理拨正插花地没有政策依据。2012 年，胡锦涛同志在党的十八大报告中就明确指出，要“优化行政层级和行政区划设置，有条件的地方可探索省直接管理县（市）改革，深化乡镇行政体制改革”[①]。2013 年，党的十八届三中全会再次强调，要“优化行政区划设置，有条件的地方探索推进省直接管理县（市）体制改革”[②]。可以看出，“优化行政区划设置”已被以习近平同志为总书记的新一届党中央纳入了施政纲领。

“优化行政区划设置”虽然不能等同于清理拨正插花地，但清理拨正插花地是“优化行政区划设置”的一个重要内容。因为插花地本身就是行政区划划分不合理的结果，不清理拨正广为存在的插花地，行政区划设置就不可能得到真正优化。既然中央已将“优化行政区划设置”纳入了施政纲领，清理拨正插花地就是贯彻落实中央精神的具体行动。

2. 清理拨正插花地是经济社会深入发展的必然要求

在本书第五章中，我们已对插花地给行政管理、社会稳定、经济发展及人民群众的生产生活所带来的影响作了较为全面系统的讨论，并以赤水河流域为例作了较为深入的“麻雀”解剖（为避免重复，关于插花地给经济社会发展所带来的严重影响，这里不再赘述）。从这些讨论可以看出，不清理拨正广为存在的插花地，我们的经济社会发展就会受到较为严重的限制。因此，清理拨正插花地是经济社会深入发展的必然要求。

3. 清理拨正插花地是基层干部和群众的共同心愿

从本书第五章的分析讨论中可以看出，插花地的广泛存在，不仅给行政管理、社会稳定带来了极为严重的影响，给经济发展及人民群众的生产生活也带来了极大的不便。在这样的情况下，人民群众都非常希望对插花地进行广泛深入的清理拨正。尽管由于我们没有设计相关的问卷调查表而不能作深入的定量研究，但在我们的实地调查研究中，几乎所有的被访基层干部和群众都向我们表达了希望清理拨正插花地的强烈愿望。

（二）清理拨正插花地面临的新形势

清理拨正插花地尽管也会面临这样或那样的一些困难，但相对于历史

① 胡锦涛：《坚定不移沿着中国特色社会主义道路前进 为全面建成小康社会而奋斗——在中国共产党第十八次全国代表大会上的报告》，《求是》2012 年第 22 期。

② 《中共中央关于全面深化改革若干重大问题的决定》（2013 年 11 月 12 日中国共产党第十八届中央委员会第三次全体会议通过），《求是》2013 年第 22 期。

上，我们面临的问题与困难要小得多，因为我们清理拨正插花地的经济社会背景已发生了深刻的变化，主要表现在以下几个方面。

1. 土地私有制已不复存在

从前面的分析研究可以看出，不敢深入触及土地私有制是历史上插花地清理拨正不彻底的主要原因之一，而这一影响因素今天已不复存在。因为土地私有制在中国早就被废除了，现在实行的是全民所有制和劳动群众集体所有制。《中华人民共和国土地管理法》（2004 年修订）明确规定："中华人民共和国实行土地的社会主义公有制，即全民所有制和劳动群众集体所有制"，"任何单位和个人不得侵占、买卖或者以其他形式非法转让土地"[①]。由于废除了土地私有制，清理拨正插花地的制度障碍就不复存在了。

2. 清理拨正插花地的根本目的是造福人民

如前所述，由于清理拨正插花地的根本目的是巩固统治地位，历史上的插花地清理拨正工作就不可能彻底。虽然我们清理拨正插花地也有便于行政管理和维系社会稳定的目的，但不同于历史上的是，我们清理拨正插花地的根本目的是发展经济、造福人民。因为中国共产党是全心全意为人民服务的党，《中国共产党章程》（2012 年修改）明确规定："中国共产党是中国工人阶级的先锋队，同时是中国人民和中华民族的先锋队，是中国特色社会主义事业的领导核心，代表中国先进生产力的发展要求，代表中国先进文化的前进方向，代表中国最广大人民的根本利益。"党在社会主义初级阶段的基本路线是："领导和团结全国各族人民，以经济建设为中心，坚持四项基本原则，坚持改革开放，自力更生，艰苦创业，为把我国建设成为富强民主文明和谐的社会主义现代化国家而奋斗。"

由于我们清理拨正插花地的根本目的是发展经济、造福人民，我们的插花地清理拨正就会得到人民群众的理解与支持，因此，阻碍插花地清理拨正的思想政治障碍便也不复存在了。

3. 可用于清理拨正插花地的理论与技术手段更多

在前面的有关内容中，我们已较为深入地讨论了明清以来川（含渝）黔交界地区在清理拨正插花地的过程中所面临的各种利益纠纷与矛盾分歧。产生这样一些利益纠纷与矛盾分歧的原因固然很多，如插花地中的犬

---

① 《中华人民共和国土地管理法》，《黑龙江政报》2005 年第 6 期。

牙之地客观上具有一定的不可度量性，狭隘的地域观念与严重的地方保护主义思想的广泛存在，自给自足的生产方式，经济社会发展缺乏科学合理的规划等，但科学技术水平落后是最主要的原因之一。因为落后的科学技术水平不仅不能为插花地清理拨正提供强有力的理论支撑，也不能为插花地清理拨正提供强有力的技术支持，更何况自给自足的生产方式与经济社会发展缺乏科学合理的规划等在一定程度上也是科学技术水平较低的结果。由于清理拨正插花地的科学依据不充分，历史上的插花地清理拨正就有一定的盲动性与主观随意性，不少利益纠纷与矛盾分歧就因此而产生了。

相对于历史上，我们当下所面临的情况已完全不同了。由于科学技术（包括自然科学与人文社会科学）的迅猛发展，不仅自然科学的大量研究成果可运用于插花地的清理拨正，如3S技术（RS、GIS、GPS技术）、大数据技术、计算机技术、测绘技术、通信技术、资源环境技术等，人文社会科学的大量研究成果也可以运用于插花地的清理拨正，如经济学、社会学、政治学、管理学和历史学的相关研究成果。由于可用于插花地清理拨正的理论与技术手段不断增多，插花地的清理拨正就有了强有力的理论支撑与技术支持。有了强有力的科学依据，“公说公有理，婆说婆有理”的状况就会大为改变，清理拨正插花地的盲动性与主观随意性就可降低，利益纠纷与矛盾分歧就会减少。

（三）清理拨正插花地应注意的问题

时至今日，尽管清理拨正插花地的经济社会背景已发生了深刻的变化，但仍然不能粗心大意，因为插花地问题绝不是一个简单的行政区划问题，它与经济社会发展的很多方面都有密不可分的关系，处理不好这些关系，不仅会影响经济发展，还会激化社会矛盾，影响社会稳定。根据历史经验与教训及当前的经济社会发展形势，清理拨正插花地有以下几个问题值得我们高度重视。

1. 应高度重视乡（镇）以下插花地的清理拨正

如前所述，插花地主要集中在各行政区划交界地区，是行政区域划分不合理的结果。由于行政区划有不同的层级，插花地也可划分为相应的层级。根据中国目前的行政区划层级，可将插花地划分为省（市、区）际插花地、市（州、地）际插花地、县（市、区）际插花地和乡（镇、街道办事处）际插花地。但中国的插花地层级绝不仅限于以上四种，还应包括村（居，指的是居委会，下同）际插花地和村民组际插花地。

按中国目前的法律规定，村（居）虽然不是严格意义上的行政区划，但是实际的基层地域单位。村（居）不仅有固定的辖地范围，而且有稳定的办事机构，即“村支两委”，包括村（居）党支部和村（居）民委员会。《中国共产党章程》（2012 年修改）第三十二条规定：“街道、乡、镇党的基层委员会和村、社区党组织，领导本地区的工作，支持和保证行政组织、经济组织和群众自治组织充分行使职权。”《中华人民共和国村民委员会组织法》规定：“村民委员会由主任、副主任和委员共三至七人组成”，“协助乡、民族乡、镇的人民政府开展工作”。因此，村（居）有很强的准行政区划性质。

就中国目前的实际情况看，村（居）还不是最基层的地域单位，因为村以下还设有村民组，若干个村民组构成一个村。因此，村民组才是中国最基层的地域单位。与村相同，村民组也有明确的地域范围，而且村民组的地域范围往往比村（居）更为固定。因为村被撤、并、建的现象屡见不鲜，而村民组则少有被撤、并、建的。

由于村（居）和村民组是实实在在的地域单位，在各种因素影响下，村（居）与村（居）之间、村民组与村民组之间就不可避免地产生了不少插花地，不仅飞地现象极为普遍，耕地、林地的犬牙交错现象也随处可见（详见本书第三章）。因此，在中国的插花地层级中，还应包括村（居）和村民组际插花地。

村（居）和村民组际插花地不仅是中国插花地体系不可或缺的组成部分，而且在中国的插花地体系中占有十分重要的地位。因为下级政区插花地是构成上级政区插花地的基础，上级政区插花地是以下级政区插花地为载体的，离开了下级政区插花地，上级政区也就无插花地可言。由于村民组是最基层的地域单位，故村民组际插花地处于中国插花地体系的最底层，是构成村（居）际及以上插花地的基础（见图 7—1）。

由于村和村民组际插花地是构成乡（镇）及以上政区插花地的基础，不清理拨正广为存在的村和村民组际插花地，任何单一政区层面上的插花地清理拨正就不可能彻底。换言之，即便将某一政区层级上的插花地清理拨正干净了，一旦政区边界发生变动，新的插花地又会产生。因此，清理拨正插花地必须高度重视乡（镇）以下插花地的清理拨正，包括村际和村民组际插花地。

当然，高度重视乡（镇）以下插花地的清理拨正并不是说只要清理拨正乡（镇）以下插花地就可以了。如果只清理拨正乡（镇）以下插花地，有的插花地就无法得到清理拨正，如贵州省天柱县飞入湖南省会同县境内的地湖乡等。

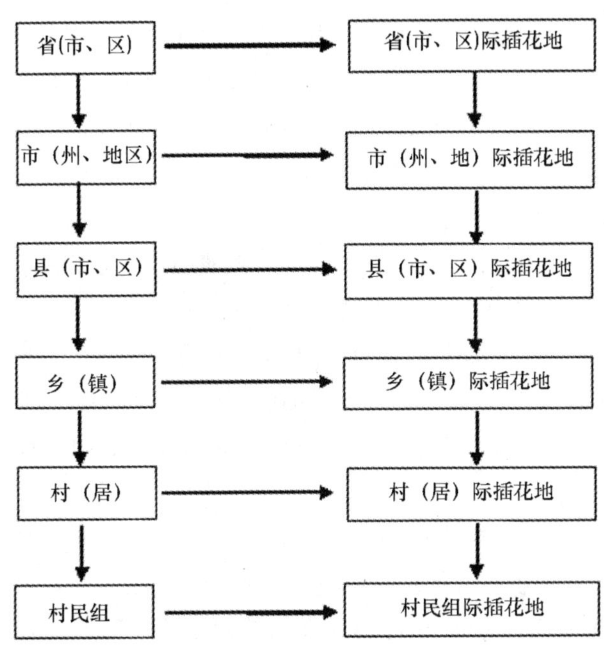

图 7—1　插花地体系构成图

2. 应采取上下结合的清理拨正模式

从前面的分析研究可以看出，历史上的插花地清理拨正有“自上而下”和“自下而上”两种模式。这两种模式都有很大的局限性。“自上而下”的清理拨正模式虽有上级政府的权威作保证，但未必能充分调动下级政府的主观能动性，所谓的“上有政策，下有对策”说的就是这个道理。“自下而上”的清理拨正模式虽有下级政府的主观能动性作支撑，但若得不到上级政府的支持，插花地的清理拨正便举步维艰。正因为如此，历史上的插花地清理拨正没有一次十分彻底。根据历史经验与教训，我们认为应采用上下结合的清理拨正模式。

所谓“上下结合的清理拨正模式”指的是从中央到地方各级政府（包括村和村民组）都要参与到插花地的清理拨正中来。不采用这样的清理拨正模式，插花地的清理拨正就不可能彻底。主要依据如下：

第一，清理拨正插花地离不开中央政府的支持。因为中央政府不仅能为插花地清理拨正提供强有力的组织与政策保证，更为重要的是，一些插花地的清理拨正离不开中央政府的统筹协调。如省（市、区）际插花地，在各方分歧较大的情况下，离开了中央政府的统筹与协调，清理拨正就不可能顺利进行。（民国）《桐梓县志》就有如此之记载：“惟念此事权宜更易，在他县则或易举行，在桐梓则尚难骤办。缘事关两省，相沿已久，非急切所能改正。”①

第二，清理拨正插花地离不开各级地方政府的积极参与。村（居）和村民组际插花地虽然是中国绝大部分插花地的最终落脚点，但清理拨正插花地离不开各级地方政府的积极参与。因为从省（市、区）到乡（镇），每一政区层级都有对应的插花地（见图7—1），离开了任何一级地方政府，插花地的清理拨正都不可能顺利进行，也不可能彻底，更何况村（居）和村民组际插花地的清理拨正，离不开各级地方政府的指导与协调。

第三，清理拨正插花地离不开村（居）和村民组的积极配合。村（居）和村民组虽然不是严格意义上的行政区划，也没有严格意义上的政权组织，但由于村（居）和村民组际插花地不仅十分普遍而且是构成所有政区层级插花地的基础，清理拨正插花地就离不开村（居）和村民组的积极配合，没有村（居）和村民组的积极配合，插花地的清理拨正就不可能取得实质性成效。

3. 应慎用“保持基层行政建制完整性原则”

“保持基层行政建制完整性原则”是有关专家提出的优化政区边界的一个基本原则。其基本内涵为：在调整或划定政区边界时，应“以原有行政区划为基础，尽量不打破原有基层行政区的界线，做到基层行政区的整建制调整”，因为“基层行政区是在多年基础上形成的基层社会单元，

---

① 犹海龙、侯树涛、赵元隽纂辑，张瑞琪、龙砺孚、李明方、夏永忠校点：（民国）《桐梓县志》1987年（内部发行），第42页。

具有社会、经济文化的同一性。随意打破会带来许多难以解决的矛盾”①。

“保持基层行政建制完整性原则”虽然被广泛应用于中国的行政区划调整中，但理论与实践都充分证明，这一原则有很大的局限性。主要有以下两个依据：

第一，行政区划界线不能千古不变。与自然地理界线不同，行政区划界线不仅是人为的结果，而且是历史的结果。从人为结果看，它是人类划分行政区域的产物；从历史结果看，它是特定时期特定经济社会背景的产物。无论就人为结果还是就历史结果看，行政区划界线都是可变的，而且是必须变的。因为经济社会背景变了，行政区划界线也应发生相应的变化。对于一切不适于经济社会发展需要的行政区划界线都应作适当的调整，否则，就会阻碍经济社会的发展。

第二，在不存在插花地或插花地很少的国家与地区，运用这一原则或有一定的合理性，但对插花地十分普遍存在的中国来说，就应慎用这一原则了。在中国，由于插花地十分普遍地存在着，运用“保持基层行政建制完整性原则”，不仅不能确保政区形态优化，而且极不利于插花地的清理拨正。如 1997 年重庆成为直辖市时，便将原四川省所属的重庆市、万县市、涪陵市、黔江地区整体划入。这样做的结果不仅使普遍存在的插花地和飞地得不到清理拨正，而且使成为直辖市后的重庆呈现出一个巨大的“人”字型，政区形态优化程度极低。据侯景新、蒲善新、肖金成的研究，其政区形态优化系数仅为 0.41，在 29 个省级行政区划中列第 18 位。②

由于以上局限的客观存在，在清理拨正插花地的过程中，就应慎用“保持基层行政建制完整性原则”。对于以“整基层行政建制”形式存在的插花地，如前述的贵州省天柱县地湖乡、重庆市綦江县赶水镇马龙村飞入贵州省桐梓县坡渡镇坡渡村境内的龙石台村民组等，可以适用这一原则；而对于不以“整基层行政建制”形式存在的大量零星插花地，就不能适用这一原则了。

4. *应加强对插花地的科学研究*

清理拨正插花地必须加强插花地的科学研究，因为科学研究是科学决

---

① 刘君德、靳润成、周克瑜编著：《中国政区地理》，科学出版社 1999 年版，第 42 页。

② 参见侯景新、蒲善新、肖金成《行政区划与区域管理》，中国人民大学出版社 2006 年版，第 124—125 页。

策的基础，加强插花地的科学研究不仅能为插花地的清理拨正提供强有力的理论依据，而且能为插花地的清理拨正提供强有力的技术支撑。

科学决策是决策者为了实现某一特定的目标，运用科学的理论和方法，在系统地分析主客观条件后做出正确决策的过程。科学决策是中国共产党的一贯主张。早在1930年，毛泽东同志就提出了“没有调查就没有发言权”的著名论断。党的十八大报告明确指出：要“坚持科学决策、民主决策、依法决策，健全决策机制和程序，发挥思想库作用，建立健全决策问责和纠错制度”①。党的十八届三中全会再次强调：“必须构建决策科学、执行坚决、监督有力的权力运行体系。”②

科学研究是科学决策的基础，离开了科学研究，决策就不可能科学。2013年7月23日，习近平总书记在湖北省武汉市主持召开的部分省市负责人座谈会上就深刻地阐发了科学研究与科学决策的关系，他指出：“调查研究是谋事之基、成事之道。没有调查，就没有发言权，更没有决策权。研究、思考、确定全面深化改革的思路和重大举措，刻舟求剑不行，闭门造车不行，异想天开更不行，必须进行全面深入的调查研究。”③ 中共中央办公厅、国务院办公厅在《关于加强中国特色新型智库建设的意见》中也明确指出：“当前，全面建成小康社会进入决定性阶段，破解改革发展稳定难题和应对全球性问题的复杂性艰巨性前所未有，迫切需要健全中国特色决策支撑体系，大力加强智库建设，以科学咨询支撑科学决策，以科学决策引领科学发展。”④

从表面看来，清理拨正插花地就是一个简单的政区边界调整问题。其实不然，不仅因为插花地与经济社会发展的许多方面都有密不可分的关系，而且因为插花地的清理拨正涉及各有关利益主体及群众的切身利益。清理拨正不科学，不仅会阻碍经济社会的发展，而且会引发很多社会矛盾。因此，清理拨正插花地决不能简单地“拍脑袋”做决定，必须在深

---

① 胡锦涛：《坚定不移沿着中国特色社会主义道路前进 为全面建成小康社会而奋斗——在中国共产党第十八次全国代表大会上的报告》，《求是》2012年第22期。

② 《中共中央关于全面深化改革若干重大问题的决定》（2013年11月12日中国共产党第十八届中央委员会第三次全体会议通过），《求是》2013年第22期。

③ 习近平：《加强对改革重大问题调查研究 提高全面深化改革决策科学性》，《人民日报》2013年7月25日。

④ 中共中央办公厅、国务院办公厅《关于加强中国特色新型智库建设的意见》，《中华人民共和国国务院公报》2015年第4期。

入调查研究的基础上做出科学合理的决策。

就当前的情况来看，清理拨正插花地需要我们深入研究的问题主要有：

第一，如何划拨插花地才能确保效益包括经济效益、社会效益、生态效益等的最大化？

第二，如何划拨插花地才能最大限度地有利于群众的生产与生活？

第三，如何划拨插花地才能最大限度地减少矛盾与分歧？

第四，如何划拨插花地才能最大限度地降低管理经营成本？

第五，如何补偿各有关利益主体和群众？

只有将以上问题逐一研究清楚以后，才能避免清理拨正决策的盲目性与随意性，清理拨正才可能科学。

需要特别强调的是，以上问题在表面看来并不复杂，但要做出精准的回答并不容易，不仅因为这些问题都是综合性很强的问题，要综合运用社会科学和自然科学各有关学科的理论与方法才能做出精确的回答，而且因为中国的插花地存在十分普遍，每一块插花地的具体情况未必完全相同，在具体对一块插花地进行清理拨正时，可能还会出现一些意想不到的问题。

5. *应依法予以适当的经济补偿*

清理拨正插花地必然涉及土地权属的变更，包括土地所有权和土地经营权的变更两个方面。

关于中国土地的所有权和经营权，《中华人民共和国土地管理法》（2004 年修订）都有明确的规定。[①]

在土地所有权方面，实行的是“土地的社会主义公有制”，包括全民所有（国家所有）和劳动群众集体所有两种。具体规定如下：

第一，“城市市区的土地属于国家所有”。

第二，“农村和城市郊区的土地，除由法律规定属于国家所有的以外，属于农民集体所有；宅基地和自留地、自留山，属于农民集体所有”。

第三，“农民集体所有的土地，由县级人民政府登记造册，核发证书，确认所有权”。

---

① 《中华人民共和国土地管理法》，《黑龙江政报》2005 年第 6 期。

在土地经营权方面，有以下一些具体的规定：

第一，“国有土地和农民集体所有的土地，可以依法确定给单位或者个人使用”。

第二，“农民集体所有的土地依法属于村农民集体所有的，由村集体经济组织或者村民委员会经营、管理；已经分别属于村内两个以上农村集体经济组织的农民集体所有的，由村内各该农村集体经济组织或者村民小组经营、管理；已经属于乡（镇）农民集体所有的，由乡（镇）农村集体经济组织经营、管理”。

第三，“单位和个人依法使用的国有土地，由县级以上人民政府登记造册，核发证书，确认使用权”。

第四，“农民的土地承包经营权受法律保护”。

从前面的分析研究可以看出，中国的插花地构成情况虽然十分复杂，但几乎所有的插花地都有十分明确的法律所规定的所有权与经营权。归纳起来大致有以下几种情况：一是所有权属于国家但经营权属于有关单位或个人的；二是所有权属于集体但经营权属于有关单位或个人的；三是所有权和经营权都属于集体。无论哪一种情况下的插花地清理拨正，除了国有土地的所有权不会变更以外，其他的权属关系都可能会变更（包括国有土地的经营权）。对于有权属关系变更的插花地，就可能会使原有利益人（包括单位和个人）的利益遭受损失，就应依法予以适当的经济补偿。《中华人民共和国土地管理法》（2004 年修订）明确规定：“国家为了公共利益的需要，可以依法对土地实行征收或者征用并给予补偿。”只有做好了补偿工作，才能最大限度地降低各种利益纷争，插花地的清理拨正才能顺利进行。至于补偿标准如何确定及由谁补偿等问题，由于具体情况千差万别（包括权属情况和产出情况等），应在深入调查研究的基础上，根据每一块插花地的具体情况做出具体处理。

6. 应作广泛深入的宣传动员

从前面的分析研究可以看出，清理拨正插花地不可能不出现各种各样的矛盾与分歧，如地方政府与地方政府之间的矛盾与分歧、民众与地方政府之间的矛盾与分歧等。这些矛盾与分歧不仅存在于过去的插花地清理拨正中，在当下或未来的插花地清理拨正中也同样会出现。

出现这样一些矛盾与分歧的原因尽管十分复杂，但归纳起来主要有以下几点：

第一，对清理拨正插花地的重要性认识不到位。尽管插花地的广泛存在对经济发展、社会管理、社会稳定及人民群众的生产生活等都带来了极为严重的影响，清理拨正插花地已刻不容缓，可因受各种因素的影响，如认识水平有限、责任心不足等，一部分干部群众认识不到插花地问题的严重性，在清理拨正插花地的过程中就不可避免会产生抵触情绪和不配合行为。

第二，狭隘的地域观念与严重的地方保护主义思想的影响。清理拨正插花地不可避免地会使一些行政区划的辖地发生变化，也不可避免地会影响一些行政区划的财政收入，还不可避免地会使一些地域的行政隶属关系发生改变。在这样的情况下，一些狭隘的地域观念与严重的地方保护主义思想就会不可避免地产生，如“辖地范围缩小意味着脸上无光”，“失去某地意味着经济收入减少多少”，“已习惯于某政区的管理模式”等。在这样一些观念与思想的影响下，就会穷尽各种理由“据理力争”，矛盾与分歧就会不可避免地产生。

第三，利益确有损失。如前所述，清理拨正插花地不仅会使土地的权属（包括所有权和经营权）发生变更，还会使土地的利益发生转移，在不考虑补偿或补偿不合理的情况下，就会不可避免地产生矛盾与分歧。

广泛深入的宣传动员虽然不能完全解决以上这些问题，但决不能忽视其在解决这些问题中的重要作用。因为意识决定行为，有什么样的意识就有什么样的行为。广泛深入的宣传动员，对提高干部群众的认识水平、统一干部群众的思想、化解各种分歧与矛盾、调动干部群众清理拨正插花地的积极性与主动性等都具有不可低估的意义。因此，广泛深入的宣传动员是清理拨正插花地必须注意的又一个重要问题，包括对干部的宣传动员和对人民群众的宣传动员两个方面，因为清理拨正插花地既离不开各级政府的支持和参与，也离不开广大群众的积极配合。

附录一　行政区域界线管理条例[1]

第一条　为了巩固行政区域界线勘定成果，加强行政区域界线管理，维护行政区域界线附近地区稳定，制定本条例。

第二条　本条例所称行政区域界线，是指国务院或者省、自治区、直辖市人民政府批准的行政区域毗邻的各有关人民政府行使行政区域管辖权的分界线。

地方各级人民政府必须严格执行行政区域界线批准文件和行政区域界线协议书的各项规定，维护行政区域界线的严肃性、稳定性。任何组织或者个人不得擅自变更行政区域界线。

第三条　国务院民政部门负责全国行政区域界线管理工作。县级以上地方各级人民政府民政部门负责本行政区域界线管理工作。

第四条　行政区域界线勘定后，应当以通告和行政区域界线详图予以公布。

省、自治区、直辖市之间的行政区域界线由国务院民政部门公布，由毗邻的省、自治区、直辖市人民政府共同管理。省、自治区、直辖市范围内的行政区域界线由省、自治区、直辖市人民政府公布，由毗邻的自治州、县（自治县）、市、市辖区人民政府共同管理。

第五条　行政区域界线的实地位置，以界桩以及作为行政区域界线标志的河流、沟渠、道路等线状地物和行政区域界线协议书中明确规定作为指示行政区域界线走向的其他标志物标定。

第六条　任何组织或者个人不得擅自移动或者损坏界桩。非法移动界桩的，其行为无效。

行政区域界线毗邻的各有关人民政府应当按照行政区域界线协议书的

---

① 《中华人民共和国国务院公报》2002 年第 19 期；《四川政报》2002 年第 28 期。

规定，对界桩进行分工管理。对损坏的界桩，由分工管理该界桩的一方在毗邻方在场的情况下修复。

因建设、开发等原因需要移动或者增设界桩的，行政区域界线毗邻的各有关人民政府应当协商一致，共同测绘，增补档案资料，并报该行政区域界线的批准机关备案。

第七条　行政区域界线毗邻的任何一方不得擅自改变作为行政区域界线标志的河流、沟渠、道路等线状地物；因自然原因或者其他原因改变的，应当保持行政区域界线协议书划定的界线位置不变，行政区域界线协议书中另有约定的除外。

第八条　行政区域界线协议书中明确规定作为指示行政区域界线走向的其他标志物，应当维持原貌。因自然原因或者其他原因使标志物发生变化的，有关县级以上人民政府民政部门应当组织修测，确定新的标志物，并报该行政区域界线的批准机关备案。

第九条　依照《国务院关于行政区划管理的规定》经批准变更行政区域界线的，毗邻的各有关人民政府应当按照勘界测绘技术规范进行测绘，埋设界桩，签订协议书，并将协议书报批准变更该行政区域界线的机关备案。

第十条　生产、建设用地需要横跨行政区域界线的，应当事先征得毗邻的各有关人民政府同意，分别办理审批手续，并报该行政区域界线的批准机关备案。

第十一条　行政区域界线勘定确认属于某一行政区域但不与该行政区域相连的地域或者由一方使用管理但位于毗邻行政区域内的地域，其使用管理按照各有关人民政府签订的行政区域界线协议书有关规定或者该行政区域界线的批准机关的决定执行。

第十二条　行政区域界线毗邻的县级以上地方各级人民政府应当建立行政区域界线联合检查制度，每5年联合检查一次。遇有影响行政区域界线实地走向的自然灾害、河流改道、道路变化等特殊情况，由行政区域界线毗邻的各有关人民政府共同对行政区域界线的特定地段随时安排联合检查。联合检查的结果，由参加检查的各地方人民政府共同报送该行政区域界线的批准机关备案。

第十三条　勘定行政区域界线以及行政区域界线管理中形成的协议书、工作图、界线标志记录、备案材料、批准文件以及其他与勘界记录有关的材料，应当按照有关档案管理的法律、行政法规的规定立卷归档，妥善保管。

第十四条　行政区域界线详图是反映县级以上行政区域界线标准画法的国家专题地图。任何涉及行政区域界线的地图，其行政区域界线画法一律以行政区域界线详图为准绘制。

国务院民政部门负责编制省、自治区、直辖市行政区域界线详图；省、自治区、直辖市人民政府民政部门负责编制本行政区域内的行政区域界线详图。

第十五条　因对行政区域界线实地位置认定不一致引发的争议，由该行政区域界线的批准机关依照该行政区域界线协议书的有关规定处理。

第十六条　违反本条例的规定，有关国家机关工作人员在行政区域界线管理中有下列行为之一的，根据不同情节，依法给予记大过、降级或者撤职的行政处分；致使公共财产、国家和人民利益遭受重大损失的，依照刑法关于滥用职权罪、玩忽职守罪的规定，依法追究刑事责任：

（一）不履行行政区域界线批准文件和行政区域界线协议书规定的义务，或者不执行行政区域界线的批准机关的决定的；

（二）不依法公布批准的行政区域界线的；

（三）擅自移动、改变行政区域界线标志，或者命令、指使他人擅自移动、改变行政区域界线标志，或者发现他人擅自移动、改变行政区域界线标志不予制止的；

（四）毗邻方未在场时，擅自维修行政区域界线标志的。

第十七条　违反本条例的规定，故意损毁或者擅自移动界桩或者其他行政区域界线标志物的，应当支付修复标志物的费用，并由所在地负责管理该行政区域界线标志的人民政府民政部门处1000元以下的罚款；构成违反治安管理行为的，并依法给予治安管理处罚。

第十八条　违反本条例的规定，擅自编制行政区域界线详图，或者绘制的地图的行政区域界线的画法与行政区域界线详图的画法不一致的，由有关人民政府民政部门责令停止违法行为，没收违法编制的行政区域界线详图和违法所得，并处1万元以下的罚款。

第十九条　乡、民族乡、镇行政区域界线的管理，参照本条例的有关规定执行。

第二十条　本条例自2002年7月1日起施行。

附录二　省市县勘界条例①

（民国十九年五月三十一日国民政府令，准同年六月十二日内政部公布）

一、各省市县行政区域，如因界域不清或因变更编制须新定界线时，依本条例堪议审定之。

二、省市县行政区域之编制，依下列原则：

1、土地之天然形势；

2、行政管理之便利；

3、工商业状况；

4、户数与人口；

5、交通状况；

6、建设计划；

7、其他特殊情形。

三、省市县行政区域界线之划分，除有特殊情形外，依下列标准：

1、山脉之分水线；

2、道路河川之中心线；

3、有永久性之关隘、堤塘、桥梁及其他坚固建筑物可以为界线者。

四、各省市县行政区域，在本条例公布以前，如早经明白确定界线从未发生争执及有不便利者，应维持其固有区域界线。

五、固有省市县行政区域，如确系旧界太不显明因而发生争议时得重行勘划，依本条例第二条规定各款原则，议定新界线。

六、新设之省市县行政区域，除有明文规定界线外，应依本条例第二条规定各款原则，勘议界线。

---

① 《省市县勘界条例》，贵州省档案馆，档案全宗：M8—1—2875。

七、固有行政区域遇有下列情事之一者，于必要时得变更编制，重行勘议界线。

1、因省或市行政区域之变更，必须裁并或改置时；

2、固有区域与天然形势抵触过甚，有碍交通时；

3、固有区域太不整齐，如插花地、飞地、嵌地及其他犬牙交错之地，实于行政管理上甚不便利时；

4、固有区域或狭或畸，与县治距离太远或交通甚不便利时；

5、面积过于狭小，或过于广大时；

6、户口过于稀少，或过于繁密时；

7、地方经济力与邻近各县相差过甚时；

8、警卫之支配及自治区域之划分甚不适宜时；

9、有其他特殊情形时。

八、省或隶属于行政院之市，其行政区域如须新定界线时，应由关系各省市政府委派专员定地履勘后，再议定界线，连同图说咨内政部核呈行政院转呈国民政府核定，于必要时得由内政部派员会同勘界。

九、县或隶属于省政府之市，其行政区域如需新定界线时，应由民政厅委派专员会同关系各市县政府实地履勘后，再议定界线，连同图说呈请省政府核定，咨由内政部核呈行政院备案。

十、勘划省市县行政区域界线遇有关系国界时，除依前二条规定外，于必要时得由外交部加派熟悉边务人员会同办理。

十一、省市县行政区域无论旧界新界，其界线即经确定以后，应即于主要地点树立明显坚固之界标，并绘具区域界线详细地图三份，送由内政部分别存转备案。

十二、本条例之规定于设治局备用之。

十三、本条例如有未尽事宜由内政部呈准修正之。

十四、本条例自公布之日施行。

附录三　县行政区域整理办法大纲[①]

（民国二十三年三月内政部依据会议决议拟订，
呈奉行政院第十八次国务会议决议照准）

一、整理县行政区域，除依《省市县勘界条例》各条之规定外，应依本办法大纲办理。

二、县行政区域如有《省市县勘界条例》第七条所列各款情事之一，行政上感有重大不便者，应即切实加以整理。

三、整理办法如下：

1、厘正。将毗连各县边界交错之地划归整齐，勿使参差。

2、互换。为管辖及地形上之便利，将毗连各县地段互相更换一部分或数部分。

3、划分。土地辽阔之县施政不易，应将其划分两县或并入他县一部分，以便治理。

4、归并。割数县之一部新设县治，或将旧治取消，与他县归并，另成新县。整理之原则，参照《省市县勘界条例》第二条之规定。

四、各省民政厅应于本办法通行三个月内，将所属各县行政区域有无《省市县勘界条例》第七条各款情形，切定查明，详细表列，并拟具整理方案，绘图立说，交由省政府核转内政部查核。

五、各省民政厅查拟报部以后，即该依据所拟整理方案，于最短时期内切定施行。如关系两省以上者，应由该管民政厅秉承各该省政府会商办理。

六、整理县行政区域可由协议决定。无须履勘者，即由该管民政厅依照程序呈报定案。如关涉两省以上者，应由各该省政府会同咨部，转呈

---

① 《县行政区域整理办法大纲》，贵州省档案馆，档案全宗：M8—1—2875。

定案。

七、整理县行政区域如须定地履勘时，仍照《省市县勘界条例》第八条、第九条所定履勘程序办理。

八、县行政区域改划定案以后，应即依照《省市县勘界条例》十一条之规定，就新划界线，树立界标。

九、县行政区域改划以后，原有之户口、赋税、文卷、簿册与官产、公产、学校、局所、慈善机关以及寺庙、名胜、古迹、古物等项，应一并随地移转管辖，惟人民之执业权，则仍其旧。

十、本办法大纲于设治局备用之。

参考文献

一　文件

胡锦涛：《坚定不移沿着中国特色社会主义道路前进 为全面建成小康社会而奋斗——在中国共产党第十八次全国代表大会上的报告》，《求是》2012 年第 22 期。

《中共中央关于全面深化改革若干重大问题的决定》（2013 年 11 月 12 日中国共产党第十八届中央委员会第三次全体会议通过），《求是》2013 年第 22 期。

《中共中央关于全面推进依法治国若干重大问题的决定》（2014 年 10 月 23 日中国共产党第十八届中央委员会第四次全体会议通过），《中国法学》2014 年第 6 期。

中共中央办公厅、国务院办公厅《关于加强中国特色新型智库建设的意见》，《中华人民共和国国务院公报》2015 年第 4 期。

《中华人民共和国土地管理法》，《黑龙江政报》2005 年第 6 期。

《国务院关于行政区划管理的规定》，《中华人民共和国国务院公报》1985 年第 3 期。

《行政区域边界争议处理条例》，《中华人民共和国国务院公报》1989 年第 2 期。

《国务院关于开展勘定省、县两级行政区域界线工作有关问题的通知》，《中华人民共和国国务院公报》1996 年第 25 期。

《国务院办公厅关于抓紧做好勘界工作 维护边界地区稳定的通知》，《中华人民共和国国务院公报》1999 年第 19 期。

《行政区域界线管理条例》，《中华人民共和国国务院公报》2002 年第 19

期;《四川政报》2002 年第 28 期。

民政部等:《关于加强行政区域界线管理工作的意见》,《中华人民共和国国务院公报》2005 年第 32 期。

《四川省人民政府与贵州省人民政府联合勘定的行政区域界线协议书》(1999 年 6 月)。

《重庆市人民政府和贵州省人民政府联合勘定的行政区域界线协议书》(1999 年 12 月)。

赤水市勘界领导小组办公室:《关于勘定省级行政区域界线的工作总结》。

四川省古蔺县民政局、贵州省习水县民政局:《关于 2010 年川黔线古蔺习水段联合检查实施方案》。

[16] 四川省古蔺县民政局、贵州省仁怀市民政局:《关于古蔺县与仁怀市行政区域界线联合检查情况的报告》(古民政［2010］58 号)。

二　古籍

(汉) 司马迁:《史记》卷 110《匈奴列传》,中华书局 1973 年版。

(汉) 郑玄注:《周礼·天官》,四部丛刊明翻宋岳氏本。

《孟子》卷 5,四部丛刊景宋大字本。

《汉书》卷 24《食货志》,清乾隆武英殿刻本。

(唐) 杜佑:《通典·食货·田制》,清咸丰九年武英殿刻本。

(宋) 欧阳修:《新唐书·地理志》,清乾隆武英殿刻本。

《宋史》卷 250《石守信传》,清乾隆武英殿刻本。

《明实录·太祖洪武实录》卷 15、130、146、151、192、205,贵州民族研究所编:《明实录·贵州资料辑录》,贵州人民出版社 1983 年版。

《明实录·太宗永乐实录》卷 87、100、114,贵州民族研究所编:《明实录·贵州资料辑录》,贵州人民出版社 1983 年版。

《明实录·宣宗宣德实录》卷 99,贵州民族研究所编:《明实录·贵州资料辑录》,贵州人民出版社 1983 年版。

《明实录·英宗正统实录》卷 1、7、75、80、181、185,贵州民族研究所编:《明实录·贵州资料辑录》,贵州人民出版社 1983 年版。

《明实录·宪宗成化实录》卷 162,贵州民族研究所编:《明实录·贵州资料辑录》，贵州人民出版社 1983 年版。

《明实录·世宗嘉靖实录》卷 9，贵州民族研究所编《明实录·贵州资料辑录》，贵州人民出版社 1983 年版。

《明实录·神宗万历实录》卷 354、358、474、556、557，贵州民族研究所编：《明实录·贵州资料辑录》，贵州人民出版社 1983 年版。

《明史》卷 312《四川土司传二·播州宣慰司》。

（清）谢圣纶辑，古永继点校：《滇黔志略点校》，贵州人民出版社 2008 年版。

《明太祖文集》卷 4，清文渊阁四库全书本。

（明）田秋：《思南府志》，思南县志编纂委员会办公室：（嘉靖、道光、民国）《思南府、县志》（点校本），1991 年（内部发行）。

（弘治）《贵州图经新志》，《中国地方志集成》，四川出版集团·巴蜀书社 2006 年版。

（嘉靖）《贵州通志》，《中国地方志集成》，四川出版集团·巴蜀书社 2006 年版。

（明）郭子章：《黔记》，《中国地方志集成》，四川出版集团·巴蜀书社 2006 年版。

（康熙）《贵州通志》，《中国地方志集成》，四川出版集团·巴蜀书社 2006 年版。

（乾隆）《贵州通志》，《中国地方志集成》，四川出版集团·巴蜀书社 2006 年版。

（清）爱必达：《黔南识略》，《中国地方志集成》，四川出版集团·巴蜀书社 2006 年版。

（清）罗绕典：《黔南职方纪略》，杜文铎等点校：《黔南识略·黔南职方纪略》，贵州人民出版社 1992 年版。

（清）徐鋐主修，萧琯纂修，龙云清校注：《松桃厅志》，贵州民族出版社 2006 年版。

（清）张澍：《续黔书》卷 1，罗书勤、贾肇华、翁仲康、杨汉辉点校，黄永堂审校：《黔书·续黔书·黔记·黔语》，贵州人民出版社 1992 年版。

（清）郑珍：《吴公岭》，杨元桢：《郑珍巢经巢诗集校注》，贵州人民出版社 1992 年版。

（清）郑珍：《茅台村》，杨元桢：《郑珍巢经巢诗集校注》，贵州人民出版社 1992 年版。

（清）郑珍、莫友芝：《遵义府志》，遵义市志编纂委员会办公室点校，1986 年（内部发行）。

（道光）《仁怀直隶厅志》，《中国地方志集成》，四川出版集团·巴蜀书社 2006 年版。

（清）田雯：《黔书》，罗书勤、贾肇华、翁仲康、杨汉辉点校，黄永堂审校：《黔书·续黔书·黔记·黔语》，贵州人民出版社 1992 年版。

（清）夏修恕等：《思南府续志》，思南县志编纂委员会办公室：（嘉靖、道光、民国）《思南府、县志》（点校本），1991 年（内部发行）。

（民国）《贵州通志·前事志》（二），贵州省文史研究馆校勘，贵州人民出版社 1987 年版。

（民国）《贵州通志·前事志》（三），贵州省文史研究馆校勘，贵州人民出版社 1988 年版。

（民国）《贵州通志·前事志》（四），贵州省文史研究馆校勘，贵州人民出版社 1991 年版。

（民国）马震崑等：《思南县志稿》，思南县志编纂委员会办公室：（嘉靖、道光、民国）《思南府、县志》（点校本），1991 年（内部发行）。

犹海龙、侯树涛、赵元隽纂辑，张瑞琪、龙砺孚、李明方、夏永忠校点（民国）：《桐梓县志》1987 年（内部发行）。

三 档案

《省市县勘界条例》，贵州省档案馆，档案全宗：M8—1—2875。

《县行政区域整理办法大纲》，贵州省档案馆，档案全宗：M8—1—2875。

《四川省政府咨》（民国三十一年八月），《内政部、四川、贵州省府关于黔川两省瓯脱插花报告和批复》（中华民国二十九年十二月十日起、三十二年十二月十九日止），贵州省档案馆，档案全宗：M8—1—3030。

《四川省政府咨》（民国三十三年八月二十三日），《内政部、四川、贵州省府关于黔川两省瓯脱插花报告和批复》（中华民国二十九年十二月十日起、三十二年十二月十九日止)，贵州省档案馆，档案全宗：M8—1—3030。

《咨为关于秀山麻阳街拨划归松桃管辖一案情查照办理见复由》，《内政部、四川、贵州省府关于黔川两省瓯脱插花报告和批复》(中华民国二十九年十二月十日起、三十二年十二月十九日止)，贵州省档案馆，档案全宗：M8—1—3030。

《准咨以四川省政府咨拟将秀山县麻阳街划隶本省松桃县一案咨复查照由》，《内政部、四川、贵州省府关于黔川两省瓯脱插花报告和批复》(中华民国二十九年十二月十日起、三十二年十二月十九日止)，贵州省档案馆，档案全宗：M8—1—3030。

《四川省政府咨：准咨为会勘本省古蔺县境内滇黔两省飞地嘱查照办理一案咨复查照见复由》(民国三十年六月)，《内政部、四川、贵州省府关于黔川两省瓯脱插花报告和批复》(中华民国二十九年十二月十日起、三十二年十二月十九日止)，贵州省档案馆，档案全宗：M8—1—3030。

《四川省政府咨：准咨为本省古蔺县境滇黔两省飞地一案咨请查照由》(民国三十年九月)，《内政部、四川、贵州省府关于黔川两省瓯脱插花报告和批复》(中华民国二十九年十二月十日起、三十二年十二月十九日止)，贵州省档案馆，档案全宗：M8—1—3030。

《贵州省政府公函》(咨民施字第 167 号)，《内政部、四川、贵州省府关于黔川两省瓯脱插花报告和批复》(中华民国二十九年十二月十日起、三十二年十二月十九日止)，贵州省档案馆，档案全宗：M8—1—3030。

《为呈报继续调整綦桐南桐边县经界情形祈鉴核示遵由》，《内政部、四川、贵州省府关于黔川两省瓯脱插花报告和批复》(中华民国二十九年十二月十日起、三十二年十二月十九日止)，贵州省档案馆，档案全宗：M8—1—3030。

《仁怀县政府呈：为遵令呈报属县长坝槽地方并非飞嵌古蔺暨调查情形》(民国三十年八月三日)，《内政部、四川、贵州省府关于黔川两省瓯脱插花报告和批复》(中华民国二十九年十二月十日起、三十二年十二月十九日止)，贵州省档案馆，档案全宗：M8—1—3030。

《专员清源案奉》，《内政部、四川、贵州省府关于黔川两省瓯脱插花报告和批复》(中华民国二十九年十二月十日起、三十二年十二月十九日止），贵州省档案馆，档案全宗：M8—1—3030。

《训令》（民施字第1011号），《内政部、四川、贵州省府关于黔川两省瓯脱插花报告和批复》（中华民国二十九年十二月十日起、三十二年十二月十九日止），贵州省档案馆，档案全宗：M8—1—3030。

《内政部公函》（民国三十一年九月），《黔川两省关于省界问题的调整等报告》（1942—1949年），贵州省档案馆，档案全宗：M8—1—3032。

《内政部公函》（民国三十五年三月），《黔川两省关于省界问题的调整等报告》（1942—1949年），贵州省档案馆，档案全宗：M8—1—3032。

《内政部公函：关于勘划川黔省界经呈奉国府令准备案函请查照办理见复由》（中华民国三十五年三月二十日），《黔川两省关于省界问题的调整等报告》（1942—1949年），贵州省档案馆，档案全宗：M8—1—3032。

贵州省政府《训令》，《黔川两省关于省界问题的调整等报告》（1942—1949年），贵州省档案馆，档案全宗：M8—1—3032。

乔运亨：《签呈三十四年十月二十三日于镇远旅次》，《黔川两省关于省界问题的调整等报告》（1942—1949年），贵州省档案馆，档案全宗：M8—1—3032。

乔运亨：《签呈三十四年十月二十七日于镇远旅次》，《黔川两省关于省界问题的调整等报告》（1942—1949年），贵州省档案馆，档案全宗：M8—1—3032。

《乔视察员电陈会勘川黔省界情形》，《黔川两省关于省界问题的调整等报告》（1942—1949年），贵州省档案馆，档案全宗：M8—1—3032。

《贵州省第六行政督察区行政会议提案书（松桃县政府提）》，《黔川两省关于省界问题的调整等报告》（1942—1949年），贵州省档案馆，档案全宗：M8—1—3032。

《会勘四川省秀山县与贵州省松桃县经界会议纪录》，《黔川两省关于省界问题的调整等报告》（1942—1949年），贵州省档案馆，档案全宗：M8—1—3032。

《会勘贵州省沿河县与四川省彭水、酉阳两县插花飞地会议纪录》，《黔川两省关于省界问题的调整等报告》（1942—1949年），贵州省档案馆，档案全宗：M8—1—3032。

《陈述于四川酉阳所属之龚滩镇设成县治与本县及酉阳彭水两县互拨地域

俾彼此便于治理以奠边区治安大计意见案》，《黔川两省关于省界问题的调整等报告》（1942—1949 年），贵州省档案馆，档案全宗：M8—1—3032。

《沿彭西三县边区公民代表冉友兰等建议书》，《黔川两省关于省界问题的调整等报告》（1942—1949 年），贵州省档案馆，档案全宗：M8—1—3032。

《为拟具调查川黔省界西沿部分意见书函请查照由》（民国三十四年八月），《黔川两省关于省界问题的调整等报告》（1942—1949 年），贵州省档案馆，档案全宗：M8—1—3032。

《对龚滩设治意见》，《黔川两省关于省界问题的调整等报告》（1942—1949 年），贵州省档案馆，档案全宗：M8—1—3032。

《据习水县政府呈该县第四区与四川插飞边界略图转祈鉴核施行示遵由》，《黔川两省关于省界问题的调整等报告》（1942—1949 年），贵州省档案馆，档案全宗：M8—1—3032。

《桐梓县政府呈》（民国三十一年十月二日），《黔川两省关于省界问题的调整等报告》（1942—1949 年），贵州省档案馆，档案全宗：M8—1—3032。

《桐梓县政府呈》（民国三十四年七月），《黔川两省关于省界问题的调整等报告》（1942—1949 年），贵州省档案馆，档案全宗：M8—1—3032。

《勘川黔两省瓯插地区当经派本府民政科长刘家杰羊磴区长何绍尧等前往会勘在案》，《黔川两省关于省界问题的调整等报告》（1942—1949 年），贵州省档案馆，档案全宗：M8—1—3032。

《为准綦江县政府函请派员查勘川黔两省边县经界瓯脱插花经过情形祈鉴核备查由》，《黔川两省关于省界问题的调整等报告》（1942—1949 年），贵州省档案馆，档案全宗：M8—1—3032。

《会勘四川綦江县南川县贵州桐梓县插花飞地会议纪录》，《黔川两省关于省界问题的调整等报告》（1942—1949 年），贵州省档案馆，档案全宗：M8—1—3032。

《会勘四川綦江县贵州习水县插花飞地会议纪录》，《黔川两省关于省界问题的调整等报告》（1942—1949 年），贵州省档案馆，档案全宗：M8—1—3032。

四 著作

谭其骧主编:《中国历史地图集》第7册,中国地图出版社1982年版。

谭其骧主编:《中国历史地图集》第8册,中国地图出版社1987年版。

刘君德、靳润成、周克瑜编著:《中国政区地理》,科学出版社1999年版。

王恩涌主编:《中国政治地理》,科学出版社2004年版。

[德]沃尔特·克里斯塔勒:《德国南部中心地原理》,常正文、王兴中等译,商务印书馆2010年版。

侯景新、蒲善新、肖金成:《行政区划与区域管理》,中国人民大学出版社2006年版。

周振鹤、李晓杰:《中国行政区划通史》(总论、先秦卷),复旦大学出版社2009年版。

郭红、靳润成:《中国行政区划通史·明代卷》,复旦大学出版社2007年版。

浦善新等:《中国行政区划概论》,知识出版社1995年版。

孙关龙:《分分合合三千年》,广东教育出版社1995年版。

胡焕庸、张善余:《中国人口地理》(上),华东师范大学出版社1984年版。

蓝勇:《南方丝绸之路》,重庆大学出版社1992年版。

蓝勇编著:《中国历史地理学》,高等教育出版社2002年版。

蓝勇:《西南历史文化地理》,西南师范大学出版社1997年版。

蓝勇:《四川古代交通路线史》,西南师范大学出版社1989年版。

蓝勇:《近2000年来长江上游森林分布与水土流失》,中国社会科学出版社2011年版。

蓝勇:《历史时期西南经济开发与生态变迁》,云南教育出版社1992年版。

李晓杰:《体国经野——历代行政区划》,长春出版社2004年版。

杨光华主编:《中国历史地理文献导读》,西南师范大学出版社2006年版。

《贵州通史》编委会:《贵州通史》第 1 卷《远古至元代的贵州》，当代中国出版社 2002 年版。

《贵州通史》编委会:《贵州通史》第 2 卷《明代的贵州》，当代中国出版社 2002 年版。

《贵州通史》编委会:《贵州通史》第 3 卷《清代的贵州》，当代中国出版社 2002 年版。

贵州省地方志编纂委员会:《贵州省志·地理志》上册，贵州人民出版社 1985 年版。

侯绍庄、史继忠、翁家烈:《贵州古代民族关系史》，贵州民族出版社 1991 年版。

《贵州六百年经济史》编辑委员会:《贵州六百年经济史》，贵州人民出版社 1998 年版。

徐建平:《政治地理视角下的省界变迁——以民国时期安徽省为例》，上海人民出版社 2009 年版。

汪育江:《乌江流域考察记》，贵州科技出版社 2000 年版。

史继忠、侯绍庄:《中国封建社会结构研究》，云南大学出版社 1992 年版。

杨斌:《红灯·警钟——贵州人口增长的错位》，贵州民族出版社 2002 年版。

杨斌:《农村男性弱势群体的婚姻边缘化问题研究——以贵州为例》，中国社会科学出版社 2010 年版。

杨斌:《贵州人口与全面建设小康社会的关系研究》，贵州民族出版社 2005 年版。

田永国、罗中玺:《乌江盐殇》，贵州出版集团·贵州教育出版社 2008 年版。

沿河土家族自治县志编纂委员会:《沿河土家族自治县志》，贵州人民出版社 1993 年版。

沿河土家族自治县民族宗教事务局编:《沿河土家族自治县民族志》，贵州民族出版社 2007 年版。

贵州省务川仡佬族苗族自治县志编纂委员会编:《务川仡佬族苗族自治县志》，贵州人民出版社 2001 年版。

贵州省道真仡佬族苗族自治县志编纂委员会编：《道真仡佬族苗族自治县志》，贵州人民出版社 1992 年版。

贵州省正安县地方志编纂委员会编：《正安县志》，贵州人民出版社 1999 年版。

贵州省习水县地方志编纂委员会编：《习水县志》，贵州人民出版社 1995 年版。

贵州省赤水县志编纂委员会编：《赤水县志》，贵州人民出版社 1990 年版。

贵州省仁怀县地方志编纂委员会编：《仁怀县志》，贵州人民出版社 1991 年版。

贵州省金沙县地方志编纂委员会编：《金沙县志》，方志出版社 1997 年版。

贵州省毕节地区地方志编纂委员会编：《毕节地区志·地理志》，贵州人民出版社 2004 年版。

贵州省毕节县地方志编纂委员会编：《毕节县志》，贵州人民出版社 1996 年版。

贵州省桐梓县地方志编纂委员会编：《桐梓县志》（上），方志出版社 1997 年版。

十院校《中国古代史》编写组：《中国古代史》（上），福建人民出版社 1985 年版。

贵州省人民政府发展研究中心、贵州省人民政府研究室：《经济蓝皮书·2007·贵州经济形势分析与预测》，贵州人民出版社 2007 年版。

贵州师范大学地理研究所、贵州省农业资源区划办公室：《贵州省地表自然形态信息数据量测研究》，贵州科技出版社 2000 年版。

《贵州历代自然灾害年表》，贵州人民出版社 1982 年版。

《地理学词典》，上海辞书出版社 1983 年版。

《牛津地理学词典》，上海外语教育出版社 2001 年版。

五　论文

史念海：《战国时期的“插花地”》，《河山集》第 7 集，陕西师范大学出版社 1999 年版。

杨斌：《历史时期西南“插花”初探》，《西南师范大学学报》（哲学社会科学版）1999 年第 1 期。

冯贤亮：《明代江南的争田问题——以嘉兴府嘉、秀、善三县为中心》，《中国社会经济史研究》2000 年第 4 期。

周振鹤：《行政区划史研究的基本概念与学术用语刍议》，《复旦学报》（社会科学版）2001 年第 3 期。

周振鹤：《行政区划史研究的重要意义》，《上海行政学院学报》2001 年第 2 期。

牛世居：《我国行政区划中的“飞地”》，《中学地理教学参考》1995 年第 9 期。

上饶市勘界办公室：《巩固勘界成果的重要举措——对已勘定边界线两侧插花、飞地及争议地段进行详查建档工作》，《中国地名》2001 年第 1 期。

何向阳：《谈勘界资料的形成及归档》，《中国地名》2001 年第 1 期。

杨朝伟：《城区“插花地”问题及其处理对策》，《长江论坛》2002 年第 2 期。

傅辉：《河南插花地个案研究（1368—1953 年）》，《历史地理》第 19 辑，上海人民出版社 2003 年版。

傅辉：《插花地对土地数据的影响及处理方法》，《中国社会经济史研究》2004 年第 2 期。

冯贤亮：《疆界错壤：清代“苏南”地方的行政地理及其整合》，《江苏社会科学》2005 年第 4 期。

郭声波：《飞地行政区的历史回顾与现实实践的探讨》，《江汉论坛》2006 年第 1 期。

郭声波、王开队：《由虚到实：唐宋以来川云贵交界区犬牙相入政区格局的形成》，《江汉论坛》2008 年第 1 期。

袁萍、袁兆康、刘勇、侯国女、胡朝城：《城市周边插花地带暗娼 STD 感染及就医行为调查分析》，《实用临床医学》2008 年第 4 期。

徐建平：《从界限到界线：湖滩开发与省界成型——以丹阳湖为例》，《史林》2008 年第 3 期。

徐建平：《湖滩争夺与省界成型——以皖北青冢湖为例》，《中国历史地理论丛》2008 年第 3 期。

鲁西奇、林昌丈：《飞地：孤悬在外的领土》，《地图》2009 年第 4 期。

蔡博峰：《“飞地”图谱》，《地图》2009 年第 4 期。

徐建平：《民国时期鄂皖赣三省沿江边界调整与江堤维护》，《史林》2009 年第 4 期。

郭舟飞：《由武汉“插花地”看地方政府公共管理》，《科技创业月刊》2009 年第 9 期。

王开队：《13—18 世纪云贵川交界地区政区设置变化趋势研究》，《中国历史地理论丛》2009 年第 1 期。

覃影：《边缘地带的“双城记”——清代叙永厅治的双城形态研究》，《西南民族大学学报》（人文社会科学版）2009 年第 11 期。

勾靖宇：《湘鄂渝黔交界地区边缘经济形成的原因、特征及其对策研究》，《商场现代化》2009 年第 2 期。

马琦、韩昭庆、孙涛：《明清贵州插花地研究》，《复旦学报》（社会科学版）2010 年第 6 期。

智通祥、刘富荣：《农村“飞地”如何管理和利用》，《资源导刊》2010 年第 11 期。

吴滔：《“插花地”的命运：以章练塘镇为中心的考察》，《史林》2010 年第 3 期。

徐建平：《行政区域整理过程中的边界与插花地——以民国时期潼关划界为例》，《历史地理》第 24 辑，上海人民出版社 2010 年版。

杨斌：《民国时期川黔交界地区插花地清理拨正研究》，《地理研究》2011 年第 10 期。

闫天灵：《民国时期的甘青省界纠纷与勘界》，《历史研究》2012 年第 3 期。

苏海红、杜青华：《基于对口帮扶政策的青南地区飞地经济发展模式研究》，《青海社会科学》2012 年第 1 期。

杨斌：《历史时期插花地的基本概念讨论》，《西南大学学报》（社会科学版）2013 年第 5 期。

杨斌、张祥刚：《民国时期湘黔交界地区插花地的清理拨正》，《广西师范大学学报》（哲学社会科学版）2014 年第 2 期。

曾伟、陈政宇：《集中连片特困山区“飞地经济”发展对策研究——以湖北五峰土家族自治县为例》，《湖北大学学报》（哲学社会科学版）2014 年第 1 期。

浦善新：《行政区划起源探索》，《中国地名》1998 年第 5 期。

浦善新：《行政区划起源初探（续）》，《中国地名》1999 年第 1 期。

浦善新：《先秦行政区划起源初探（续）》，《中国地名》2001 年第 2 期。

李智君：《分野的虚实之辨》，《中国历史地理论丛》2005 年第 1 期。

满志敏：《行政区划：范围和界线》，《江汉论坛》2006 年第 1 期。

侯甬坚：《从习惯线到法定线：我国政区界线性质的变迁》，《江汉论坛》2006 年第 1 期。

李晓杰：《从历史的角度看当代行政区划层级与幅员改革之必行》，《江汉论坛》2006 年第 1 期。

何星亮：《匈奴语试释》，《中央民族学院学报》（哲学社会科学版）1982 年第 1 期。

刘文性：《“瓯脱”释》，《民族研究》1985 年第 2 期。

张云：《“瓯脱”考述》，《民族研究》1987 年第 3 期。

何星亮：《匈奴语“瓯脱”再释》，《民族研究》1988 年第 1 期。

刘文性：《“瓯脱”再认识——与张云、何星亮同志商榷》，《西北民族研究》1988 年第 2 期。

陈宗振：《古突厥语的 otar 与“瓯脱”》，《民族研究》1989 年第 2 期。

胡·阿拉腾乌拉：《简论“瓯脱”的起源与发展》，高玉虎译，《内蒙古民族师院学报》（哲学社会科学·汉文版）1990 年第 3 期。

胡和温都尔：《瓯脱义辨》，《内蒙古社会科学》1991 年第 6 期。

杨茂盛、郭卫红：《中国近年“瓯脱”研究综述》，《社会科学辑刊》1995 年第 2 期。

许鹏：《清代政区治所迁徙的初步研究》，《中国历史地理论丛》2006 年第 2 期。

郑宝恒：《民国时期行政区划变迁述略（1912—1949）》，《湖北大学学报》（哲学社会科学版）2000 年第 2 期。

孙学文：《中华人民共和国省级行政区划沿革》，《当代中国史研究》1995

年第 4 期。

屈桂春、柴海英：《近二十年我国行政区划变更分析研究》，《阴山学刊》2009 年第 1 期。

陈钊：《行政边界区域刍论》，《人文地理》1996 年第 4 期。

王颖、陆玉麒：《中国省界线形成的地理背景》，《南京师大学报》（自然科学版）2003 年第 1 期。

王勇、李国武：《论产业集群的地理边界与行政边界》，《中央财经大学学报》2009 年第 2 期。

阳宁东、周幼平：《"边界共有资源"开发的初步探讨——由杭州"曲线东扩"想到的》，《四川大学学报》（哲学社会科学版）2004 年增刊。

柳成焱：《我国乡镇行政区划的演变特点及其改革路径》，《天津社会科学》2006 年第 4 期。

王文光、段红云：《元代云南行省的政区设置及"乌蛮"的发展》，《中南民族大学学报》（人文社会科学版）2007 年第 5 期。

龙德象：《永乐十二年贵州建省说辨误》《中国历史地理论丛》1995 年第 4 期。

陈国生：《重庆地名的由来和建置沿革》，《上海档案》1997 年第 6 期。

陈国生：《重庆历代行政区划的变迁——写在中央批准设立重庆直辖市之际》，《重庆社会科学》1997 年第 2 期。

李宝田：《中国行政区划研究会成立》，《地理研究》1990 年第 1 期。

聂树平、赵心宪：《唐以前巴渝行政区划沿革考释》，《重庆教育学院学报》2002 年第 2 期。

赵伟：《贵州撤地设市分析》，《中共贵州省委党校学报》2004 年第 4 期。

陈钊：《地级行政区划调整对区域经济发展的影响——以四川省为例》，《经济地理》2006 年第 3 期。

张绪清：《喀斯特生态环境与省区交界地带经济发展——以川滇黔为例》，《六盘水师范高等专科学校学报》2009 年第 3 期。

吴学刚：《浅谈四川区域划分》，《四川省情》2007 年第 6 期。

何伟：《重庆行政区划应从金字塔型向扁平型发展》，《重庆行政》2003 年第 2 期。

谢尊修、谭智勇：《赤水河航道开发史略》，《贵州文史丛刊》1982 年第

4 期。

母光信：《川盐入黔与仁怀的经济和文化》，《贵州文史丛刊》1996 年第 6 期。

志永：《赤水河上话今昔》，《中国地名》2005 年第 1 期。

杨斌：《立项研究“乌江号子”的重要性与紧迫性》，《土家族研究》第 6 集，贵州民族出版社 2009 年版。

陈锋：《中国古代的土地制度与田赋征收》，《清华大学学报》（哲学社会科学版）2007 年第 4 期。

李埏：《三论中国封建土地国有制》，《思想战线》1996 年第 1 期。

魏天安：《从模糊到明晰：中国古代土地产权制度之变迁》，《中国农史》2003 年第 4 期。

杨宗亮：《中国封建土地私有制问题散论》，《西昌师专学报》1996 年第 4 期。

王羊勺：《赤水：名源“赤水河”》，《当代贵州》2004 年第 14 期。

任晓冬、黄明杰：《赤水河流域产业状况与综合流域管理策略》，《长江流域资源与环境》2009 年第 2 期。

王忠锁、姜鲁光、黄明杰、张琛、于秀波：《赤水河流域生物多样性保护现状和对策》，《长江流域资源与环境》2007 年第 2 期。

黄真理：《论赤水河流域资源环境的开发与保护》，《长江流域资源与环境》2003 年第 4 期。

杨茜：《赤水河——茅台酒的母亲河》，《珠江水运》2005 年第 11 期。

陈兴唏、季克良：《茅台酒的独特性概述》，《酿酒科技》2006 年第 2 期。

黄永光、黄旭、黄平：《茅台酒酿酒极端环境与极端酿酒微生物》，《酿酒科技》2006 年第 12 期。

卢静：《国酒文化及其原产地的保护》，《酿酒科技》2002 年第 5 期。

范光先、吕云怀：《赤水河中上游地区生态与环境评价信息系统建立的必要性》，《酿酒》2005 年第 4 期。

黄咏梅：《赤水河中下游旅游“金三角”景区景点评价》，《贵州民族学院学报》2004 年第 5 期。

任晓冬：《赤水河流域综合保护与发展策略研究》，兰州大学 2010 年博士学位论文。

史卫东：《省制以来统县政区发展研究》，华东师范大学 2006 年博士学位论文。

林涓：《清代行政区划变迁研究》，复旦大学 2004 年博士学位论文。

刘戎：《省级行政区域界线标准画法数据编辑方法研究》，西北大学 2005 年硕士学位论文。

陈漫：《清初（1644—1684）省级行政区研究》，东北师范大学 2007 年硕士学位论文。

刘戎：《省级行政区域界线标准画法数据编辑方法研究》，西北大学 2005 年硕士学位论文。

罗辉：《重庆市县级行政区划及其基于区域经济学评价标准的改革研究》，重庆大学 2005 年硕士学位论文。

杜蓓蕾：《中国地方行政区划变革研究（1980—2005）》，上海大学 2008 年硕士学位论文。

潘路明：《清代江苏行政区划与经济发展》，上海师范大学 2004 年硕士学位论文。

陈树荣：《珠江三角洲地区跨界冲突与协调研究》，中山大学 2007 年硕士学位论文。

后　记

自1999年发表第一篇插花地论文至今，已整整16个年头了。在这16年里，内心深处虽然一直没有忘记插花地问题研究，可由于忙于其他研究工作及繁重的行政事务等，只能将之一放再放。好在1998年开始攻读博士学位以后，在恩师蓝勇教授的敦促下，内心深处的那份记忆才又被重新拾起，才得以将主要精力投入到插花地问题研究中来。本书的出版算是对这些年来研究的一个小结。否则，不仅无法给恩师一个交代，也无法给家人及自己一个交代。

走进插花地研究，就如同走进了一座迷宫。不仅因为每一块插花地都有说不完的故事，而且因为插花地问题实在太复杂了；不仅因为产生的原因非常复杂，而且因为清理拨正更为复杂；不仅因为牵涉到各方面的利益（包括各有关地方政府的利益、各有关集体或经济组织的利益和各有关群众的利益等），而且因为牵涉到思想观念、价值取向和行为习惯等问题。尽管对这些问题本书都一一做了回应，但究竟能起多大作用，我心里没有一点底。虽然学术研究不能过于“功利”，但如不关怀社会需要，不能解决现实社会问题，那学术研究又有多大意义？如果本书能为党和政府的有关决策提供一点参考，则我愿足矣！

回顾自己的学术生涯，首先要感谢我的恩师蓝勇教授，在我还是一个本科学生的时候他就将我引进了学术殿堂，并像指导研究生一样指导我的学习，还给予我不少生活上的援助；在我已近不惑之年还将我破格招收为博士研究生，圆了我提高学历的梦。恩师经常教导我们，做学问不仅要读万卷书、行万里路，还要关怀现实。本书虽然是在这一指导思想下完成的，但我深知，离恩师的要求尚有较大距离，只能有待日后加以完善了。

十分感谢国家自然科学基金委员会的立项资助。在其资助下，我不仅顺利完成了本书的写作任务，还坚定了我深入研究插花地的信心和决心。

更为重要的是，在其资助下，我带出了一批“插花”弟子，为插花地问题研究培养了人才。尚需强调的是，其立项资助还调动了我校人文社会科学研究人员申报国家自然科学基金项目的积极性，因为在我的课题获批立项之前，我校尚无文科老师成功申报国家自然科学基金项目的先例。我的课题获批立项之后，不少文科老师都登门“求经”。可喜的是，近几年来，我校几乎每年都有文科老师获批国家自然科学基金项目。

在完成本书（项目）的写作（研究）过程中，很多同志都给予了大力帮助。中共贵阳市委副秘书长岳兵同志、遵义市人民政府办公室副主任余航海同志、铜仁市碧江区区长杨彪同志等为我们的田野考察做了大量联络工作，桐梓县坡渡镇人民政府办公室主任姚伟同志、习水县坭坝乡人民政府乡长周德华同志、习水县寨坝镇人民政府镇长徐生德同志、赤水市民政局原局长汪伯林同志、中共仁怀市委机要局局长穆昌亮同志、碧江区人口和计划生育局局长唐宏刚同志等，也为我们的田野考察提供了方便，并热情地接待了我们。原贵州师范大学校长伍鹏程教授、档案馆馆长姜萍同志为我们查阅档案做了大量联络工作，贵州省档案馆欧阳峰处长等为我们查阅、复印档案提供了方便。我的研究生罗志亮、王文章、曾艳丽、陈丽、王琪等同学协助复印了100余万字的档案材料，罗志亮、王文章、张祥刚、陈世显等同学一起作了田野考察，胡瑾等同学对一些文献资料作了校对，张祥刚同学及贵州师范大学中国南方喀斯特研究院研究生罗井升、王露伟等同学协助绘制了地图。在此一一致谢！由于本书是在我的博士论文基础上完成的，所以还要感谢中山大学的司徒尚纪教授、武汉大学的杨果教授、重庆市三峡博物馆的黎小龙教授、西南大学历史文化学院的卢华语教授和张文教授，感谢他们在论文答辩时给我提出的宝贵意见。还要感谢博士研究生阶段给我上过课的杨光华教授、马强教授等。我的博士同学胡安徽、杜芝明及西南大学历史文化学院负责研究生管理工作的李苹老师，在我不在校期间及时将学校的有关通知传达于我，并为我做了不少事情，如有关表格的填写、论文打印等，在此也一并致谢！

作为第一本插花地专题研究著作，缺陷与不足在所难免，恳请学界同仁批评斧正！由于插花地问题是一个综合性很强的社会问题，加之各地情况千差万别，故插花地问题研究绝非一个项目、一本书就能完成的，迫切需要学界同仁从多学科角度，尤其是从文理结合的角度作更深入的理论与实证研究。在完成本书（项目）的写作（研究）过程中，我就深感所学知识的严重不足。

本书虽然付梓了，可我没有一点喜悦感，有的只是无比的内疚与不安。不仅因为书中可能存在的各种缺陷与不足，而且因为我妻子在我完成本书（项目）的写作（研究）过程中患了很严重的病——运动神经元病变。由于8小时内要上行政班，加之天性愚钝，繁重的科研任务只能利用节假日、周末和晚上完成，伏案工作到凌晨三、四点钟是常有的事。再苦、再累本人倒不在乎，可是却苦了妻子，因我根本没有时间和精力陪护她，反倒让她不停地为我和儿子操劳。儿子就要高考了，在有病在身的情况下，她的付出可想而知。每每想起去年5月的一天深夜，她来到我的电脑旁默默掉泪的情景，每每听到她那十分艰难的发音，每每看到她的呛咳……我的内疚与自责是无以言表的。但愿本书的出版能给她丁点慰藉，也祈求上苍保佑她一生平安、早日康复！

杨斌

2015年4月29日